马克思主义基本原理专题研究

（修订版）

陈宏滨　著

WUHAN UNIVERSITY PRESS

武汉大学出版社

图书在版编目(CIP)数据

马克思主义基本原理专题研究/陈宏滨著.—修订本.—武汉：
武汉大学出版社,2022.7(2025.3 重印)
ISBN 978-7-307-23058-3

Ⅰ.马…　Ⅱ.陈…　Ⅲ.马克思主义理论—专题研究　Ⅳ.A81

中国版本图书馆 CIP 数据核字(2022)第 074382 号

责任编辑:聂勇军　　　责任校对:李孟潇　　　版式设计:马　佳

出版发行:武汉大学出版社　(430072　武昌　珞珈山)
(电子邮箱:cbs22@whu.edu.cn　网址:www.wdp.com.cn)
印刷:武汉中科兴业印务有限公司
开本:720×1000　1/16　印张:19　字数:319 千字　插页:1
版次:2022 年 7 月第 1 版　2025 年 3 月第 3 次印刷
ISBN 978-7-307-23058-3　定价:58.00 元

前　言

马克思主义基本原理是普遍真理，具有永恒的理论价值。深入学习马克思主义基本原理的前提，是把握它的基本特征，然后，简要探讨学习它的方式与方法。这里，我们先简要分析马克思主义基本原理的整体性。

一、马克思主义基本原理的整体性

马克思主义是关于劳动者阶级解放、人类解放与人的自由而全面发展的理论。马克思主义基本原理是对马克思主义立场、观点与方法的集中概括，是马克思主义在形成、发展和运用过程中经过实践反复检验而确立起来的具有普遍真理性的理论。它体现马克思主义科学性和革命性的统一，体现马克思主义的根本性质和整体性特征。

马克思主义基本原理的整体性是马克思主义整体性的体现，它既由其实践性特征所决定，又由其理论的内在统一性所决定。马克思在致恩格斯的信中直接阐述："不论我的著作有什么缺点，它们却有一个长处，即它们是一个艺术的整体。"①对整体性的分析，是后面各专题探讨的行动主旨，这里只从马克思、恩格斯创立理论的动机进行简要说明。马克思在《关于费尔巴哈的提纲》中直接阐明，以往的理论"只是用不同的方式解释世界，问题在于改变世界"。② 正是本着这一实践性追求，马克思、恩格斯揭示并遵循人类社会发展的基本规律，立足于进步阶级立场，探讨资本主义发展和转变为社会主义的普遍规律，运用唯物辩证法，将实践精神融入理论研究。他们在充分肯定资本主义历史进步性的基础上，剖析

---

① 《马克思恩格斯文集》第 10 卷，人民出版社 2009 年版，第 231 页。
② 《马克思恩格斯文集》第 1 卷，人民出版社 2009 年版，第 502 页。

资本主义存在着无可调和的内在矛盾，预言并推动资本主义的灭亡。基于此，马克思在对资本主义深入批判中充分地展示了马克思主义基本原理的整体性。

从马克思主义基本原理的内在统一性来考察，马克思主义基本原理的整体性也十分突出。从理论特征上讲，马克思主义基本原理的整体性是由其内在逻辑结构决定的。唯物史观的创立使马克思主义的产生和发展有着坚实的基础；运用唯物史观分析资本主义经济关系，从而确立剩余价值理论；科学揭示资本主义生产方式运动规律，从而使科学社会主义得以发展起来。在《反杜林论》中，恩格斯为展开对杜林的批判，第一次将马克思主义基本原理划分为马克思主义哲学、马克思主义政治经济学与科学社会主义理论三个组成部分。但是，恩格斯强调："尽管这本书的目的并不是以另一个体系去同杜林先生的'体系'相对立，可是希望读者不要忽略我所提出的各种见解之间的内在联系。"① 至于三者之间的关系，一般地说，马克思主义哲学是马克思主义的理论基础，马克思主义政治经济学是马克思主义的逻辑推导和具体分析，科学社会主义是马克思主义的必然结论。深入分析可发现，从马克思主义哲学到马克思主义政治经济学再到科学社会主义，这些理论经历了一个从抽象到具体的过程，其中包含严密的逻辑统一性。

显然，马克思主义基本原理涉及马克思主义哲学、马克思主义政治经济学和科学社会主义三个主要组成部分，但马克思主义基本原理又不是这三者核心观点与方法的简单相加。正如列宁所说，马克思主义基本原理是"由一整块钢铸成的"。② 只有从整体上认识与把握马克思主义基本原理，才能真正领会马克思主义基本原理的科学内容和精神实质。正是基于此，我们可以明确地指出，没有纯粹的马克思主义哲学原理，没有纯粹的政治经济学原理，也没有纯粹的科学社会主义原理。马克思主义基本原理体系中任何内容均是相互联系的，对这些内容的理解、把握和运用，"决不可去掉任何一个基本前提、任何一个重要部分，不然就会离开客观真理"。③

从认识论视角来考察，我们也应当深入理解马克思主义基本原理的整体性。

---

① 《马克思恩格斯文集》第 9 卷，人民出版社 2009 年版，第 8 页。
② 《列宁专题文集·论辩证唯物主义和历史唯物主义》，人民出版社 2009 年版，第 112 页。
③ 《列宁专题文集·论辩证唯物主义和历史唯物主义》，人民出版社 2009 年版，第 112 页。

世界是一个有机统一的整体。从哲学视角来看，世界分为自然界、人类社会与思维领域。之所以这样划分，这是认识的需要。不如此，从何着力进行分析呢？正如列宁所分析的："如果不把不间断的东西割断，不使活生生的东西简单化、粗陋化，不加以划分，不使之僵化，那么我们就不能想象、表达、测量、描述运动。思想对运动的描述，总是粗陋化、僵化。不仅思想是这样，而且感觉也是这样；不仅对运动是这样，而且对任何概念也都是这样。"①认识有机统一的世界，需要"使活生生的东西简单化"。认识完整、系统、博大精深的马克思主义基本原理，同样也应如此。

至此，我们应当反对肢解与割裂马克思主义基本原理的做法。马克思主义自诞生以来，马克思主义与多种非马克思主义进行斗争。各种各样的非马克思主义与反马克思主义的思潮，习惯于用肢解、割裂的手法来毁坏马克思主义和马克思主义基本原理的整体性。庆幸的是，各种各样的非马克思主义与反马克思主义的思潮也闹出蒲鲁东式笑话。② 当然，我们也承认，各种各样的非马克思主义与反马克思主义的思潮在一定程度上削弱或淡化了马克思主义基本原理的整体性意识。例如西方马克思主义者将马克思早期的思想视作马克思主义正统，制造了晚年马克思与早期马克思、恩格斯与马克思、列宁与马克思及恩格斯等一系列的对立。这种对马克思主义的歪曲和攻击，也从反面启示我们：为了维护马克思主义基本原理的严整性和统一性，在教学与科研中必须注重自觉把握马克思主义基本原理的整体性。

二、马克思主义基本原理专题的学习方式

学习马克思主义基本原理，一般采用系统学习的方式。所谓系统学习的方式，指按照马克思主义基本原理的逻辑体系，循序渐进地把握其内容和精神实

---

① 《列宁全集》第 55 卷，人民出版社 2017 年版，第 219 页。

② 马克思在《哲学贫困》的序言中指出："蒲鲁东先生不幸在欧洲异常不为人了解。在法国，人家认为他理应是一个拙劣的经济学家，因为他在那里以卓越的德国哲学家著称。在德国，人家却认为他理应是一个拙劣的哲学家，因为他在那里以最杰出的法国经济学家著称。我们是德国人同时又是经济学家，我们要反对这一双重错误。"（《马克思恩格斯全集》第 4 卷，人民出版社 1958 年版，第 75 页。）

质，从整体上把握马克思主义基本原理。

相比系统学习的方式，马克思主义基本原理的专题化学习方式有其优势与适用性。采用专题化学习方式，是基于解决"马克思主义基本原理"课程内容丰富而教学课时少的矛盾。当前各高校纷纷掀起了新一轮的教学改革，其中用于"马克思主义基本原理"教学的课时不仅不可能增加，反而有可能减少，但教学又不能由此降低学生对学习这门课程的基本要求。对此，比较好的选择便是消化、吃透"马克思主义基本原理"内容，揭示马克思主义三个主要组成部分的内在逻辑联系，抓住贯通和体现在其中的主线，并以此来归并、整合、组织和实施教学。

根据马克思主义基本原理的逻辑体系，按部就班地系统学习并不排斥专题化学习。可以说，专题化学习也是系统学习的一种。从历史经验来看，如果回想马克思主义传入中国初期，中国早期马克思主义者没有条件系统学习，或许更多地体现为专题化学习方式。在不断探索中把马克思主义基本原理同中国具体实际相结合中，我们取得了革命、建设、改革的伟大胜利。中国实践证明，专题化学习马克思主义基本原理有其适用性。

探讨专题化学习马克思主义基本原理的适用性，我们需要分析专题化学习马克思主义基本原理的理论自洽性。这种自洽性可从强化问题意识来着手分析。马克思认为，对一个时代来说，"主要的困难不是答案，而是问题"。[①] 我们知道，一切思维都是从问题开始的，问题意识是马克思主义实践性的重要表现。分析和认识新时代中国特色社会主义实践的重大现实问题与理论问题，必须以理论与实践相结合的方式分析、说明问题的本质和发展方向。

当然，专题化学习马克思主义基本原理，实质上是一种研究式学习。研究的重点是研究马克思主义基本原理如何运用、如何与社会现实相结合，研究解决现实问题的思路和方法。就人的思维习惯而言，人的认识过程是一个从感性到理性的过程，即"从生动的直观到抽象的思维，并从抽象的思维到实践，这就是认识真理、认识客观实在的辩证途径"。[②] 在马克思主义基本原理专题化学习中，提高理论的历史价值和现实影响，从而提升自己对实践问题的理论分析能力，这样的学习方式既符合马克思主义认识论，更是遵循真理与价值的统一原则的体现。

---

① 《马克思恩格斯全集》第 1 卷，人民出版社 1995 年版，第 203 页。
② 《列宁全集》第 55 卷，人民出版社 2017 年版，第 142 页。

三、马克思主义基本原理专题化学习原则

相比系统学习方式，专题化学习马克思主义基本原理这种方式也有局限性。为避免将马克思主义基本原理碎片化、简单化，马克思主义基本原理专题化学习应当自觉遵循两个基本原则。

第一个原则是树立整体意识。由于历史的原因，现在很多从事"马克思主义基本原理"教学的教师，大多来自"马克思主义哲学"或"马克思主义政治经济学"教学岗位。经过多年的教学实践，无论是在教学内容的把握还是在教学形式的运用上，都积累了一定的教学经验。但是，现在的"马克思主义基本原理"教学，仍然要注意摆脱简单搬用原先"马克思主义哲学"或"马克思主义政治经济学"教学模式。在教学中教师要明确讲授的是"马克思主义基本原理"，不是"马克思主义哲学"，也不是"马克思主义政治经济学"。因此对某些理论观点的认知和解读，不能只从"哲学"或"经济学"的视角或层面，而应将它们置于马克思主义基本原理的框架之中。为此，必须从以前把马克思主义基本原理划分为三个主要组成部分的思维中跳出来，从整体上加强对马克思主义基本原理的再认识和再学习，以此来强化对马克思主义基本原理是一个整体的体悟和认同。只有这样，才能适应马克思主义基本原理教学改革的新变化和新要求。

第二个原则是把握主线。所谓课程主线，就是课程中一以贯之、贯彻始终的东西。只有正确地抓住主线，才能做到"纲举目张"。"马克思主义基本原理"的主线是什么？我们认为，"马克思主义基本原理"课程主线是人类社会发展的基本规律。在一定意义上，这是有道理的。因为对资本主义社会和社会主义社会的分析，确实可以用"人类社会发展的基本规律"这根线串联起来。但将之视作整个"马克思主义基本原理"课程的主线，又是有一定局限性的。一是覆盖面不广，有些内容无法纳入，尤其是对共产党执政规律、社会主义建设规律关注不够。二是不能突出马克思主义基本原理的世界观意义。如果将"人类社会发展的基本规律"确定为"马克思主义基本原理"课程的主线，彰显了马克思主义的社会历史观意义，但普遍的世界观(宇宙观)意义却体现不出来或体现得不明显。因为"马克思主义基本原理"课程有着自己独特的教学目标，即培养受教育者的世界观、人

生观和价值观，并提高他们以之观察、分析和处理问题的能力。由此，从完整意义上看，"马克思主义基本原理"的主线似乎应当提升至"事物的本质及发展的基本规律"上。运用这一主线来审视"马克思主义基本原理"课程，可以涵盖更多的内容，但马克思主义基本原理在实践基础上的革命性特征就不突出。

四、马克思主义基本原理专题化学习方法

马克思主义基本原理是对马克思主义立场、观点和方法的集中概括，是马克思主义在其产生、发展和检验过程中得以确立的真理性理论。马克思主义基本原理，存在于马克思和恩格斯的著作之中，是他们在著作中反复出现并一再论述的具有规律性的基本观点。它体现马克思主义的根本性质和整体特征，是马克思主义科学性和革命性的统一。学习马克思主义基本原理的基本方法，应当是加强对马克思主义经典著作的学习研究，要"读原著、学原文、悟原理"。[1]

其实，"马克思和恩格斯自己并没有留下专门论述马克思主义基本原理的著作，更没留下章节清晰分明的原理式的教科书"。[2] 离开马克思主义经典著作，就不能深入具体地理解马克思主义基本原理，甚至会把马克思主义基本原理"简单化、庸俗化、教条化、僵硬化"。

马克思主义基本原理创始人恩格斯警示追随者，"一个人如果想研究科学问题，首先要学会按照作者写作的原样去阅读自己要加以利用的著作，并且首先不要读出原著中没有的东西"，[3] 并且"根据原著来研究这个理论，而不要根据第二手的材料来进行研究——这的确要容易得多"。[4]

当然，学习马克思主义经典著作要循序渐进。如，先学提出人的根本就是人本身的《〈黑格尔法哲学批判〉导言》、求索人类解放的《1844 年经济学哲学手稿》、包含新世界观的《关于费尔巴哈的提纲》、系统阐述新唯物主义的《德意志意识形态》、探讨未来社会的《共产党宣言》、表述人类历史的发展规律和人类解放的《〈政治经济学批判〉序言》、凝结着马克思毕生心血的理论巨著《资本论》等。攻

---

[1]　《十八大以来重要文献选编》下，人民出版社 2018 年版，第 697 页。
[2]　陈先达：《马克思主义基本原理、文本及其解读》，载《光明日报》2015 年 8 月 12 日。
[3]　《马克思恩格斯文集》第 7 卷，人民出版社 2009 年版，第 26 页。
[4]　《马克思恩格斯文集》第 10 卷，人民出版社 2009 年版，第 593 页。

读马克思主义的经典著作，重点在系统地攻读马克思主义的经典著作，不能满足于逐字逐句的学习，而应始终围绕马克思主义基本原理的整体性去着力。

马克思主义基本原理也是从马克思主义发展史中提炼概括出来的。离开马克思主义发展史，也不能深入具体地理解马克思主义基本原理。因此，学习马克思主义基本原理，还要结合马克思主义发展史去学习。如果没有马克思主义发展史的指引，学习马克思主义基本原理很可能像无头苍蝇一样兜圈子。我们应当认识到，这种学习方法，蕴涵逻辑和历史、理论和实践、理想和现实、继承和创新相统一的辩证法原理。

至于专题化学习马克思主义基本原理的操作性方法，既可以专题为导向、研读马克思主义经典作家的相应著作，也可以借助专门教材、深入学习相应的内容。"马克思主义基本原理专题研究"这类教材是重要的学习工具，学习马克思主义基本原理自然应当吃透相应的教材。

目　　录

专题一 马克思主义基本原理的理解与对待问题

马克思主义基本原理是一个有机统一的整体，探讨马克思主义基本原理专题是深入把握马克思主义基本原理的重要切入点。在具体把握马克思主义基本原理专题之前，对马克思主义基本原理应当有一个基本的把握，即究竟什么是马克思主义基本原理？如何对待马克思主义基本原理？

一、如何理解马克思主义基本原理

笼统地说，马克思主义基本原理是马克思主义的基本原理。当然，这样理解貌似同义反复。但这既符合人的认知规律，也是表述的切入点。基于此，理解马克思主义基本原理可从理解马克思主义着手。

(一) 对马克思主义的基本理解

顺着上面的思路，理解马克思主义应当把握"主义"。"主义"是什么呢？据《辞海》定义，与马克思主义相关度大的理解有："主义"指某种特定的思想、宗旨、学说体系或理论，这是指对客观世界、社会生活以及学术问题等所持有的系统的理论和主张；"主义"指某一(特定)人或物所特有之行为方式、作风；"主义"指一定的社会制度与政治经济体系；"主义"指由导师、学派或教派提出的认为正确并且支持的事物；"主义"指行为的指导原则；"主义"指以谋求社会法权为旨归，运用知识学方法来证明，并带有特定价值倾向性的政治与社会思想言论。

在此基础上，综合学术界与理论界对马克思主义的研究成果，我们可从理论、实践(或者表述为运动)与信仰三个层面去把握马克思主义的科学内涵。

1. 理论层面的马克思主义

从理论层面来考察,马克思主义是一个完整、系统且博大精深的理论体系。从其中不同角度来考察,对于"什么是马克思主义"可以做出不同的回答。

(1)从它的创立者来讲,马克思主义是由马克思(1818—1883)和恩格斯(1820—1895)创立的认识成果。回顾马克思主义的创立,我们知道,马克思和恩格斯 1844 年 2 月发表在《德法年鉴》上的论文表明,他们完成了从唯心主义向唯物主义、从革命民主主义向共产主义的转变,为创立马克思主义奠定了思想前提。

1844 年 8 月底,马克思和恩格斯在巴黎会面。此前他们曾有过一面之缘,但这次会面使他们发现彼此的基本观点完全一致,并从此开始了毕生的合作。他们先是在巴黎合写了《神圣家族》一书,接着又在布鲁塞尔合写了《德意志意识形态》,后者首次系统阐述了历史唯物主义的基本观点,实现了历史观上的伟大变革。马克思、恩格斯接受国际性工人组织"正义者同盟"的邀请,将其改组为"共产主义者同盟",并为其起草了世界上第一个无产阶级政党的党纲——《共产党宣言》。1848 年 2 月,《共产党宣言》发表,标志着马克思主义的公开问世。

《共产党宣言》发表的时候,正值 1848 年欧洲革命爆发。马克思、恩格斯领导共产主义者同盟,投身于这场规模巨大的资产阶级革命。为了阐明无产阶级在资产阶级革命中的策略,指导工人的斗争,马克思、恩格斯回到德国科隆,创办了《新莱茵报》。报纸停刊后,他们到革命地区活动,恩格斯还参与了工人起义并遭受反动势力的通缉。革命失败后,他们流亡英国,总结了 1848 年革命的经验,丰富了无产阶级革命的理论。后来,马克思留在伦敦开展理论研究,指导革命运动;恩格斯则去曼彻斯特,进入父亲合股的企业。由此,恩格斯从经济上对马克思提供有力的支持,同时从事理论研究和革命活动。马克思进行了全面且深入的政治经济学研究,撰写了《资本论》手稿并出版了第一卷。马克思在《资本论》中系统阐述了剩余价值学说,揭示了资本主义生产关系的秘密。由此,马克思完成了一生中对唯物史观和剩余价值学说这两个伟大发现。

19 世纪 60 年代,当沉寂多年的欧洲工人运动再次兴起的时候,国际工人协会(第一国际)于1864年9月在英国成立。马克思是该协会的灵魂，为协会起草了大量重要文件。1871年3月，巴黎工人起义并成立巴黎公社，马克思代表第一国际写出了著名的《法兰西内战》，高度赞扬了巴黎工人的伟大创举，科学总结了巴黎公社的历史经验。该书与几年后他写的《哥达纲领批判》一起，进一步丰富了科学社会主义学说。1876—1878年，恩格斯写出了《反杜林论》，全面阐述了马克思主义理论体系。

长期繁重的工作损害了马克思的健康，但即使在多病的晚年，他也没有停止奋斗。他一边为各国工人运动担当顾问，一边继续写作《资本论》，同时还向新的知识领域进军，阅读了大量人类学和历史学著作并作了数量庞大的笔记。1883年3月14日马克思逝世后，恩格斯承担起指导国际工人运动的重任，并整理出版《资本论》第二、三卷，撰写《家庭、私有制和国家的起源》《路德维希·费尔巴哈和德国古典哲学的终结》等著作，进一步丰富与发展了马克思主义理论。

马克思主义这一概念早在马克思在世的时候就已经使用。至于为什么以马克思的名字命名这一理论，恩格斯在1886年曾经对此作了说明。他说："我不能否认，我和马克思共同工作四十年，在这以前和这个期间，我在一定程度上独立地参加了这一理论的创立，特别是对这一理论的阐发。但是，绝大部分基本指导思想(特别是在经济和历史领域内)，尤其是对这些指导思想的最后的明确的表述，都是属于马克思的。我所提供的……马克思没有我也能很容易地做到。至于马克思所做到的，我却做不到。马克思比我们一切人都站得高些，看得远些，观察得多些和快些。马克思是天才，我们至多是能手。没有马克思，我们的理论远不会是现在这个样子。所以，这个理论用他的名字命名是公正的。"[1]

(2)从它的继承者来讲，马克思主义是由各个时代、各个民族的马克思主义者不断丰富和发展的观点和学说的体系。从其继承者的国别来讲，马克思主义主要指马克思主义苏俄化的成果与马克思主义中国化的成果。马克思主义苏俄化的成果主要指列宁(1870—1924)与斯大林(1878—1953)将马克思主义本土化的成果，马克思主义中国化的成果主要指毛泽东思想、中国特色社会主义理论与习近平新时代中国特色社会主义思想。

列宁继承和发展了马克思主义，其继承和发展马克思主义的成果也称为列宁

---

① 《马克思恩格斯全集》第21卷，人民出版社1965年版，第335~336页。

主义。"列宁主义"一词始于 1903 年俄国社会民主工党第二次代表大会。1924 年斯大林在《论列宁主义基础》一书中对其进行了系统的论述，并把它定义为："列宁主义是帝国主义和无产阶级革命时代的马克思主义。"①列宁主义是列宁在领导俄国革命的实践中，将马克思主义与当时的无产阶级革命运动相结合而创立的理论。他深入研究了资本主义发展到帝国主义阶段的规律，总结了无产阶级和资产阶级阶级斗争的新经验，概括了 20 世纪初期社会科学、自然科学发展的最新成果，创造性地坚持和发展了马克思主义。因为列宁主义使马克思主义理论进入了一个新阶段，尤其是它指引了俄国人民建立了世界上第一个社会主义国家并取得社会主义建设的巨大成就，所以它常常和马克思主义一起合称为马克思列宁主义。

斯大林是列宁的接班人，他领导苏联共产党建立起了社会主义制度，实现了农业集体化和国家工业化。尤其值得一提的是，斯大林在位时期，苏联取得了卫国战争的伟大胜利，战后苏联的国民经济得以迅速恢复。斯大林对坚持和发展马克思主义有重要贡献，但斯大林并不承认自己创立了同马克思列宁主义并列的"主义"。所谓斯大林主义，是由拉扎尔·莫伊谢耶维奇·卡冈诺维奇（1893—1991）提出的。里昂·托洛茨基（1879—1940）称斯大林主义体制为独裁体制，这个解释被反对斯大林主义的评论家们广泛运用。斯大林主义还经常被称为"红色法西斯主义"，该称呼在 20 世纪 30 年代出现，在 1945 年后的美国使用尤其普遍。对此，毛泽东（1893—1976）指出："如果一定要说什么'斯大林主义'的话，就只能说，首先，它是共产主义，是马克思列宁主义，这是主要的一面；其次，它包含一些极为严重的、必须彻底纠正的、违反马克思列宁主义的错误。"②

毛泽东思想是马克思主义中国化的第一次飞跃的成果。第一次国内革命战争时期，毛泽东在《中国社会各阶级的分析》《湖南农民运动考察报告》等著作中，提出了新民主主义革命的基本思想。土地革命战争时期，毛泽东在《中国的红色政权为什么能够存在?》《井冈山的斗争》《星星之火，可以燎原》《反对本本主义》等著作中，提出并阐述了农村包围城市、武装夺取政权的思想，标志着毛泽东思想的初步形成。在《实践论》和《矛盾论》两篇著作中，毛泽东从马克思主义哲学

---

① 《斯大林选集》上卷，人民出版社 1979 年版，第 185 页。
② 《建国以来重要文献选编》第 9 册，中央文献出版社 1994 年版，第 575 页。

方面总结党的历史经验。在《〈共产党人〉发刊词》《中国革命和中国共产党》《新民主主义论》《论联合政府》等理论著作中，他科学阐述了新民主主义革命的基本问题，实现了马克思主义与中国革命实践相结合的历史性飞跃，标志着毛泽东思想得到多方面展开并趋于成熟。1945 年，中共七大将毛泽东思想写入党章。解放战争时期和新中国成立以后，毛泽东明确提出了把马克思列宁主义的基本原理同中国革命和建设的具体实际进行"第二次结合，找出在中国怎样建设社会主义的道路"①的任务。《在中国共产党第七届中央委员会第二次全体会议上的报告》《论人民民主专政》《论十大关系》《关于正确处理人民内部矛盾的问题》等著作，是毛泽东思想的丰富和发展。

马克思主义中国化第二次飞跃的成果是中国特色社会主义理论。邓小平理论、"三个代表"重要思想与科学发展观，是一脉相承的。习近平指出："邓小平同志留给我们的最重要的思想和政治遗产，就是他带领党和人民开创的中国特色社会主义，就是他创立的邓小平理论。"②"三个代表"重要思想是对马克思列宁主义、毛泽东思想和邓小平理论的继承和发展，是中国特色社会主义理论体系的重要组成部分。科学发展观是中国共产党坚持把马克思主义基本原理同当代中国实际和时代特征相结合，在新中国成立以来特别是改革开放以来不懈探索基础上，继续拓展中国特色社会主义实践、探索中国特色社会主义的发展规律，既贯穿了马克思主义立场观点方法，又把马克思主义中国化推到新阶段。

习近平新时代中国特色社会主义思想与马克思列宁主义、毛泽东思想、邓小平理论、"三个代表"重要思想、科学发展观既一脉相承又与时俱进，是马克思主义中国化的新飞跃，是当代中国马克思主义、21 世纪马克思主义。习近平新时代中国特色社会主义思想开辟了马克思主义新境界。习近平新时代中国特色社会主义思想鲜明贯穿着马克思主义立场观点方法，始终把马克思主义作为理论起点、逻辑起点、价值起点，处处闪耀着马克思主义真理光辉。同时，它又以我们正在做的事情为中心，直面前进道路上的各种困难和挑战，着力探索破解难题、推进事业发展的新理念新思想新战略，讲了许多"老祖宗"没有讲过的新话，具

---

① 《毛泽东年谱(一九四九——一九七六)》第 2 卷，中央文献出版社 2013 年版，第 557 页。

② 《习近平谈治国理政》第 2 卷，外文出版社 2017 年版，第 12 页。

有强烈的时代气息和现实针对性。其以一系列具有原创性的新思想新观点新论断，在理论上实现了重大突破、重大创新、重大发展，写出了马克思主义新版本，对马克思主义在 21 世纪的发展做出了重大原创性贡献，以全新视野深化了对共产党执政规律、社会主义建设规律和人类社会发展规律的认识，充分彰显了科学理论的强大生命力和中国共产党人的理论创造力，是当代最现实最鲜活的马克思主义。

（3）从它的阶级属性讲，马克思主义是关于无产阶级和人类解放的科学，是关于无产阶级斗争的性质、目的和解放条件的学说。马克思、恩格斯常常将自己的理论称为共产主义理论或社会主义理论。对于马克思主义的概念，恩格斯指出："共产主义作为理论，是无产阶级立场在这种斗争中的理论表现，是无产阶级解放的条件的理论概括。"①列宁也对马克思主义作过这样的表述："马克思主义是无产阶级解放运动的理论。"②

马克思主义科学地揭示了人类社会的阶级斗争历史。在《共产党宣言》中，马克思、恩格斯明确指出："至今一切社会的历史都是阶级斗争的历史。"③当然，恩格斯就此深入地指出："以往的全部历史，除原始状态外，都是阶级斗争的历史。"④奴隶社会的基本阶级是奴隶阶级与奴隶主阶级，封建社会的基本阶级是农民阶级与地主阶级。"从封建社会的灭亡中产生出来的现代资产阶级社会并没有消灭阶级对立。它只是用新的阶级、新的压迫条件、新的斗争形式代替了旧的。"⑤资本主义社会日益分裂为两大对立阶级。工业革命在创造了一个大工业资本家阶级的同时，也创造出了一个与大工业相联系的人数众多的无产阶级。社会化大生产的发展、工业中心城市的形成和工厂制度的建立，不仅使无产阶级数量迅速扩大，而且使无产阶级和资产阶级的矛盾在社会生活中日益突出。机器大工业在资本主义基础上的发展，不仅没有使工人的生活境遇得到改善，相反，却使工人日益成为机器的附庸。资本家为了追求最大限度的利润，采取延长劳动时

---

① 《马克思恩格斯文集》第 1 卷，人民出版社 2009 年版，第 672 页。
② 《列宁专题文集·论辩证唯物主义和历史唯物主义》，人民出版社 2009 年版，第 249 页。
③ 《马克思恩格斯文集》第 2 卷，人民出版社 2009 年版，第 31 页。
④ 《马克思恩格斯文集》第 3 卷，人民出版社 2009 年版，第 544 页。
⑤ 《马克思恩格斯文集》第 2 卷，人民出版社 2009 年版，第 32 页。

间、增加劳动强度、降低工人工资、廉价雇佣女工和童工等手段，拼命压榨工人血汗。

大工业资本家阶级的残酷压榨引发了工人阶级的反抗。工人阶级不甘心这种境遇，他们开始采取捣毁机器、烧毁工厂等形式进行反抗和斗争。然而，破坏机器的运动遭到政府和资本家的残酷镇压，而且带来的是机器更加广泛的采用。斗争的实践使工人进而采取罢工等形式，为提高工资、缩短劳动时间等展开经济斗争。但这种斗争也只是自发的、零散的。到了19世纪30年代，西欧资本主义的历史发展有了重大转折。一是1825年以来的周期性经济危机，使资本主义基本矛盾充分暴露，带来了阶级关系的新变化。二是在1830年法国七月革命和1832年英国议会改革中，资产阶级同封建势力的斗争取得了决定性的胜利。这又使无产阶级与资产阶级的矛盾更加突出，开始成为居于首要地位的阶级矛盾。马克思指出，从30年代起，"阶级斗争在实践方面和理论方面采取了日益鲜明的和带有威胁性的形式"。①随着无产阶级队伍迅速地成长、壮大，无产阶级反对资产阶级的斗争也日益指向了资本主义制度。19世纪30—40年代，英国、法国、德国接连爆发了工人阶级反对资本主义制度的斗争。1831年法国里昂工人举行了第一次起义，1834年举行第二次起义；1838年英国爆发了第一次全国性的工人运动——宪章运动；1844年德国西里西亚纺织工人举行起义。法国、英国、德国的三大工人运动，表现了无产阶级高度的政治觉悟与英勇精神，显示了工人阶级在政治斗争上的威力，标志着作为历史发展主要动力的无产阶级已经独立地登上了历史舞台。但是，由于没有革命理论的指导和无产阶级政党的领导，工人的几次起义均以失败而告终。它说明无产阶级的阶级斗争实践在早期不可避免地带有一定的自发性，特别是还没有形成与其历史任务相适应的理论。这就迫切需要总结和升华无产阶级在长期斗争实践中积累的丰富经验，形成科学的世界观，用以指导无产阶级的解放斗争。为了更好地指导无产阶级的解放斗争，马克思、恩格斯对无产阶级斗争的性质、目的和解放条件进行了深入剖析。

马克思主义科学地揭示了人类社会诸种丑恶的根源，这是人类思想史上从来没有过的革命性变革。不仅如此，马克思主义在思想史上首次指明了人类走向彻底解放的根本道路。一个多世纪以来，历史就是按照马克思主义所指明的方向在

---

① 《马克思恩格斯文集》第5卷，人民出版社2009年版，第17页。

前进。用马克思主义武装自己的无产阶级，在与资产阶级不屈不挠的斗争中，尽管经历了曲折与艰辛，但不断将社会推向前进。中国特色社会主义取得了惊人成就，更加难得的是，中国特色社会主义进入了新时代。习近平提出构建人类命运共同体，将人类解放事业推向新阶段。马克思主义有如此巨大的理论魅力，是人类历史上从来没有过的。

（4）从它的研究对象和主要内容讲，马克思主义是完整的科学世界观和方法论，是关于自然、社会和思维发展的普遍规律的学说，是关于资本主义发展和转变为社会主义以及社会主义和共产主义发展的普遍规律的学说。马克思主义哲学、马克思主义政治经济学和科学社会主义是马克思主义三个基本组成部分，它们有机统一并共同构成了马克思主义的主体内容。

马克思主义哲学在研究自然、社会和思维发展的普遍规律中产生而又为深化这种研究服务。马克思主义哲学在实践基础上高度统一了唯物主义和辩证法，高度统一了唯物主义自然观和唯物主义历史观。这就是马克思主义哲学区别于唯心主义与形而上学等旧哲学之处。

马克思主义哲学将唯物主义和辩证法高度统一，贯穿于整个理论体系的每个部分，渗透在每一范畴与原理中。在马克思主义哲学体系中，唯物论成为辩证的唯物论，辩证法成为唯物的辩证法，认识论成为辩证唯物主义能动的反映论。

把辩证唯物主义贯彻于社会历史领域，是马克思主义哲学的彻底性和完备性的最鲜明的标志。旧唯物主义的一个重大缺陷，简单地说，在自然领域是唯物主义，而在社会历史领域是唯心主义。旧唯物主义者"对对象、现实、感性，只是从客体的或者直观的形式去理解，而不是把它们当做感性的人的活动，当做实践去理解"。[①] 他们所理解的自然界是纯粹客观的自在世界，是和人的实践活动相分离的自然界；他们所理解的人的活动也仅仅只是某种主观的活动过程。在他们那里，人们对自然界的关系被排除于历史之外。也就是说，当他们是唯物主义者时，历史在他们视野之外；当他们在探讨历史时，他们不是唯物主义者。马克思主义哲学认为，人们的实践活动使自在自然转化成了人化自然。由此，自然具有社会性。同时，社会生活在本质上是实践的，社会历史就是人们的社会实践活动。

---

① 《马克思恩格斯文集》第 1 卷，人民出版社 2009 年版，第 499 页。

马克思主义政治经济学是马克思主义的三个组成部分之一，以与社会生产力相适应的生产关系作为研究对象。马克思、恩格斯批判地继承英国古典政治经济学的优秀成果，剖析了资本主义的经济关系，创立了剩余价值学说。由此，揭示了资本主义生产和剥削的秘密，揭露了无产阶级与资产阶级之间阶级对立和斗争的经济根源。这样，剖析了生产的社会化与生产资料的资本主义私人占有之间的主要矛盾。在资本主义社会的主要矛盾作用下，资本主义必然灭亡，社会主义必然胜利。

科学社会主义是马克思主义的重要组成部分。马克思、恩格斯在揭示人类社会发展一般规律和资本主义发展特殊规律的基础上，科学论证了社会主义代替资本主义的历史必然性，阐明了无产阶级的历史使命，提出了无产阶级革命斗争的战略策略，科学预见了未来社会的基本特征，提出了从资本主义社会向共产主义社会过渡时期的理论，创立了科学社会主义学说，从根本上超越了空想社会主义，实现了社会主义从空想到科学的伟大飞跃。

此外，马克思主义还包含着其他许多知识领域，如历史学、政治学、法学、文化学、新闻学、军事学等，并随着实践和科学的发展而不断丰富自身的内容。习近平指出："马克思主义理论体系和知识体系博大精深，涉及自然界、人类社会、人类思维各个领域，涉及历史、经济、政治、文化、社会、生态、科技、军事、党建等各个方面，不下大气力、不下苦功夫是难以掌握真谛、融会贯通的。"①当然，"科学越是毫无顾忌和大公无私，它就越符合工人的利益和愿望"。② 作为理论层面的马克思主义，其科学性与阶级性是高度统一的。

概括地说，马克思主义是由马克思和恩格斯创立并为后继者所不断发展的科学理论体系，是关于自然、社会和人类思维发展一般规律的学说，是关于社会主义必然代替资本主义、最终实现共产主义的学说，是关于无产阶级解放、全人类解放和每个人自由而全面发展的学说，是无产阶级政党和社会主义国家的指导思想，是指引人民创造美好生活的行动指南。

2. 实践层面的马克思主义

马克思主义不仅是一个完整、系统的理论体系或理论科学，而且是一门实践

---

① 习近平：《在哲学社会科学工作座谈会上的讲话》，人民出版社 2016 年版，第 11 页。
② 《马克思恩格斯文集》第 4 卷，人民出版社 2009 年版，第 313 页。

科学，是一种社会历史运动或一种实践过程。它的内在的精神和生命力要求，要求它必须付诸实践，从而实际地改变世界。无论是其理论的产生、发展还是其理论功能的发挥或作用的实现，它都与具体的社会历史运动或实践过程紧密相关。整个马克思主义的产生和发展过程都是与具体的社会历史运动或实践过程融为一体的。

（1）马克思主义作为一种具体的社会历史运动或实践过程，有无产阶级这一自己的阶级基础。马克思主义是无产阶级的世界观的理论表现，它反映的是无产阶级以及整个劳动人民的根本利益、愿望、意志和要求，它公开声明为无产阶级服务，因此，它是无产阶级认识世界和优化世界的精神武器，它把无产阶级当做实现理想社会的依靠力量。按照经典作家的说法是，马克思主义"把无产阶级当做自己的物质武器"，① 同样地，无产阶级也把马克思主义当做自己的精神武器。

正因为马克思主义是一个科学的真理体系，所以在无产阶级和劳动人民认识世界和优化世界的实践活动中，它发挥和实现着强大的指导作用。这是由于马克思主义正确解决了科学认识世界和能动优化世界的关系，将认识世界和优化世界紧密结合起来。同其他的理论体系相比，马克思主义不仅要科学地解释世界，而且更重要的在于优化世界。

无产阶级是先进生产方式的代表，它没有一切剥削阶级思想体系所固有的阶级虚伪性、狭隘性和片面性。它要求彻底铲除一切剥削阶级，使包括自身在内的一切现有阶级消亡。无产阶级这种彻底革命精神必然贯穿于马克思主义自身发展的过程中。

（2）马克思主义作为一种具体的社会历史运动或实践过程，有无产阶级革命和社会主义建设这一自己的基本途径。随着资本主义主要矛盾的日益激化，无产阶级与资产阶级的斗争势必日益激烈，二者矛盾不可调和，联合起来的无产阶级必然通过暴力革命的方式推翻资产阶级，取得革命的胜利。

在经济社会落后的国家取得胜利的无产阶级，会建立起社会主义国家，发展社会主义制度。在社会主义建设过程中，会根据不同时期的发展状况，不断进行社会主义改革，在改革中，不断坚持和发展马克思主义，"共产主义对我们来说不是应当确立的状况，不是现实应当与之相适应的理想。我们所称为共产主义的

---

① 《马克思恩格斯文集》第 1 卷，人民出版社 2009 年版，第 17 页。

是那种消灭现存状况的现实的运动"。①

（3）马克思主义作为一种具体的社会历史运动或实践过程，有无产阶级政党及领导这一政党的组织保障。无产阶级政党是广大工人阶级和劳动群众的先锋队，是马克思主义的坚定奉行者，也是无产阶级革命和社会主义建设取得胜利的基本条件。

从 1847 年世界上第一个无产阶级政党——共产主义者同盟的建立，到社会主义革命第一次胜利，马克思主义主要侧重于教育和组织无产阶级夺取政权，推翻资本主义制度，建立社会主义制度；从 1917 年俄国十月革命的胜利，到今天各国社会主义改革深入推进的一百多年间，马克思主义侧重于建设有本国特色的社会主义，尤其是自中国共产党的第十八次全国代表大会胜利召开以来，中国特色社会主义进入了新时代，这一要求显得更有意义。

（4）马克思主义作为一种具体的社会历史运动或实践过程，有共产主义这一自己的奋斗目标。马克思、恩格斯从一开始就把共产主义作为自己理想的社会形态和奋斗目标，在《共产党宣言》中指出："代替那存在着阶级和阶级对立的资产阶级旧社会的，将是这样一个联合体，在那里，每个人的自由发展是一切人的自由发展的条件。"②从这一意义上来说，我们可以把共产主义社会最简明地概括为："自由人联合体"，即共产主义社会是人的自由而全面发展的社会。

当然，共产主义也是一种社会制度和一种现实的社会历史运动。按照马克思、恩格斯的理论规定，我们可理解为，人类所有的积极活动、进步活动都是共产主义运动。只不过，这种运动既在人类社会的历史现实当中，又不在人类社会的历史现实当中。理解这一点的依据是，运动是间断性与连续性的统一。具体地说，人类不断追求自身完善是人类的本质要求，人类社会生产力是永不停息发展的。也就是说，人类既有社会历史横向的发展，也有社会历史纵向的发展。

3. 信仰层面的马克思主义

马克思主义既是一种科学的世界观和方法论，也是一种科学信仰。所谓信仰是指对某种思想或宗教或人或物的信奉敬仰。有些信仰是非理性的，而马克思主

---

① 《马克思恩格斯文集》第 1 卷，人民出版社 2009 年版，第 539 页。
② 《马克思恩格斯文集》第 2 卷，人民出版社 2009 年版，第 53 页。

义信仰是建立在科学基础上，属于科学信仰。马克思主义信仰的科学性表现如下：

（1）马克思主义具有信仰的传统力量。传统的力量是信仰力量的重要方面，缺少历史传统支撑的信仰是不完全的。古老的传统本身是人类自我认同的基础和重要部分，因而是信仰合法性的重要来源，也是一股顽强的信仰力量。在马克思主义产生之前，共产主义信仰在人类历史上就已经存在了，并且极为久远。当然，这个过程中的共产主义信仰还是一种零散不成型的信仰现象，是一些信仰因素或片段，具有空想性质，有的甚至以宗教世界观为基础。但我们不能否认它们的共产主义信仰属性。不仅欧洲三百多年的空想社会主义思潮与运动中包含着这种信仰成分，而且在更为古老和久远的过去，一直上溯到人类文明社会的初期即奴隶制社会，都断断续续地存在着人们对于具有共产主义属性的理想社会的向往和追求。

（2）马克思主义具有信仰的心理力量。科学信仰不仅与理性意识有关，而且与前理性意识和深层潜意识有关。事实上，通过对人类心理的分析，特别是对人类历史文化的分析，我们可以看到二者的关系很大，而且也十分重要。共产主义崇高理想是马克思主义信仰中的核心内容，而正是这一社会理想，由于历史的原因而深深根植于人性深处，在人的精神世界中具有深层潜意识的支撑。这是由人类的诞生史和成长史所决定的。人类的产生是生物进化的结果，但不能完全归功于进化的生物原则，更重要的是社会性原因促进了类人猿向人类的转化。人类的诞生应该是一种集体现象，是某一个类人猿族群在面临新的生存环境的时候，因为激发出了更大强度的集体合作和共同劳动，从而逐步完成从猿到人的转变。可以说，更加主动地进行合作劳动的"共产"性因素，是人类诞生的重要原因。由此也可以理解，为什么人类的第一个社会形态是原始共产主义社会。

原始社会的共产主义生活塑造了童年时期的人类心灵，在人类心灵深处埋下了一颗共产主义信仰的种子。在原始社会，这种自发的共产主义意识不仅占据着人的思想观念，而且逐步沉淀到人的深层意识之中，成为人类的种族记忆和集体无意识。特别是随着原始共产主义社会的解体，随着日益强大的私有制观念对人的心灵世界的占领，人们的共产主义意识被日益压抑到深层的潜意识甚至无意识层次，被人们所遗忘。但这是不可能真正被遗忘的，更不可能被清除。

（3）马克思主义具有信仰的真理力量。马克思主义的真理力量当然来自马克思主义坚实理性论证的科学内容，它揭示了自然、社会和思维发展的一般规律，特别是揭示了人类社会发展的客观规律，揭示了人类社会从资本主义社会向社会主义社会转变并最终实现共产主义的必然趋势，这是人类科学思想的最大成果，为人们认识世界、优化世界和创造美好生活，提供了强大的思想理论武器。这些理论是对客观世界本质和规律的正确反映，具有客观真理性和科学价值，同时当人们掌握和认同这些理论，并以此作为自己理想信念和行为追求的时候，就变成一股非常强大的精神力量。相比宗教和迷信的"心诚则灵"式精神力量，马克思主义科学信仰的力量是更坚实、更强大的。

（4）马克思主义具有信仰的道义力量。马克思主义具有深厚群众基础，站在道义的制高点上。马克思主义是无产阶级和人民群众追求解放与发展的理论，是为无产阶级谋利益和为人民服务的理论，是以无产阶级和人民群众为中心的理论。马克思主义者把无产阶级和人民群众放在心中最高位置，并将之作为不变的宗旨。

（5）马克思主义具有信仰的实践力量。马克思主义是以优化世界、创造人间幸福生活为己任的学说。马克思指出："哲学家们只是用不同的方式解释世界，而问题在于改变世界。"[1]这句名言刻在了马克思的墓碑上，也刻在了马克思主义者的心灵和品格上。因此，马克思主义信仰是我们在认识和优化世界中形成的，是服务于创造美好生活的实践性信仰。马克思主义自从产生以来，特别是被人们所接受并成为人们的信仰力量以来，深刻地改变了人类社会的基本面——极大地促进了社会进步和发展，不论是旨在推翻资本主义统治的社会主义革命，还是旨在创造美好新生活的社会主义建设，马克思主义都有科学的指导作用，都能够发挥精神引领和精神动力的作用。

真正的马克思主义者不仅是马克思主义的宣传者和践行者，同时也应该是马克思主义的坚定信仰者。不信仰马克思主义及其所揭示的真理和为之奋斗的伟大的社会理想，就不会实践马克思主义；而不信仰马克思主义，就不能算是一个真正的马克思主义者。

---

① 《马克思恩格斯文集》第1卷，人民出版社2009年版，第506页。

（二）对马克思主义基本原理的基本理解

马克思主义基本原理是对马克思主义立场、观点、方法的集中概括，是马克思主义在其形成、发展和运用过程中经过实践反复检验而确立起来的具有普遍真理性的理论。它体现马克思主义的根本性质和整体特征，体现马克思主义科学性和革命性的统一。相对于特定历史条件下所作的个别理论判断和具体结论，马克思主义基本原理具有普遍的、根本的和长远的指导意义。我们可以从基本立场、基本观点、基本方法的有机统一中，来学习和把握马克思主义基本原理。

1. 马克思主义的基本立场

作为一种博大精深的理论体系，马克思主义自然有其特定的立场。把握马克思主义基本立场，可从理解立场本身入手。立场，就是人们观察、处理问题的立足点和所持的态度。当然，立场问题不是一个一目了然的简单问题，而是一个多层次多角度的复杂问题。立场有阶级立场、政治立场、科学立场、正义立场、公正立场、客观立场等区分。在阶级社会，阶级立场、政治立场是最基本的立场，对人们观察、处理问题起着决定性作用。但不能把立场的涵义理解得太狭窄，似乎除了阶级立场、政治立场，就不存在立场问题了。例如，以科学为观察、处理问题的立足点和所持的态度，就是科学的立场。以维护无产阶级的利益为观察、处理问题的立足点和所持的态度，就是无产阶级立场。

人们的思想行为总是有一定立场的，不过有自觉的立场与不自觉的立场之分。有自觉的立场的思想行为，总是站在利益相关者的特定角度。像马克思主义基本原理这种意识形态体系，其自觉立场是鲜明的。"他们固执地追求信仰，从抽象的观念、原则、口号出发，竭力为某些特定社会集团的利益服务。"马克思主义基本原理的缔造者马克思、恩格斯并不讳言自己创立理论的阶级立场。马克思、恩格斯在《共产党宣言》中明确提出，共产党人始终坚持为无产阶级、为绝大多数劳动人民谋利益。

马克思、恩格斯揭示了生产社会化与资本主义生产资料私人占有之间的基本矛盾，阐明了资本主义社会的腐朽性；在剖析资产阶级剥削实质的基础上，阐明了无产阶级的先进性；在解决资本主义社会资产阶级与无产阶级尖锐矛盾的过程中，得出消灭资产阶级的结论。在进步阶级与落后阶级的斗争中，进步阶级需要理论的指导，由此，马克思主义应运而生。也就是说，马克思主义是站在无产阶级的立场，为无产阶级翻身解放提供先进的理论武器。

当然，不同于马克思主义基本原理这种意识形态科学，对于一般的社会科学研究，西方有学者提出"价值无涉"①的观点。这一主张当然有其学术渊源，但社会科学研究不可避免地有其价值立场。只不过，这种价值立场有时是不自觉的而已。

马克思主义的立场不仅是自觉的，而且是鲜明的。无产阶级的基本立场，是马克思主义观察、分析和解决问题的根本立足点和出发点。马克思主义以无产阶级的解放和全人类的解放为己任，以人的自由而全面发展为美好目标。马克思、恩格斯明确，"没有任何同整个无产阶级的利益不同的利益"，② 其无产阶级立场是真理与价值相统一的立场。马克思主义鲜明地站在处于弱势的无产阶级和劳动群众一边，站在最大多数社会成员一边，特别是当少数社会成员掌握了社会的经济资源、政治资源和文化资源的社会状况下，马克思主义者把代表广大人民群众的根本利益作为自己坚定不移的价值信仰。

在新时代中国特色社会主义建设时期，马克思主义基本立场是以人民为中心，一切为了人民，一切依靠人民。"要始终坚守人民立场，把人民群众放在心中最高位置，始终保持同人民群众的血肉联系，把为人民谋幸福作为根本职责。"③

2. 马克思主义的基本观点

马克思主义的基本观点，是关于自然、社会和人类思维发展一般规律的科学认识，是对人类思想成果和社会实践经验的科学总结。这些基本观点主要包括：关于世界统一于物质、物质决定意识的观点，关于事物矛盾运动规律的观点，关于实践和认识辩证关系的观点，关于社会存在决定社会意识的观点，关于人类社会发展规律的观点，关于阶级和阶级斗争的观点，关于人民群众创造历史的观

---

① ［德］马克斯·韦伯：《社会科学方法论》，杨富斌译，华夏出版社1999年版。

② 《马克思恩格斯文集》第2卷，人民出版社2009年版，第44页。

③ 习近平：《在纪念刘少奇同志诞辰120周年座谈会上的讲话》，人民出版社2018年版，第16页。

点，关于人的全面发展和社会全面进步的观点，关于商品经济和社会化大生产一般规律的观点，关于劳动价值论、剩余价值论和资本主义生产方式本质的观点，关于垄断资本主义的观点，关于资本主义政治制度和意识形态本质的观点，关于社会主义必然代替资本主义的观点，关于社会主义革命和无产阶级专政的观点，关于无产阶级政党建设的观点，关于社会主义社会本质特征和建设规律的观点，关于共产主义社会基本特征和共产主义崇高理想的观点，等等。对于这些基本观点，本书后面会作重点阐发，这里择要列举几点。

（1）实践的观点。实践的观点是马克思主义理论的核心观点。实践是主观见之于客观的活动，具有客观性、直接现实性与社会历史性的特征。从实践的社会历史性特征来看，任何实践活动均有其产生发展的前提与历程。不仅如此，马克思主义自身也是从实践中来，到实践中去，在实践中接受检验，并随实践而不断发展的学说。从马克思主义的使命和作用来说，它不是书斋中的学问，不是一种纯粹解释世界的学说，而是直接服务于无产阶级和人民群众优化世界的实践活动的科学理论。习近平提出："马克思主义具有鲜明的实践品格，不仅致力于科学'解释世界'，而且致力于积极'改变世界'。"①实践观点是马克思主义理论的核心观点，体现在马克思主义全部思想内容之中。马克思主义具有突出的实践精神，它始终强调理论与实践的统一，始终坚持与社会主义实际运动紧密结合。可以说，以马克思主义为指导的世界社会主义运动，本身就是马克思主义的实践形态。

（2）发展的观点。发展是马克思主义理论的基本观点。发展是前进的上升的运动，其实质是新事物的产生和旧事物的灭亡，新事物是不可战胜的。新事物之所以新，是由于其结构与功能已经适应环境与客观条件；旧事物之所以旧，是由于各种要素与功能已经不适应环境与客观条件的变化。就新事物与旧事物的关系来说，新事物是在旧事物的"母体"中孕育的，它否定旧事物中消极腐朽的内容，保留旧事物中合理的东西，添加旧事物不能容纳的新要素。从新事物与旧事物自身特征与相互关系中可以得出事物发展是一个过程的结论。一切事物只有经过一定的过程才能实现自身的发展，自然界发展如此，社会发展更是如此。社会主义初级阶段是实现高级社会形态的必经阶段，其间当然会有落后封建社会与资本主

---

① 习近平：《在哲学社会科学工作座谈会上的讲话》，人民出版社2016年版，第9页。

义社会的残渣余孽。

如同世界上其他事物一样，马克思主义具有与时俱进的理论品质。马克思主义是时代的产物，并随着时代、实践和科学的发展而不断发展。马克思主义理论体系是开放的，它不断吸取人类最新的文明成果来充实和发展自己。马克思主义在指导人们认识世界和优化世界的过程中，在指导社会主义事业发展的过程中，不断与时代特征和各国具体实际相结合，得到丰富和发展，并形成新的理论成果。马克思主义在指导中国革命、建设、改革的过程中，形成了一系列马克思主义中国化理论成果，鲜明地体现了马克思主义创新发展的品格。当今世界和我们所处的新时代，同过去相比发生了深刻的变化。无论从国际还是从国内看，我们都面临着许多新情况新问题，需要从理论和实践上做出回答并加以解决，为此必须坚持与时俱进，继续丰富和发展马克思主义。我们既要坚持马克思主义基本原理，又要谱写新的理论篇章；既要发扬优良传统，又要创造新鲜经验，善于在解放思想中统一思想，用发展的马克思主义指导新的实践。

（3）劳动创造价值的观点。劳动创造价值是马克思主义理论的重要观点。由于劳动价值理论本身的理论性与其对应实践的复杂性，深入理解与准确把握有难度。运用其分析现实时，要拨开层层迷雾，才能深入把握现实的本质。正如恩格斯指出："当经济学作为科学出现的时候，它的首要任务之一就是要找出隐藏在这种表面支配着商品价格的偶然情况后面，而实际上却在支配着这种偶然情况本身的规律。在商品价格不断地时而上涨、时而下降的变动和波动中，经济学要找出这种变动和波动所围绕的稳定的轴心。一句话，它要从商品价格出发，找出作为调节价格的规律的商品价值，价格的一切变动都可以根据价值来加以说明，而且归根到底都以价值为依归。"①马克思、恩格斯反复批判庸俗政治经济学，从侧面可以发现庸俗政治经济学的欺骗性。

（4）资本主义必然灭亡和社会主义必然胜利的观点。马克思、恩格斯得出资本主义必然灭亡和社会主义必然胜利的结论，列宁发展了马克思的这一理论并作了论证。列宁指出，资本主义进入帝国主义阶段，资本主义是垂死的、腐朽的。但现实社会资本主义有新的发展，出现东欧剧变、苏联解体。大体来说，资本主义新发展的原因，一是新科技革命为资本主义经济增长提供了强大动力；二是国

---

① 《马克思恩格斯文集》第1卷，人民出版社2009年版，第703页。

家对社会经济活动的自我调节，在一定程度上暂时缓解了生产资料私人占有对生产力发展的制约；三是在旧的国际经济秩序继续存在、新的国际经济秩序还没有建立的条件下，发达资本主义国家利用其经济、科技甚至军事优势，在世界市场上获得了巨大利润。资本主义的这种新发展只是证明："由于新的历史机遇的产生和自身的消极扬弃，资本主义所容纳的生产力还有一定的发挥余地。"①东欧剧变、苏联解体的原因固然很多，但根本原因是领导这些国家的党长期脱离群众，违背马克思主义理论。也就是说，东欧剧变、苏联解体源于对马克思主义理论理解与运用不当，而不是马克思主义理论本身存在科学性的问题。②

3. 马克思主义的基本方法

马克思主义的基本方法，是建立在辩证唯物主义和历史唯物主义世界观和方法论基础上，指导我们正确认识世界和优化世界的思想方法和工作方法。马克思主义最根本方法是辩证法，"辩证法在对现存事物的肯定的理解中同时包含对现存事物的否定的理解，即对现存事物的必然灭亡的理解；辩证法对每一种既成的形式都是从不断的运动中，因而也是从它的暂时性方面去理解；辩证法不崇拜任何东西，按其本质来说，它是批判的和革命的"。③ 具体来说，马克思主义的基本方法主要包括实事求是方法、辩证分析方法、社会基本矛盾和主要矛盾分析方法、历史分析方法、阶级分析方法、群众路线方法等。

（1）矛盾分析方法。矛盾分析方法是马克思主义基本方法，对此，可以从两方面来理解：一方面是从矛盾分析方法自身来看，矛盾分析方法自身包含两点论、重点论等重要方法。另一方面，从矛盾分析方法推广运用来看，社会历史发展的阶级分析方法、社会发展的逻辑与历史对立统一的分析方法、社会发展整体与部分对立统一分析方法等均是矛盾分析方法的重要体现。矛盾分析方法包含的内容有：一方面，矛盾双方相互对立，相互区别。先进就是先进，落后就是落后。另一方面，矛盾双方相互联系，相互依赖。在一定条件下，双方相互转化。先进是与落后相对的范畴，离开落后无从说明先进。同样，落后是与先进相对的

---

① 本刊课题组：《当代资本主义的基本矛盾》，《求是》2001 年第 3 期。
② 陈宏滨、赵娜：《苏联解体的历史虚无主义之因》，《南华大学学报（社会科学版）》2018 年第 5 期。
③ 《马克思恩格斯文集》第 5 卷，人民出版社 2009 年版，第 22 页。

范畴，离开先进无从说明落后。当事物发展一定阶段，先进与落后会相互转化。先进的演变成落后的，落后的演变成先进的。

（2）阶级分析方法。阶级分析方法是马克思主义的重要分析方法。在阶级社会中，阶级斗争是社会发展的直接动力。进步阶级与腐朽落后阶级相互斗争，推动社会的发展。但是进步阶级与腐朽落后阶级进行斗争并不是一帆风顺的，其过程复杂且艰难。

（3）社会发展整体与部分对立统一方法。社会发展的整体与部分相互区别、相互对立。社会发展的整体是全局，不是局部，不是部分。不能用社会发展的部分代替社会发展的整体，如果用社会发展的部分代替社会发展的整体，就会走向以偏概全的错误境域。同样，社会发展的整体特征不是社会发展的部分特征。如果用社会发展的部分特征代替社会发展的整体特征，就会一叶障目，得出错误判断。中国特色社会主义建设过程中，在部分地区、部分领域不同程度地出现了腐败现象。这一现象，在局部地区、局部领域甚至相当严重。但不能由于在部分地区、部分领域存在腐败现象，就以此代替对整个中国社会发展现象的把握。不能由于在部分地区、部分领域存在腐败事实，就以此代替对整个中国社会发展的整体认识。

社会发展的整体与部分相互联系、相互依存，在一定条件下相互转化。社会发展的整体是由部分组成的整体，没有离开部分的整体。社会发展的部分不是孤立的，是整体中的部分，没有离开整体的部分。随着社会发展的推进，社会发展的整体与部分会相互转化。这种转化必须具备一定的条件，如何诱导这种转化是建立在一定的价值目标基础上的。在这种条件孕育中，社会当中的每个成员均有责任。如遏制我国社会腐败问题，每个社会成员均不能成为旁观者，而应为此做出各自的努力。

（4）社会发展的逻辑与历史对立统一方法。社会发展的逻辑与历史是对立统一的，这是马克思主义的基本方法。社会发展的逻辑与历史相互联系，相互依赖，在一定条件下相互转化。社会发展的逻辑是社会发展历史的概括与抽象，社会发展的历史是社会发展逻辑的演绎。社会发展的逻辑与历史相互区别，相互对立。社会发展的逻辑是社会发展是前进的、上升的。相比较而言，社会发展的历史曲折且不时反复。

当然，理解马克思主义基本原理不那么容易，正如汉娜·阿伦特所说："思考和评论马克思都绝非易事。"①我们知道，汉娜·阿伦特是海德格尔的学生，是20世纪美国非常著名的女性政治哲学家。在美国麦卡锡白色恐怖终结前的最疯狂时期，她于1953年对马克思作了一个非常重要的评论，因此，她的观点值得重视。

二、如何对待马克思主义基本原理

探讨对待马克思主义基本原理是一个重大且复杂的问题。马克思主义基本原理是马克思主义的基本立场、观点和方法，马克思主义基本原理既有建立在实践基础上的整体性，又有科学性与革命性统一的特性。这里我们只正面谈谈如何对待马克思主义基本原理。

(一) 正确对待马克思主义

关于正确对待马克思主义，自然不能离开马克思主义的本质内容。前面已提及，马克思主义是完整的科学世界观和方法论，是关于自然、社会和思维发展的普遍规律的学说，是关于资本主义发展和转变为社会主义以及社会主义和共产主义发展的普遍规律的学说。

正确对待马克思主义有重大的理论与实践意义。"如果我们党有一百个至二百个系统地而不是零碎地、实际地而不是空洞地学会了"马克思主义的同志，"就会大大地提高我们党的战斗力量"。② 对待马克思主义，既要坚持，又要发展；在坚持中发展，在发展中坚持，应采用坚持和发展相统一的基本态度。只有坚持马克思主义，才能更好地发展马克思主义；只有发展马克思主义，才能更好地坚持马克思主义。坚持是前提、是基础；发展是保障、是根本。

1. 坚持马克思主义基本的立场、观点和方法

坚持马克思主义基本的立场、观点和方法是对待马克思主义的基本态度，坚

---

① Hannah Arendt. Karl Marx and the Tradition of Western Political Thought [J]. *Scocial Research*, 2002(2)：273.

② 《毛泽东选集》第2卷，人民出版社1991年版，第533页。

持这一态度的前提自然是努力学习和掌握马克思主义的基本立场、观点、方法。马克思主义博大精深，马克思主义的著作卷帙浩繁，我们很难在有限的时间内全面掌握马克思主义的全部理论。同时，经典作家的个别提法可能会随着时代的变迁而过时，但马克思主义的基本立场、观点、方法具有穿越时空的永恒价值。因此，学习马克思主义，最根本的是要掌握马克思主义的基本立场、观点、方法，领会马克思主义的精髓要义。只有这样，才能形成正确的世界观和方法论，培养科学的思维方式，增强分析问题和解决问题的能力。邓小平说："学马列要精，要管用的。"①这就是说，掌握马克思主义的基本立场、观点和方法，就是要坚持实事求是的精髓，而不能断章取义，忽视马克思主义各部分理论的内在联系以及马克思主义的整体性、完整性和科学性，更不能为达到某种政治目的而只抓住马克思主义的只言片语。习近平强调："对待马克思主义，不能采取教条主义的态度，也不能采取实用主义的态度。"②

2. 坚持马克思主义的科学信仰和价值追求

马克思主义是一种信仰，一种科学信仰。它与宗教信仰有一致性，能够给人坚定的精神和执着的态度。但是它与宗教信仰又有不一致性，马克思主义信仰是以事实为依据的信仰，是建立在规律基础上的信仰，而宗教信仰不是以事实为依据的信仰，不是建立在规律基础上的信仰。宗教信仰不追问为什么可信，而马克思主义信仰不仅可以追问为什么可信，而且其鲜明特征正在于要追问为什么可信。正确对待马克思主义，不仅要坚持马克思主义的科学信仰，而且要坚持马克思主义的价值追求。其实，马克思主义信仰就是马克思主义的价值追求。不过，马克思主义的价值追求不仅仅只表现于信仰层次，从追求理想社会到追求人的自由而全面发展，都是马克思主义核心的价值追求。

3. 发展马克思主义的实践精神、批判精神、否定精神和改造精神

马克思主义具有实践精神、批判精神、否定精神和改造精神。实践性不仅是马克思主义显著的本质特征，而且是马克思主义的理论基石。实践的观点不仅是

---

① 《邓小平文选》第 3 卷，人民出版社 1993 年版，第 382 页。
② 习近平：《在哲学社会科学工作座谈会上的讲话》，人民出版社 2016 年版，第 13 页。

贯穿全部马克思主义的理论主线，而且是马克思主义的首要的、基本的观点。马克思主义的全部理论不仅来自实践，而且接受实践的检验，并在实践中加以修正、补充、发展、完善。正是马克思主义的实践精神，才使马克思主义保持着生机和活力，并不断创新和发展。离开了马克思主义的实践精神，马克思主义就会成为无源之水、无本之木。

批判精神不仅是马克思主义的重要特征，也是马克思主义的必然要求。没有对资本主义的批判，就没有马克思主义的创立；没有对旧事物和旧社会的腐朽、丑恶面的批判，就没有对旧事物的超越，更没有社会的昌明和前进。真正的马克思主义者就必须坚持马克思主义的批判精神并不断把马克思主义推向前进。

否定精神既是马克思主义发展的内在动力，也是马克思主义及其所指导的社会主义革命和建设事业不断超越自身并推陈出新的不竭源泉。没有对资本主义制度的否定，就没有社会主义制度的建立；没有对"斯大林模式"，特别是其政治体制模式的果断否定，中国的政治体制改革将难以取得实质性的效果或经得起历史的检验；没有对过去以来的"人治"模式的否决，真正的法治社会是难以建立起来的。

改造精神与批判精神、否定精神一样，既是马克思主义革命性的集中体现，也是马克思主义的本质要求和重要使命。没有对资本主义制度的彻底改造，就没有社会主义制度的真正确立；没有对我们头脑中根深蒂固的臣民意识、子民意识甚至奴才意识的彻底改造，就没有公民意识、主人翁意识和法治意识的确立，更不可能有公民社会、民主社会和真正的法治社会的建成。

(二) 正确对待马克思主义基本原理

马克思主义基本原理是普遍真理，具有永恒的思想价值和实践价值。从此意义上看，正确对待马克思主义基本原理就是要充分发挥其思想价值和实践价值。马克思主义基本原理是马克思主义的基本立场、观点和方法。从此意义上看，正确对待马克思主义基本原理与对待马克思主义具有一致性，直接地说就是，坚持和发展马克思主义基本原理。

这里，我们只从工作方法与学习方法上简要谈谈如何正确对待马克思主义基本原理。我们应该坚持马克思主义基本原理，但不能把马克思主义基本原理教条化。坚持和发展应该是统一的。不坚持，当然谈不上发展，如果不发展，所谓坚持往往会蜕变为教条主义。教条主义是对马克思主义基本原理的背叛，因为马克思主义的精髓、马克思主义活的灵魂，是对具体问题的具体分析。马克思主义基本原理提供的是分析和解决问题的基本观点和方法，而不是答案。早在1842年致友人的信中，马克思就指出："正确的理论必须结合具体情况并根据现存条件加以阐明和发挥。"①1872年《共产党宣言》德文版序言中，马克思和恩格斯就指出："这些原理的实际运用，正如《宣言》中所说的，随时随地都要以当时的历史条件为转移。"②"要获取明确的理论认识，最好的道路就是从本身的错误中学习，'吃一堑，长一智'。"③列宁对如何对待马克思主义基本原理提出过严格要求，他说："马克思主义的全部精神，它的整个体系，要求人们对每一个原理都要（α）历史地，（β）都要同其他原理联系起来，（γ）都要同具体的历史经验联系起来加以考察。"④

马克思主义基本原理的无穷威力取决于具体应用，取决于是否把马克思主义基本原理真正化为思维方法和工作方法。当马克思主义基本原理成为方法，它就能有效地避免教条主义和思想僵化，真正发挥马克思主义基本原理的作用。

---

① 《马克思恩格斯全集》第27卷，人民出版社1972年版，第433页。
② 《马克思恩格斯文集》第2卷，人民出版社2009年版，第5页。
③ 《马克思恩格斯文集》第10卷，人民出版社2009年版，第560页。
④ 《列宁专题文集·论马克思主义》，人民出版社2009年版，第163页。

专题二　世界多样性与物质统一性

　　置身大千世界，仰望浩瀚星空，人们不禁会去思考和追问"世界是什么""世界从哪里来""世界与人是什么关系"等问题。对这些世界观问题，我们可简要回答：尽管世界纷繁复杂，但都统一于物质。世界多样性与物质统一性的实质就是探讨世界的物质统一性原理，这一原理为我们提供了认识世界和优化世界的科学方法论，为我们确立科学的人生观和价值观奠定了坚实的基础。

一、物质及其存在形态

　　人活在世界上，需要对世界有一个总体的看法和把握，这就是人的世界观问题。而哲学是系统化、理论化的世界观，是对自然知识、社会知识和思维知识的概括和总结，它提供了对于世界以及人与世界关系的全面而深刻的思考。因此，要学会哲学思考，帮助自己树立起科学的世界观。

　　我们置身其中的世界包罗万象、多姿多彩。从宇宙星体的运行，到地球物种的演化，再到人类社会的发展，以及人类文化的创造，无一不呈现出复杂的样态，体现着世界的多样性。对此，人们会提出问题：在多样性的世界是否有某种本原性的实在作为其统一的基础。这就是世界的统一性问题。

　　从哲学上看，世界上的万事万物归结起来无非是两大类现象：物质现象和精神现象。人类的一切活动归纳起来无非是两大类活动：认识世界和优化世界。我们认识和看待这两大类现象和两大类活动，都不能不涉及存在和思维的关系问题。存在和思维的关系问题又称为物质和精神的关系问题，构成了全部哲学的基本问题。

　　在马克思主义产生以前，一些哲学家曾经谈到过思维与存在的关系问题。例如，黑格尔认为："（思维与存在的对立）是哲学的起点，这个起点构成哲学的全部意义。"①费尔巴哈也说过："神是否创造世界，即神对世界的关系如何，这个问题其实就是关于精神对感性、一般或抽象对实在、类对个体的关系如何的问题……这个问题是属于人类认识和哲学上最重要又最困难的问题之一，整个哲学史其实只在这个问题周围绕圈子。"②

恩格斯总结和概括了哲学发展特别是近代哲学发展的历史事实，第一次明确指出："全部哲学，特别是近代哲学的重大的基本问题，是思维和存在的关系问题。"③存在和思维的关系问题包括两个方面的内容：其一，存在和思维究竟谁是世界的本原，即存在和思维何者是第一性、何者是第二性的问题。对这一问题的不同回答，构成了划分唯物主义和唯心主义的标准。其二，存在和思维有没有同一性，即思维能否正确认识存在的问题。对这一问题的不同回答，构成了划分可知论和不可知论的标准。这就是"我们关于我们周围世界的思想对这个世界本身的关系是怎样的？我们的思维能不能认识现实世界？我们能不能在我们关于现实世界的表象和概念中正确地反映现实"？④ 恩格斯提出哲学基本问题，其目的并非仅仅为了区分唯心主义与唯物主义，思维与存在的本原性以及同一性问题也并非恩格斯关注的重点，他所寻求的是通过对思维与存在辩证关系的分析为哲学的研究以及无产阶级应对各种理论思潮指明一条正确的方向。

这里有必要说明，有学者质疑马克思与恩格斯对哲学基本问题的一致性，理由是马克思将"实践"作为自己对旧哲学的超越。其实，马克思哲学革新的关键在于，它在思维与存在的互动中把握社会历史的发展，通过实践实现"解释世界"与"改变世界"的统一。恩格斯将思维与存在的关系问题作为哲学基本问题，并动态地考察具体哲学形态中基本问题的演变之路，使得我们能够在把握旧哲学的基础上理解马克思的哲学。一方面，马克思的哲学脱胎于旧哲学的思维方式，吸取了其思想精华，其基本问题是旧哲学基本问题的延续；另一方面，马克思的哲学又开辟了新领地，以实践的思维方式把握社会历史发展的规律，从而实现了哲学与社会现实的有机结合。

---

① 黑格尔：《哲学史讲演录》第 3 卷，商务印书馆 1978 年版，第 325 页。
② 《费尔巴哈哲学著作选集》下卷，商务印书馆 1984 年版，第 621 页。
③ 《马克思恩格斯文集》第 4 卷，人民出版社 2009 年版，第 277 页。
④ 《马克思恩格斯文集》第 4 卷，人民出版社 2009 年版，第 278 页。

总之，对哲学基本问题的回答是解决其他一切哲学问题的前提和基础。只有科学解决存在和思维或物质和精神的关系问题，才能正确认识世界的本质和把握世界发展的规律。

（一）物质

世界是物质的世界，对物质的正确理解是我们认识和把握世界本质和规律的前提。一切唯物主义哲学都是从这一前提出发，把物质范畴作为自己的理论基石。从古到今，唯物主义对物质概念的理解，经历了从朴素到科学、从片面到比较全面的过程。古代朴素唯物主义用某一种物质作为本原来解释世界，具有合理性和进步性。但是，把物质等同于具体的物质形态，又具有明显的局限性。近代形而上学唯物主义以近代科学为基础，把物质等同于物质的微观结构层次——原子，虽然使唯物主义对物质概念的理解建立在自然科学发现的基础上，却不能正确理解哲学的物质概念与自然科学的物质概念之间共性与个性的关系，因而经不起自然科学进一步发展的检验，也经不起唯心主义的进攻。

马克思批判了旧唯物主义对物质世界的直观、消极的理解，强调要从能动的实践出发去把握客观世界的意义。"从前的一切唯物主义（包括费尔巴哈的唯物主义）的主要缺点是：对对象、现实、感性，只是从客体的或者直观的形式去理解，而不是把它们当做感性的人的活动，当做实践去理解，不是从主体方面去理解。"①恩格斯在批评德国植物学家耐格里的不可知论倾向时，总结了19世纪哲学和自然科学的发展成果，对物质概念作了初步概括："物、物质无非是各种物的总和，而这个概念就是从这一总和中抽象出来的。"②这就是说，物质这个名词是一种简称，"我们就用这种简称把感官可感知的许多不同的事物依照其共同的属性概括起来"。③ 恩格斯强调，要从各种具体物质（当时叫做实物）的总和中，去把握它们的共同属性，即从特殊中揭示出一般。

20世纪初，列宁对物质概念作了全面的科学的规定。"物质是标志客观实在的哲学范畴，这种客观实在是人通过感觉感知的，它不依赖于我们的感觉而存

---

① 《马克思恩格斯文集》第1卷，人民出版社2009年版，第499页。
② 《马克思恩格斯文集》第9卷，人民出版社2009年版，第500页。
③ 《马克思恩格斯文集》第9卷，人民出版社2009年版，第500页。

在，为我们的感觉所复写、摄影、反映。"①列宁的这一界定继承和汲取了以往唯物主义理解物质存在和物质概念的合理内容，实现了物质定义的科学化。当然，列宁是在19世纪末20世纪初在同俄国的马赫主义做斗争的过程中，阐发马克思主义物质观和物质概念的。当时马克思主义者需要回答的问题是：物质是否消失、物质是否可感觉这一类问题。在此背景下，列宁理所当然地强调物质的客观实在性，而对物质的辩证性没有做出更多的说明。随着科学技术的发展，人类对物质世界的认识，没有满足于突破了原子的层次，而是达到了非实物的"场"，对诸如运动、时空、系统、信息的物质属性认识达到了更高水平。学术界开始重视物质的辩证特性。

马克思主义的物质概念是与实践的观点内在统一的。列宁指出："对象、物、物体是在我们之外、不依赖于我们而存在着的，我们的感觉是外部世界的映象。这个结论是由一切人在生动的人类实践中作出来的。"②人类的社会生活本质上是实践的，而实践活动本质上是客观的，物质生产实践是社会存在和发展的基础。马克思主义在物质概念上的重大变革是通过实践发现揭示了社会存在，克服了旧唯物主义将物质概念局限在自然领域的缺陷，把唯心主义从社会历史领域的庇护所中彻底驱除出去。

马克思主义的物质范畴从现实存在着的自然与社会存在中抽象出了其共同特性——客观实在性，具有丰富而深刻的理论意义。

第一，坚持了唯物主义一元论，同唯心主义一元论和二元论划清了界限。马克思主义是从物质与意识的对立统一关系中把握和规定物质的，物质最本质的规定是客观实在性，这就指明了物质对于意识的独立性、根源性，以及意识对于物质的依赖性、派生性。因为意识不过是对物质的反映，不能离开物质而独立存在，所以意识不可能成为世界的另一种本原。

第二，坚持了能动的反映论和可知论，批判了不可知论。物质这一客观存在是可以认识的对象，由于科学技术条件的限制，目前世界上还有很多事物未被人

---

① 《列宁专题文集·论辩证唯物主义和历史唯物主义》，人民出版社2009年版，第35页。

② 《列宁专题文集·论辩证唯物主义和历史唯物主义》，人民出版社2009年版，第24页。

类认识，但这并不意味着它们不可被认知。未知世界与已知世界都是客观存在的，随着实践和科学的发展，人们对未知世界的认识将会不断扩展和深化。世界上只有尚未认识之物，没有不可认识之物。

第三，体现了唯物论和辩证法的统一，克服了形而上学唯物主义的缺陷。马克思主义的物质观认为，客观实在性是物质的唯一特性，既肯定了哲学物质范畴同自然科学物质结构理论的联系，又把它们区别开来。从个性中看到共性，从相对中找到绝对，从暂时中发现永恒，这是马克思主义物质观体现的唯物辩证法。

第四，体现了唯物主义自然观与唯物主义历史观的统一，为彻底的唯物主义奠定了理论基础。马克思主义的物质观揭示了自然和社会的物质性，建立了统一说明自然历史过程的唯物主义原则，实现了唯物主义自然观和历史观的辩证统一。

(二)物质的存在形态

要正确地认识物质世界，还需要进一步把握物质的根本属性和基本存在形式。物质的根本属性是运动。恩格斯说："运动，就它被理解为物质的存在方式、物质的固有属性这一最一般的意义来说，涵盖宇宙中发生的一切变化和过程，从单纯的位置变动直到思维。"①运动是标志一切事物和现象的变化及其过程的哲学范畴。物质和运动是不可分割的，运动是物质的运动，物质是运动着的物质，离开物质的运动和离开运动的物质都是不可想象的。

物质世界的运动是绝对的，而物质在运动过程中又有某种相对的静止。相对静止是物质运动在一定条件下的稳定状态，具体包括两种状态：空间的相对位置暂时不变和事物的根本性质暂时不变。运动的绝对性体现了物质运动的变动性、无条件性，静止的相对性体现了物质运动的稳定性、有条件性。运动和静止相互依赖、相互渗透、相互包含，"动中有静、静中有动"，无条件的绝对运动和有条件的相对静止构成了对立统一的关系。

不仅如此，运动还具有连续性与间断性对立统一的属性。"运动是(时间和空间的)非间断性与(时间和空间的)间断性的统一。"②

---

① 《马克思恩格斯文集》第 9 卷，人民出版社 2009 年版，第 513 页。
② 《列宁全集》第 55 卷，人民出版社 2017 年版，第 217 页。

时间和空间是物质运动的存在形式。时间是指物质运动的持续性、顺序性，特点是一维性，即时间的流逝一去不复返。空间是指物质运动的广延性、伸张性，特点是三维性，即空间具有长、宽、高三方面的规定性。物质运动总是在一定的时间和空间中进行的，没有离开物质运动的"纯粹"时间和空间，也没有离开时间和空间的物质运动。物质运动与时间和空间的不可分割，证明了时间和空间的客观性。具体物质形态的时空是有限的，而整个物质世界的时空是无限的。

物质、运动、时间、空间具有内在的统一性，它要求我们想问题、办事情都要以具体的时间、地点和条件为转移。

二、物质与意识的辩证关系

实践活动不但形成了社会存在，而且还创造了地球上"最美丽的花朵"——意识，使世界二重化为客观世界和主观世界。

(一) 物质决定意识

意识是人脑的机能和属性，是对客观世界的主观映象。确实，"意识并非一开始就是'纯粹的'意识。'精神'从一开始就很倒霉，受到物质的'纠缠'，物质在这里表现为振动着的空气层、声音，简言之，即语言"。① 物质对意识的决定作用表现在意识的起源、本质和作用上。从意识起源来看，意识是自然界长期发展的产物，它的形成和发展经历了三个阶段，即由一切物质所具有的反应特性到低等生物的刺激感应性，再到高等动物的感觉和心理，最终发展为人类的意识。

意识不仅是自然界长期发展的产物，而且是社会历史发展的产物。社会实践，特别是劳动，在意识的产生和发展中起着决定性的作用。一方面，劳动为意识的产生和发展提供了客观需要和可能；另一方面，在人们的劳动和交往中形成的语言促进了意识的发展。人类出现以前，不管多么高等的动物都是自然界的一部分，整个自然界的各种物质运动形态的反应特性，机械的、物理的、化学的反应形式也好，生物的刺激感性也好，动物的感觉知觉，类人猿的意识的萌芽也

① 《马克思恩格斯文集》第 1 卷，人民出版社 2009 年版，第 533 页。

好，都是自然界的属性。随着人类产生，出现了一个高于自然界的人类社会。人的意识不再是一般的物质反应特性，而是随社会的产生而产生，随社会的发展而发展的，是社会的人的意识，离开了社会就没有也不可能有人的意识。所以，"意识一开始就是社会的产物，而且只要人们存在着，它就仍然是这种产物"。①"意识的生产最初是直接与人们的物质活动，与人们的物质交往，与现实生活的语言交织在一起的。人们的想象、思维、精神交往在这里还是人们物质行动的直接产物。"②

从意识本质来看，意识是人脑这样一种特殊物质的机能和属性，是对客观世界的主观映象。第一，从意识的物质承担者来说，意识是人脑这块复杂的物质的机能。只要我们尝试去探究"究竟什么是思维和意识，它们是从哪里来的，那么就会发现，它们都是人脑的产物"。③"我们的意识和思维，不论它看起来是多么超感觉的，总是物质的、肉体的器官即人脑的产物。"④意识是在人脑的生理活动的基础上即在大脑皮层的兴奋与抑制的生理活动的基础上形成的心理活动，它既不是唯心论者所说的那种脱离人脑的寄居在肉体中的灵魂，也不是庸俗唯物论者所说的那种由大脑分泌出来的特殊的物质。"物质在其永恒的循环中是按照规律运动的，这些规律在一定的阶段上——时而在这里，时而在那里——必然在有机体中产生出思维着的精神。"⑤意识既依赖于物质又不等于物质，是物质的机能。"物质从自身中发展出了能思维的人脑，这对机械论来说，是纯粹偶然的事件，虽然事情的发生是逐步地必然地决定了的。但是事实上，进一步发展出能思维的生物，是物质的本性，因而凡在具备了条件（这些条件并非在任何地方和任何时候都必然是一样的）的地方是必然要发生的。"⑥

第二，意识是对客观存在的主观映象。就其内容来说，意识根源于客观存在，来自客观存在，是对客观存在的映象。人脑是个加工厂，原料半成品都来自外界。马克思说："观念的东西不外是移入人的头脑并在人的头脑中改造过的物

---

① 《马克思恩格斯文集》第 1 卷，人民出版社 2009 年版，第 533 页。
② 《马克思恩格斯文集》第 1 卷，人民出版社 2009 年版，第 524 页。
③ 《马克思恩格斯文集》第 9 卷，人民出版社 2009 年版，第 38 页。
④ 《马克思恩格斯文集》第 4 卷，人民出版社 2009 年版，第 281 页。
⑤ 《马克思恩格斯文集》第 9 卷，人民出版社 2009 年版，第 407 页。
⑥ 《马克思恩格斯文集》第 9 卷，人民出版社 2009 年版，第 473 页。

质的东西而已。"①就其反映形式来说，意识在反映客观存在时，所采取的感觉、知觉、表象、概念、判断、推理等形式又是主观的，所以说，意识是对客观存在的主观映象。其实，这些主观的反映形式，也不是头脑里固有的，天上掉下来的，这个问题，从意识本身也不能得到答案，只有从客观世界中才能找到根据。归根到底这些东西是在主观反映客观的过程中，适应着客观内容的需要逐步形成的。比如，感觉是对客观事物某一个别特性的直接反映，知觉是对客观事物各种属性的综合反映，表象是知觉形象在记忆中的再现等。

由于客观事物是有各种具体特性，而不同特性又是相互联系的，因此，人们在反映客观世界的过程中，才能相应地形成感觉、知觉、表象等反映形式。列宁说得好，这些反映形式，是客观事物的特点、关系，因为"人的实践经过亿万次的重复，在人的意识中以逻辑的式固定下来。这些式正是(而且只是)由于亿万次的重复才有着先入之见的巩固性和公理的性质"。② 这就是说，主观的反映形式，归根到底来源于客观，这就从更深的层次上证明了意识是存在的反映。如马克思、恩格斯在《德意志意识形态》中指出："意识在任何时候都只能是被意识到了的存在。"③

因此，意识在内容上是客观的，在形式上是主观的，是客观内容和主观形式的统一，意识是物质的产物，但又不是物质本身。当然，物质和意识的对立"只是在非常有限的范围内才有绝对的意义，在这里，仅仅在承认什么是第一性的和什么是第二性的这个认识论的基本问题的范围内才有绝对的意义。超出这个范围，这种对立无疑是相对的"。④

(二) 意识对物质具有反作用

在物质与意识的相互关系问题上，唯心主义否定物质对意识的根源性、决定性，片面夸大意识的能动作用。形而上学唯物论即机械唯物论肯定了物质对意识的根源性，却否定了意识的能动性。我们知道，物质决定意识，意识对物质具有

---

① 《马克思恩格斯文集》第 5 卷，人民出版社 2009 年版，第 22 页。
② 《列宁全集》第 55 卷，人民出版社 2017 年版，第 186 页。
③ 《马克思恩格斯全集》第 3 卷，人民出版社 1960 年版，第 29 页。
④ 《列宁全集》第 18 卷，人民出版社 2017 年版，第 150 页。

反作用。"人的意识不仅反映客观世界，并且创造客观世界。"①这种反作用就是意识的能动作用。意识的能动作用主要表现在：

第一，意识活动具有目的性和计划性。人在认识客观世界、尊重客观规律的同时，还总是根据一定的目的和要求去确定反映什么、不反映什么，以及怎样反映，从而表现出主体的选择性。马克思说，人在"劳动过程结束时得到的结果，在这个过程开始时就已经在劳动者的表象中存在着，即已经观念地存在着"。②人的整个实践过程，就是围绕意识活动所构建的目标和蓝图来进行的。

第二，意识活动具有创造性。人的意识不仅采取感觉、知觉、表象等形式，反映事物的外部现象，而且运用概念、判断、推理等形式，对感性材料进行加工制作和选择建构，在思维中构造一个现实中所没有的理想世界。

第三，意识具有指导实践优化客观世界的作用。意识的能动作用不限于从实践中形成一定的思想，形成活动的目的、计划、方法等观念的东西，更重要的在于以这些观念的东西为指导，通过实践使之一步步变为客观现实。正如列宁所说："世界不会满足人，人决心以自己的行动来改变世界。"③改变世界不仅意味着强化客观世界的变化过程，而且意味着创造出世界上原来所没有的东西，即没有人的参与永远也不可能出现的东西。

第四，意识具有调控人的行为和生理活动的作用。现代科学和医学实验证明：意识、心理因素能够对人的行为选择和健康状况产生重要影响。心身医学认为任何时候，只要有情绪活动就会有生理上的变化，如情绪紧张时心跳加快、呼吸急促、肌肉紧张等。如果这种生理反应持续过长，就会导致躯体疾病，称为心身疾病。目前已发现的属于心身疾病的有数十种，其中有高血压、偏头痛、心律不齐、支气管哮喘、胃炎、脱发等。医学心理学告诉我们，一个人的情绪如果长期处于苦恼、忧愁的状态，或是由于受到某种强烈的刺激，使大脑皮层的兴奋抑制过程失常，久而久之，会导致大脑功能失调，引起神经官能症。神经官能症虽未达到对大脑皮层的器质性的损害程度，但足以表明意识对人脑具有能动作用。俗话说的"笑一笑十年少，愁一愁白了头"多少反映了这

① 《列宁全集》第 55 卷，人民出版社 2017 年版，第 182 页。
② 《马克思恩格斯文集》第 5 卷，人民出版社 2009 年版，第 208 页。
③ 《列宁全集》第 55 卷，人民出版社 2017 年版，第 183 页。

个道理。

(三) 主观能动性和客观规律性及其统一

正确认识和把握物质与意识的统一关系，还需要深入认识和把握主观能动性与客观规律性的统一关系。对此，我们可从理解主观能动性与客观规律性的基本内涵入手。

在事物的发展过程中，既有偶然的转瞬即逝的方面，也有其必然的稳定的方面。所谓客观规律性是指事物运动发展中的本质的、必然的、稳定的联系。当然，这种联系具有多样性，其中尤其是自然规律与社会规律存在显著区别。从概念来说，自然规律是自然现象固有的、本质的联系，社会规律是通过人们的活动表现出来的社会生活过程诸现象间的内在的必然联系。从表现形态来看，自然规律更多地表现为动力学规律，社会规律主要表现为统计学规律。从形成方式来看，自然规律形成于多种自然因素盲目的相互作用，社会规律形成于有目的有意识的人们相互作用。而从实现方式来看，自然规律是自发的、盲目的，社会规律是人有意识的活动。

规律是客观的。客观性是规律的根本特点，它的存在不依赖于人的意识。相反，人的意识活动要受规律的支配。不管人们是否认识到、承认不承认，它都客观存在着，并以一定的方式起作用。我国战国时代哲学家荀子说："天行有常，不为尧存，不为桀亡。"这里的"常"就是指规律；"不为尧存，不为桀亡"就是说规律是客观的，不以任何人的意志为转移。唯心主义者否认规律的客观性。德国哲学家康德(1724—1804)就提出"人的理性为自然立法"的观点，这是根本错误的。万有引力规律在牛顿发现以前就存在着并起作用，只是牛顿通过研究认识了这一规律。资本主义的剩余价值规律，在马克思写出《资本论》之前就存在着，只是马克思通过科学研究揭示了这一规律。规律的客观性表明，人们不能藐视规律，更不能创造和消灭规律。但这绝不是说人们在客观规律面前是完全消极被动无所作为的。人们在实践中，通过大量的外部现象，可以认识或发现客观规律，并利用这种认识指导实践，达到优化自然、优化社会，为社会谋福利的目的。不仅如此，人们还可以改变规律发生作用的条件和形式，使事物朝着有利于人类的方向发展。"不废江河万古流"这句话蕴涵着一定的必然性，然而滔滔江河水是泛滥成灾还是造福人类，这在很大程度上取决于人的作为，人们可以拦河筑坝，发电灌溉，可以植树造林，既美化山川，又防止沙尘肆虐。

至于主观能动性，我们可从意识的能动作用来理解。由于前面已涉及，这里就不赘述。至于主观能动性与客观规律性的统一关系，我们可从两方面来理解。一方面，尊重客观规律是正确发挥主观能动性的前提。人们只有在认识和掌握客观规律的基础上，才能正确地认识世界，有效地优化世界。人创造历史，但不是随心所欲地创造。只有遵循历史的规律和进程，把握时代的脉搏和契机，人才能真正成为历史的主人。

另一方面，只有充分发挥主观能动性，才能正确认识和利用客观规律。承认规律的客观性，并不是说人在规律面前无能为力、无所作为。人能够通过自觉活动去认识规律，并按照客观规律去优化世界，以满足自身的需要。谈及尊重社会发展规律与发挥主观能动性的关系时，恩格斯指出："社会力量完全像自然力一样，在我们还没有认识和考虑到它们的时候，起着盲目的、强制的和破坏的作用。但是，一旦我们认识了它们，理解了它们的活动、方向和作用，那么，要使它们越来越服从我们的意志并利用它们来达到我们的目的，就完全取决于我们了。这一点特别适用于今天的强大的生产力。只要我们固执地拒绝理解这种生产力的本性和性质（而资本主义生产方式及其辩护士正是抗拒这种理解的），它就总是像上面所详细叙述的那样，起违反我们、反对我们的作用，把我们置于它的统治之下。但是，它的本性一旦被理解，它就会在联合起来的生产者手中从魔鬼似的统治者变成顺从的奴仆。这里的区别正像雷电中的电的破坏力同电报机和弧光灯的被驯服的电之间的区别一样，正像火灾同供人使用的火之间的区别一样。"[1]因此，尊重事物发展的客观规律性与发挥人的主观能动性是辩证统一的，实践是客观规律性与主观能动性统一的基础。

正确发挥人的主观能动性，有以下三个方面的前提和条件：第一，从实际出发是正确发挥人的主观能动性的前提。只有从实际出发、充分反映客观规律的认识，才是正确的认识；只有以正确的认识为指导，才能形成正确的行动。第二，实践是正确发挥人的主观能动性的基本途径。正确的认识要变为现实的物质力量，只能通过物质的活动——实践才能达到。第三，正确发挥人的主观能动性，

---

[1]　《马克思恩格斯文集》第 3 卷，人民出版社 2009 年版，第 560 页。

还需要依赖于一定的物质条件和物质手段。"巧妇难为无米之炊",没有现实的原材料,人的意识再"巧"也创造不出任何物质的东西来。

在社会历史领域,主观能动性与客观规律性的辩证关系具体表现为社会历史趋向与主体选择的关系。社会历史趋向指的是社会历史规律的客观性和必然性,主体选择指的是历史主体在社会发展中的能动性和选择性。社会历史规律的客观性和必然性规定了人的活动要受规律性的制约,但与此同时,又不能否定人作为历史主体的能动性和选择性。在社会发展的每一个具体阶段上,都存在着各种不同的客观趋势和可能性,而人则需要确定自己对待它们的态度并做出选择。选择的方向、目标和方式是否正确,只能由实践来检验。

坚持和发展中国特色社会主义道路,体现了社会历史趋向与主体选择的辩证统一。发展道路要与社会生产力水平相适应,不能脱离基本国情,这是社会历史趋向;发展道路不能违背人民群众的利益和愿望,不能脱离各国的政治条件和历史文化传统,这是主体选择。实践证明:中国特色社会主义道路是我国实现社会主义现代化、创造人民美好生活、实现中华民族伟大复兴的必由之路。中国特色社会主义道路是符合社会历史趋向的正确的主体选择。

在准确把握客观规律性与主观能动性辩证统一的关系中,我们既要反对蔑视规律的主观随意性和经验主义,又要反对在规律面前无所作为的思想。在这里,理论思维是十分重要的,正确的理论思维能使人们增强驾驭规律的能力,错误的思维会走向真理的反面。恩格斯说:"实际上,蔑视辩证法是不能不受惩罚的。对一切理论思维尽可以表示那么多的轻视,可是没有理论思维,的确无法使自然界中的两件事实联系起来,或者洞察二者之间的既有的联系。在这里,问题只在于思维正确或不正确,而轻视理论显然是自然主义地进行思维,因而是错误地进行思维的最可靠的道路。但是,根据一个自古就为人们所熟知的辩证法规律,错误的思维贯彻到底,必然走向原出发点的反面。所以,经验主义者蔑视辩证法便受到惩罚:连某些最清醒的经验主义者也陷入最荒唐的迷信中,陷入现代唯灵论中去了。"①

---

① 《马克思恩格斯文集》第 9 卷,人民出版社 2009 年版,第 452 页。

（四）意识与人工智能

所谓人工智能，就是把人的部分智能活动机器化，让机器具有完成某种复杂目标的能力，它实质上是对人脑组织结构与思维运行机制的模仿，是人类智能的物化。建立在大数据与不断升级的各种算法技术基础上的现代人工智能，正在深刻影响当代人类生活。人工智能的迅猛发展，引起了人们的许多思考，例如人工智能能否具有人类意识、能否超越和取代人类智能等问题。

人工智能是人的意识能动性的一种特殊表现，是人的本质力量的对象化、现实化。人工智能的出现表明，人类意识已经发展到能够把意识活动部分地从人脑中分离出来，物化为机器的物理运动从而延伸意识器官功能的新阶段。尽管人工智能可以模拟和扩展人脑的某些活动甚至在计算速度和准确度、程序化任务的执行能力等方面的表现超出人类所能，但即使是计算能力最强大、最先进的智能机器，也不能达到人类智能的层级，不能真正具有人的意识，不能取代或超越人类智能。

第一，人类意识是知情意的统一体，而人工智能只是对人类的理性智能的模拟和扩展，不具备情感、信念、意志等人类意识形式。人类智能中包含着丰富的心理内涵和实践智慧，人类的情感、信念、意志、创造性思维等，至少在相当长时期内还无法被还原为数据信息及其基本算法。人工智能的情感模拟并不能取代人们在社会交往中的真情实感。人工智能可以辅助人们决策，但不能代替人们以知情意统一为基础的整体决策。

第二，社会性是人的意识所固有的本质属性，而人工智能不可能真正具备人类的社会属性。人的意识是社会的产物，因人类生产生活与社会交往需要而产生，并随其发展而发展。人工智能在一定程度上可以承担某种社会功能，如一定的社会管理和社会交往功能，甚至机器人还可以成为人的生活伙伴。但是，机器人从根本上说是机器而不是人类，它不可能真正具备自立、自主、自觉的社会活动，难以成为独立的具有行为后果意识、自律意识和社会责任感的社会主体。

第三，人类的自然语言是思维的物质外壳和意识的现实形式，而人工智能难以完全具备理解自然语言真实意义的能力。人工智能以机器语言为基础，是对思维的一种物化和模拟，其思维方式是纯逻辑、理性的，而人类思维是与自然语言相联系的，其思维方法常常是多样而跳跃的。而且，自然语言总是与一定情境有关，很难被彻底形式化并被计算机所完全掌握。机器语言的本质是单调地处理数字或规则性地操作符号，既缺乏自然语言的意义向度，也不具有自然语言以言行事的实践功能。

当前，人工智能还在发展中，可以预见它在未来会得到更大的发展。我们要以开放及客观的态度观察、思考和把握人工智能的未来发展及其对社会的影响。在充分利用人工智能带来的便利的同时，注意加强人工智能不当应用的风险研判和防范，引导和规范人工智能向更有利于人类生存和发展的方向发展。

三、世界的物质统一性

世界的统一性问题，是回答世界上的万事万物有没有统一性，即有没有共同的本质或本原的问题。马克思主义认为，物质是世界的本原，世界统一于物质。"物质是一切变化的主体。"[1]"物质的每一有限的存在方式，不论是太阳或星云，个别动物或动物种属，化学的化合或分解，都同样是暂时的，而且除了永恒变化着的、永恒运动着的物质及其运动和变化的规律以外，再没有什么永恒的东西了。……物质在其一切变化中仍永远是物质，它的任何一个属性任何时候都不会丧失。"[2]

世界的物质统一性首先体现在，意识统一于物质。（1）从意识的起源上看，意识是物质世界长期发展的产物，是物质世界中的一种特殊存在。从最初的无机物的机械的、物理的和化学的反应，依次发展到低等生物的刺激感应性、高等动物的感觉与心理、类人猿的意识萌芽、人的意识，意识经历了一个由低级到高级的长期演化过程。列宁曾指出，断言一切物质都有意识是错误的，"但是假定一切物质都具有在本质上跟感觉相近的特性、反映的特性，这是合乎逻辑的"。[3]（2）从意识的本质上看，意识是人脑这种特殊的物质器官的机能，是对客观存在的主观映象。意识的产生不仅在生理方面与高级神经系统的发展密不可分，而且

---

① 《马克思恩格斯文集》第 1 卷，人民出版社 2009 年版，第 332 页。
② 《马克思恩格斯文集》第 9 卷，人民出版社 2009 年版，第 426 页。
③ 《列宁全集》第 18 卷，人民出版社 1988 年版，第 90 页。

同劳动紧密相关。恩格斯说："首先是劳动，然后是语言和劳动一起，成了两个最主要的推动力，在它们的影响下，猿脑就逐渐地过渡到人脑。"①随着从猿脑到人脑的转化，意识就产生了。(3)从意识的作用上看，意识能动性的发挥必须以尊重物质世界的客观规律为前提。因此，意识统一于物质，在统一的物质世界之外，没有任何非物质的存在或非物质的活动。

世界的物质统一性还体现在，人类社会也统一于物质。人类社会是否具有物质性，是在马克思主义产生之前长期没有得到正确解决的问题。马克思主义以前的旧唯物主义在自然观上是唯物主义的，但在社会历史领域中，旧唯物主义不理解人的实践活动本身是一种客观存在，不理解物质生产实践在社会生活中的地位和作用，而是把历史过程看成人的主观意志的产物，因而得出社会意识决定社会存在的错误结论，成了不彻底的"半截子"唯物主义。马克思主义将唯物主义真正贯彻到社会历史领域，认为物质资料生产方式是人类社会存在和发展的基础，实践性是社会生活的本质，人类社会统一于物质。人类社会的物质性主要表现在：

第一，人类社会是物质世界的组成部分。人是物质世界发展到一定阶段的产物，人从自然界分化出来，并不意味着脱离了物质世界。人的生命形态和生命活动仍然是物质的，人赖以生存的全部生活资料也只能取之于物质世界，离开了一定的物质自然环境，人类社会就不可能存在和发展。

第二，人类获取生活资料的活动是物质性的活动。人类获取物质生活资料的实践活动虽然有意识的指导，但仍然是以物质力量改造物质力量的活动，如果仅仅停留在意识或思想的范围内，人类是无法获取物质生活资料的。

第三，人类社会存在和发展的基础是物质资料的生产方式。生产方式是生产力和生产关系的总和。生产力是人类优化自然的物质力量，生产关系是在物质生产过程中形成的不以人的意志为转移的物质关系。物质资料的生产方式构成了人类社会存在和发展的基础，集中体现着人类社会的物质性。

世界的物质统一性原理是马克思主义的基石，有助于我们树立唯物主义科学世界观，为我们进一步确立正确的人生观和价值观奠定了坚实的基础；同时，也有助于我们确立正确的思想路线和思想方法，在认识世界和优化世界的过程中，

---

① 《马克思恩格斯文集》第 9 卷，人民出版社 2009 年版，第 554 页。

坚持实事求是，一切从实际出发。一切从实际出发，是世界的物质统一性原理在现实生活中和实际工作中的生动体现，是在坚持和发展中国特色社会主义伟大实践中想问题、办事情的根本立足点，特别是在推进新时代中国特色社会主义事业的过程中，我们要从我国社会主义初级阶段的最大国情出发，既看到我国仍处于并将长期处于社会主义初级阶段的基本国情没有变，也要看到我国社会的主要矛盾发生了变化，已经转化为人民日益增长的美好生活需要和不平衡不充分的发展之间的矛盾，从而使社会主义初级阶段的长过程中又呈现出更加具体的阶段性特征。

专题三　唯物辩证法的形成、内涵与特征

　　唯物辩证法与形而上学是一对相互对立的范畴。解读形而上学，也是解读辩证法。"形而上学"（metaphysical）一词来源于古希腊文，英文词根 meta 有"之后、超越与基础"的意思。公元前 60 年，安德罗尼柯将亚里士多德研究事物本质、灵魂与意志自由等非经验对象的著作编撰成册，并将其列于研究事物具体形态变化的《物理学》（physica）之后，命名为《形而上学》（metaphysical）。经过国际哲学界同行审议过的《斯坦福哲学百科全书》，其"形而上学"条目的第二章认为：古希腊时期形而上学主要包含本体论，其主要问题包括：世界的本原是什么，灵魂是否存在，自由意志，因果关系等。当然，这部著作对"形而上学"条目一开始就解释道：很难定义"形而上学"。"形而上学"这一中译名是根据《易经·系辞》中"形而上者谓之道，形而下者谓之器"而出，晚清学者严复则采用了"玄学"这一翻译。

　　形而上学被视作反辩证法的思维方式，最初是由黑格尔提出来的。黑格尔在他的《逻辑学》，尤其是《小逻辑》中，第一次把形而上学同辩证法对立起来，并把它称为抽象的独断的形而上学。与唯物辩证法相对的形而上学，其基本特征是坚持孤立、静止、片面的观点。对于形而上学的表现，恩格斯指出："现在理论自然科学中普遍存在的并使教师和学生、作者和读者同样感到绝望的那种无限混乱的状态，完全可以从已经发现的成果和传统的思维方式之间的这个冲突中得到说明。"①

　　我们知道，唯物辩证法是辩证法的最新成果，是马克思主义基本原理的重要组成部分。探究唯物辩证法的形成，有利于把握唯物辩证法的总特征。辩证法起源于古希腊，经历漫长的发展而诞生了唯物辩证法。相较于形而上学，唯物辩证

---

　　①　《马克思恩格斯文集》第 9 卷，人民出版社 2009 年版，第 26 页。

法的总特征是联系与发展。

一、唯物辩证法的形成

从历史维度来看，唯物辩证法自然有其思想渊源。按照思想的渊源关系向前追溯，可以揭示出辩证法的起源和发展。分析唯物辩证法的思想渊源，我们得先从辩证法的理解入手。

辩证法有一个发展历史，一个其涵义既有连续也有变化的发展历史，在其发展历史中存在着四个关节点，这四个关节点体现了辩证法涵义的历史关联和时代嬗变，四个关节点分别涉及古希腊、康德、黑格尔（1770—1831，德国）和马克思。如果我们能够澄清辩证法之演变和发展的这四个关节点，那么我们也就能回答"什么是辩证法"。迄今为止，我们知道"辩证法"这个词最先出现于柏拉图（前427—前347年，古希腊）的著作。不过，它不是柏拉图发明的。虽然无法考证古希腊人在什么时候发明了"辩证法"这个词，但有一点可以肯定，在苏格拉底（前469—前399年，古希腊）的时代，"辩证法"已经是一个经常使用的词了。在古希腊，辩证法的涵义非常广泛，涉及许多不同的领域和问题，但主要与论辩术和讲演术相关。一般认为，苏格拉底是古希腊辩证法的杰出代表，不过，"苏格拉底称自己的方法为助产术（据说得自他母亲，苏格拉底的母亲＝接生婆）——帮助思想诞生"。① 所谓"苏格拉底方法"，是指在与学生谈话的过程中，并不直截了当地把学生所应知道的知识告诉他，而是通过讨论回答甚至辩论方式来揭露对方认识中的矛盾，逐步引导学生自己最后得出正确答案的方法。在色诺芬的《回忆苏格拉底》中，记述了苏格拉底与学生有关"正义"和"非正义"的对话，在这个对话中，苏格拉底就采用了这种方法。苏格拉底要求学生将正义归于一行，非正义归于另一行。他首先问"虚伪"归于哪一行？学生答，归于非正义的一行。苏格拉底又问，偷盗、欺骗、奴役等应归于哪一行？学生答，归于非正义的一行。苏格拉底反驳道，如果将军惩罚了敌人，奴役了敌人，战争中偷走了敌人的财物，或作战时欺骗了敌人，这些行为是不是非正义的呢？学生最后得出结论，认为这些都是正义的，而只有对朋友这样做才是非正义的。苏格拉底又提出，在战争

---

① 《列宁全集》第 55 卷，人民出版社 2017 年版，第 234 页。

中，将军为了鼓舞士气，以援军快到了的谎言欺骗士兵，制止了士气的消沉；父亲以欺骗的手段哄自己的孩子吃药，使自己的孩子恢复了健康；一个人因怕朋友自杀，而将朋友的剑偷去，这些行为又归于哪一类呢？学生得出结论，认为这些行为是正义的。这样，苏格拉底迫使学生收回了自己原先的主张。

苏格拉底的辩证法主要有两层涵义：第一，辩证法意味着"对话"。在苏格拉底的著作中，我们看到，苏格拉底通过一问一答的对话，将论题层层推进，抽丝剥茧，最后得出真理。以此来看，古希腊辩证法是通过对话获得真理的方法。我们知道，苏格拉底的著作几乎都是由"对话体"写成的。当然，"对话体"蕴涵了古希腊辩证法的精髓，"辩证法"（dialectics）和"对话"（dialogue）拥有共同的词根就说明了这个问题。第二，辩证法意味着"正反"。在对话中，苏格拉底总是佯装自己无知，而与别人唱反调。在苏格拉底与他人的论辩中，对同一论题（如《理想国》中关于正义的讨论）通常形成正面和反面两种观点，通过对立双方的辩论，真理最终脱颖而出。就此而言，辩证法是通过辩论逼出真理的逻辑。

在古希腊，辩证法既是一种方法，也是一种逻辑。作为方法，辩证法是一种言辞的艺术，一种对话的技巧，一种说服别人的方式。这种意义的辩证法仅兴盛于古希腊，后来就消失了。当然，希腊哲学的"辩证思维还以原始的朴素的形式出现，还没有受到令人迷醉的障碍的干扰"。①

作为逻辑，辩证法内在于人类理性之中，是一种认识世界和表达世界的方式。康德和黑格尔都是在这种逻辑的意义上谈论辩证法的。一方面，从斯多亚主义哲学②开始，辩证法一直与形式逻辑紧紧联系在一起。另一方面，尽管在16—18世纪西方大哲学家不断涌现，新论迭出，但他们似乎都把辩证法遗忘了。

近代哲学家中首先重新发现辩证法的是康德。康德在《纯粹理性批判》中把世界分为经验的现象世界和超经验的本体世界。对于现象世界，人的理智能力是有效的，能够通过感性形式和知性范畴把握真理。然而，康德认为，人类理性具有一种形而上的冲动，试图突破现象认识超经验的本体世界，但是理性又不具备

---

① 《马克思恩格斯文集》第9卷，人民出版社2009年版，第438页。

② 斯多亚主义哲学是古希腊的一个重要哲学流派，与柏拉图的学园派、亚里士多德的逍遥学派和伊壁鸠鲁学派共同被称为古希腊的四大哲学学派，也是古希腊流行时间最长的哲学学派之一。其产生于公元前4世纪末，因其创始人芝诺通常在雅典集市的画廊（画廊的希腊文是"στοά"）讲学，故称斯多亚派，又译画廊学派。

与本体世界相应的认识能力，这样人类只能将适用于经验世界的感性形式和知性范畴运用到超经验的本体世界上去，结果导致理性自身的"矛盾"或"幻相"。在康德哲学中，辩证法就是幻相的逻辑，这典型地表现在宇宙论的四个"二律背反"①之中。康德认为，在关于世界的开端、组成、规律性和原因等问题上，都存在一个正题和一个反题，两者都能得到同等程度的证明，但却是完全相反的结论。显然，这是"幻相"。康德认为，理性出现"幻相"，问题不在于对象，而在于人的判断。换言之，康德的辩证法意味着理性一旦进入形而上学的领域，就会陷入自相矛盾的境地。

虽然古希腊的辩证法与康德的辩证法都意味着思想的逻辑，但两者有明显的区别。古希腊辩证法作为逻辑是肯定的和积极的，它揭示的是事情的真理。康德辩证法作为逻辑则是否定的和消极的，它在认识中揭示的是理性的矛盾。黑格尔对辩证法的兴趣显然是康德引起的，但他不赞成康德辩证法，而最终回到了古希腊辩证法的肯定性和积极性上面。

在黑格尔哲学中，按照黑格尔本人的看法，"辩证法"与"形而上学"是对立的。这种对立是非常令人困惑的：在西方哲学的传统中，"形而上学"是关于终极实在的研究，而"辩证法"不管作何种理解，都可视为思想的逻辑。就此而言，两者谈不上什么对立。但是，如果我们把关于辩证法的讨论置于康德哲学的背景中，那么"辩证法"与"形而上学"的对立就是可理解的了。在康德哲学中，只有理性涉入形而上学的领域，才会导致"幻相"的发生。辩证法作为"幻相的逻辑"只有在形而上学领域才能发挥作用，而且其结果是否定的和消极的。对于康德，重心在形而上学，辩证法只是一种必然而又不合适的工具。黑格尔对康德的辩证

---

① 二律背反是指双方各自依据普遍承认的原则建立起来的、公认为正确的两个命题之间的矛盾。康德认为，当人类理性试图越出感性经验的范围去认识世界整体时，必然会陷入二律背反，陷入自相矛盾之中。他在《纯粹理性批判》一书中举出四组二律背反：（1）正题：世界在时间上有开端，在空间上有限；反题：世界在时间上和空间上无限。（2）正题：世界上的一切都是由单一的东西构成的；反题：没有单一的东西，一切都是复合的。（3）正题：世界上有自由；反题：没有自由，一切都只服从于自然规律。（4）正题：存在着某个必然的存在物（上帝）；反题：不存在任何绝对必然的存在物。这些二律背反是康德不可知论的重要论据。因为根据康德的意见，这些二律背反给理性指出了它的能力的界限，从而保护信仰不受理性侵犯。同时，康德在二律背反学说中确认了思维过程中矛盾的客观性，促进了辩证法的进一步发展。黑格尔批判了康德的二律背反，指出了它们的形式性和局限性。唯物主义辩证法科学地阐明了人的认识，指出人在认识客观真理的过程中是如何解决这些问题的。

法不满，在黑格尔看来，康德辩证法的思维方式，名义上是辩证思维，实际上还是知性思维，所以康德的辩证法只有对立没有统一。在黑格尔哲学中，辩证法将形而上学消解了，现象世界与本体世界之间不再有一道不可跨越的鸿沟，认识中也不再存在一个不可知的形而上学领域；相反，理性有能力把世界的所有方面展示出来。对于黑格尔，辩证法是中心，形而上学只是一个被错误界定的思维领域。因此，黑格尔用"辩证法"来同康德的"形而上学"对抗。

没有黑格尔对辩证法的深入发掘和积极宣扬，就没有当代辩证法。追问"什么是辩证法"，首当其冲应该追问黑格尔"什么是辩证法"。首先，黑格尔把辩证法理解为最高的思维方式。近代以来，分析理性一统天下。在分析理性之思维方式的统治下，一切认识活动都被归结为对认识对象的分析、分解和还原，以求发现最基本的元素，并用这种最基本的元素来解释一切。黑格尔将这种分析理性贬之为"知性"，认为它仅仅是理解世界的一种片面方法，而辩证法则是一种更高级的思维方式，知性只有在辩证法的统领下才有意义。其次，从形式上看，黑格尔辩证法表现为正、反、合的过程。古希腊辩证法和康德辩证法都是由两个因素构成，表现为一正一反，一问一答。黑格尔认为，这种辩证法只有对立，没有统一，从而导致否定的结果。真正的辩证法应该是肯定的和积极的，对立的因素应该得到统一。为此，黑格尔在"正题"和"反题"之后又加上了"合题"，形成了著名的"三段式"，黑格尔辩证法作为最高思维方式的肯定性质就表现在三段式的"合题"之中。最后，从内容上看，黑格尔辩证法包含有整体论、有机论和过程论等思想。辩证法是整体论的，它主张不是部分构成了整体，而是部分存在于整体之中，不能用基本元素的性质来解释整体的性质，而是这些基本元素的性质只有在整体中才能得到说明。辩证法也是有机论的，它主张任何事物或元素都不是孤立的，永远处于与其他事物或元素的联系之中，没有联系就没有它们的存在，而支配这些联系的则是它们的组织结构。辩证法还是过程论的，它把事物理解为过程，而过程体现着变化，变化则导致一种更高的现实。

如果辩证法对于黑格尔来说只是一种思维方式，那么如何理解客观辩证法、自然辩证法和历史辩证法？其实，黑格尔的辩证法被理解为客观辩证法、自然辩证法和历史辩证法，这是一种误解，而这种误解则是由黑格尔的泛逻辑主义和唯心主义造成的。泛逻辑主义使黑格尔的辩证法由思维方式变为概念体系，使之成为概念自我演化的内在动力，这样辩证法就变成了包罗万象的逻辑学。唯心主义则使黑格尔的辩证法实在化，从一种思维方式变为"绝对精神"的一种辩证运动，而且这个"绝对精神"还要按照内在逻辑使自己对象化，即外化为自然界和人类历史社会。因为自然界和人类历史社会从根本上说只是"绝对精神"的自我显现，所以自然辩证法和历史辩证法不过是思维逻辑的客体化。泛逻辑主义和唯心主义是黑格尔哲学的主要缺点，而客观辩证法、自然辩证法和历史辩证法是同黑格尔哲学的主要缺点联系在一起的，这一点具有讽刺意味。

黑格尔是现代辩证法的奠基者。"黑格尔第一次——这是他的伟大功绩——把整个自然的、历史的和精神的世界描写为一个过程，即把它描写为处在不断的运动、变化、转变和发展中，并企图揭示这种运动和发展的内在联系。"①但是在黑格尔哲学中，辩证法又是同泛逻辑主义和唯心主义纠缠在一起的，这不仅掩盖了辩证法作为思维方式的原本意义，而且也使辩证法变得神秘难解了。马克思是从黑格尔那里学习到辩证法的，同时马克思又对以黑格尔主义形态存在的辩证法感到不满。在马克思早期文稿中，马克思使用了黑格尔蕴涵辩证法的术语，如劳动的"现实化表现为工人的非现实化，对象化表现为对象的丧失和被对象奴役，占有表现为异化、外化"。②

从辩证法发展简史可发现，辩证法是对有限规定性的超越。对事物的认识，表现为对事物有所规定。但任何现实的规定，都是对于现实生活的一种抽象，因而必定是有限的。而辩证法，却企图超越抽象的有限规定，趋向无限的具体性，即由抽象走向具体。但这种趋向却又不可避免地会遭遇到一种理论体系最为忌讳的自相矛盾之毁坏。而这一矛盾之实质，不是别的，正在于欲在一种有限的理论体系中包罗无限的绝对真理。

虽然马克思在不同的历史时期多次倡导和赞扬辩证法，但他对辩证法并没有做出明确的阐述。马克思关于辩证法的观点主要存在于《资本论》第一卷第二版的"跋"中。在这篇文章的结尾，马克思极为概括地谈论了辩证法。我们可以在该文马克思关于辩证法的讨论中区分出两层涵义。

第一，马克思对黑格尔辩证法的批判。马克思批评黑格尔的辩证法是"神秘

---

① 《马克思恩格斯文集》第 9 卷，人民出版社 2009 年版，第 26 页。

② 《马克思恩格斯文集》第 1 卷，人民出版社 2009 年版，第 157 页。

的”，其之所以是“神秘的”，因为“在他那里，辩证法是倒立着的”。因此，马克思提出必须把黑格尔辩证法倒过来，"以便发现神秘外壳中的合理内核"。① 这里的关键在于，"倒过来"意味着什么？许多人根据恩格斯在《路德维希·费尔巴哈和德国古典哲学的终结》中的解释，认为黑格尔是从主观辩证法演绎出客观辩证法（自然辩证法和历史辩证法），把它"倒过来"，就是从客观辩证法引申出主观辩证法，这种理解是不正确的。马克思讲把辩证法"倒过来"确实与黑格尔哲学的局限性有关，而黑格尔哲学的局限性也确实在于它的唯心主义和泛逻辑主义。但是，马克思的"倒过来"不是从主观辩证法中寻找作为其根基的客观辩证法，而是剥除唯心主义和泛逻辑主义强加给辩证法的"体系化""实在化"和"客体化"。剥去"体系化""实在化"和"客体化"之后，辩证法就是一种思维方式，这样就恢复了辩证法的本来面目。

第二，马克思对辩证法本质的理解。马克思把辩证法的本质称为"批判的"和"革命的"。客观辩证法无所谓"批判"或"维护"、"革命"或"保守"，只有作为思维方式的辩证法才能够被称为"批判的"和"革命的"。这从另一个方面证明，马克思把辩证法理解为一种思维方式。辩证法作为思维方式之所以是"批判的"和"革命的"，在于"辩证法在对现存事物的肯定的理解中同时包含对现存事物的否定的理解"。② 马克思既是一位理论家，更是一位革命家。无论是作为理论家还是作为革命家，马克思都迫切需要一种同主流思维方式不同的、革命的、批判的思维方式，以揭示现实社会的不合理，以论证社会革命的可能性，以期望一个更为理想的现实。

在《1844年经济学哲学手稿》中，马克思陶醉于辩证法的运用，诸如"工人生产的财富越多，他的生产的影响和规模越大，他就越贫穷。工人创造的商品越多，他就越变成廉价的商品。物的世界的增值同人的世界的贬值成正比。劳动生产的不仅是商品，它还生产作为商品的劳动自身和工人，而且是按它一般生产商品的比例生产的"。③ "劳动的现实化竟如此表现为非现实化，以致工人非现实化到饿死的地步。对象化竟如此表现为对象的丧失，以致工人被剥夺了最必要的对

---

① 《马克思恩格斯文集》第9卷，人民出版社2009年版，第441页。
② 《马克思恩格斯文集》第5卷，人民出版社2009年版，第22页。
③ 《马克思恩格斯文集》第1卷，人民出版社2009年版，第156页。

象——不仅是生活的必要对象，而且是劳动的必要对象，甚至连劳动本身也成为工人只有通过最大的努力和极不规则的间歇才能加以占有的对象。对对象的占有竟如此表现为异化，以致工人生产的对象越多，他能够占有的对象就越少，而且越受自己的产品即资本的统治。"①"工人越是通过自己的劳动占有外部世界、感性自然界，他就越是在两个方面失去生活资料：第一，感性的外部世界越来越不成为属于他的劳动的对象，不成为他的劳动的生活资料；第二，感性的外部世界越来越不给他提供直接意义的生活资料，即维持工人的肉体生存的手段。"②

恩格斯指出：马克思对于政治经济学的批判就是以唯物辩证法作为基础的，"这个方法的制定，在我们看来是一个其意义不亚于唯物主义基本观点的成果"。③ 这里要指出，与其说这是恩格斯对马克思的准确理解，不如说这是秉承马克思的授意。也就是说，马克思对于唯物辩证法在其理论创新中的地位是十分重视的。

质言之，无论是对于古希腊和康德，还是对于黑格尔和马克思，辩证法都意味着一种思维方式。而黑格尔和马克思重提并高扬辩证法，都在于辩证法包含了对现实和主流思想的否定和批判。

二、唯物辩证法的内涵

唯物辩证法是马克思主义基本原理的重要组成部分，是马克思主义的基本方法。这种基本方法就是人们认识世界和优化世界的根本方法。

(一) 唯物辩证法的本质特征和认识功能

恩格斯指出："马克思的整个世界观不是教义，而是方法。它提供的不是现成的教条，而是进一步研究的出发点和供这种研究使用的方法。"④唯物辩证法作为关于自然、社会和人类思维发展一般规律的科学，是人们认识世界和优化世界的根本方法。

---

① 《马克思恩格斯文集》第 1 卷，人民出版社 2009 年版，第 157 页。
② 《马克思恩格斯文集》第 1 卷，人民出版社 2009 年版，第 158 页。
③ 《马克思恩格斯文集》第 2 卷，人民出版社 2009 年版，第 603 页。
④ 《马克思恩格斯文集》第 10 卷，人民出版社 2009 年版，第 691 页。

1. 唯物辩证法本质上是批判的和革命的

马克思深刻揭示了唯物辩证法的本质，指出："辩证法在对现存事物的肯定的理解中同时包含对现存事物的否定的理解，即对现存事物的必然灭亡的理解；辩证法对每一种既成的形式都是从不断的运动中，因而也是从它的暂时性方面去理解；辩证法不崇拜任何东西，按其本质来说，它是批判的和革命的。"①恩格斯也指出，在辩证哲学面前，"不存在任何最终的东西、绝对的东西、神圣的东西；它指出所有一切事物的暂时性；在它面前，除了生成和灭亡的不断过程、无止境地由低级上升到高级的不断过程，什么都不存在。它本身就是这个过程在思维着的头脑中的反映"。② 马克思、恩格斯对资本主义的批判以及由此做出的革命性结论，体现了唯物辩证法的批判性和革命性。他们反对把资本主义看做永恒范畴，而主张从历史发展中看待资本主义生产方式和社会形态，并通过对商品、货币、资本、剩余价值等的深入研究，揭示资本主义产生、发展的过程和最终走向灭亡的历史趋势。学习和掌握马克思主义关于资本主义社会及其发展趋势的理论，必须深刻理解其中贯穿的唯物辩证法的批判精神和革命精神。

在社会主义条件下，在推进中国特色社会主义事业的进程中，要坚持和发扬这种批判的、革命的精神。要坚持解放思想、实事求是、与时俱进，用发展着的马克思主义指导新的实践；要坚持改革开放，不断推进社会主义制度的自我完善；要推进党的自我革命，始终保持党的先进性和纯洁性；要提倡创新创造，反对因循守旧、墨守成规。

2. 唯物辩证法是客观辩证法与主观辩证法的统一

在马克思主义哲学中，唯物论和辩证法是统一的。由于世界本来就是普遍联系和变化发展的物质世界，因而当马克思主义唯物地解决世界的本原问题时，已经内在地包含了辩证法。同样，当马克思主义科学地揭示世界的普遍联系和变化发展时，也就内在地包含了唯物主义。"唯物辩证法"这一名称，就体现了这种统一。

----

① 《马克思恩格斯文集》第 5 卷，人民出版社 2009 年版，第 22 页。
② 《马克思恩格斯文集》第 4 卷，人民出版社 2009 年版，第 270 页。

就唯物辩证法本身来看，唯物论和辩证法的统一还体现为客观辩证法与主观辩证法的统一。唯物辩证法既是客观辩证法，又是主观辩证法，是二者的有机统一。客观辩证法是指客观事物或客观存在的辩证法，即客观事物以相互作用、相互联系的形式呈现出的各种物质形态的辩证运动和发展规律。主观辩证法是指人类认识和思维运动的辩证法，即以概念作为思维细胞的辩证思维运动和发展规律。"就本来的意义说，辩证法是研究对象的本质自身中的矛盾：不但现象是短暂的、运动的、流逝的、只是被约定的界限所划分的，而且事物的本质也是如此。"[1]对于客观辩证法与主观辩证法的关系，恩格斯指出："所谓的客观辩证法是在整个自然界中起支配作用的，而所谓的主观辩证法，即辩证的思维，不过是在自然界中到处发生作用的、对立中的运动的反映。"[2]"辩证法就归结为关于外部世界和人类思维的运动的一般规律的科学，这两个系列的规律在本质上是同一的，但是在表现上是不同的。"[3]主观辩证法是客观辩证法在人的思维中的反映，客观辩证法与主观辩证法在本质上是统一的，但在表现形式上却是不同的。客观辩证法采取外部必然性形式，不以人的意志为转移，是物质世界本身的联系和发展。主观辩证法则采取观念的、逻辑的形式，是同人类思维的自觉活动相联系的，是以概念为基础的辩证思维规律，是辩证法的科学体系。唯物辩证法既包括客观辩证法也包括主观辩证法，体现了唯物主义、辩证法、认识论的统一。

3. 唯物辩证法是科学的认识方法

唯物辩证法的一系列规律和范畴，揭示了世界普遍联系和永恒发展的普遍规律，既是科学的世界观，同时也是我们认识世界和改造世界的基本方法论。按照世界本身的客观辩证本性与辩证运动的法则去认识世界、去辩证思维，这是我们学习唯物辩证法的目的和内在要求。例如，"自然科学家尽管可以采取他们所愿意采取的态度，他们还得受哲学的支配。问题只在于：他们是愿意受某种蹩脚的时髦哲学的支配，还是愿意受某种建立在通晓思维历史及其成就的基础上的理论思维形式的支配"。[4]

① 《列宁全集》第 55 卷，人民出版社 2017 年版，第 213 页。
② 《马克思恩格斯文集》第 9 卷，人民出版社 2009 年版，第 470 页。
③ 《马克思恩格斯文集》第 4 卷，人民出版社 2009 年版，第 298 页。
④ 《马克思恩格斯文集》第 9 卷，人民出版社 2009 年版，第 460 页。

人的认识活动本身既要符合客观辩证法，又有其固有的辩证运动的规律。作为唯物辩证法实质和核心的对立统一规律，为人们的认识活动提供了方法上的遵循。认识活动中的主体与客体、感性与理性、具体与抽象、个别与一般等关系，无一不是对立统一的关系。量变质变规律指导人们在科学研究中把定量分析和定性研究结合起来，遵照"量变—质变—新的量变"的客观进程，去认识和把握事物运动变化发展的阶段性与不同发展状态的转化。否定之否定规律告诉人们，任何现实事物都将在其发展过程中实现自我否定，周期性地向更高级的存在形态前进，应从前进性和曲折性相统一中把握事物发展本质及其发展方向。唯物辩证法的一系列成对的基本范畴，作为对客观事物及其发展过程最基本关系的反映，都体现了对立统一的关系，它们从不同的侧面进一步揭示了事物的联系和发展，是矛盾分析方法的具体运用，对人们深入认识世界和有效改造世界具有重要的方法论意义。

矛盾分析方法是对立统一规律在方法论上的体现，在唯物辩证法的方法论体系中居于核心地位，是我们认识事物的根本方法。毛泽东指出："辩证法的宇宙观，主要地就是教导人们要善于去观察和分析各种事物的矛盾的运动，并根据这种分析，指出解决矛盾的方法。"①矛盾分析方法的核心要求是善于分析矛盾的特殊性，做到具体矛盾具体分析，对具体情况、具体问题作具体分析。列宁指出："马克思主义的活的灵魂：对具体情况作具体分析。"②毛泽东在《矛盾论》中进一步指出："马克思主义的最本质的东西，马克思主义的活的灵魂，就在于具体地分析具体的情况。"③运用唯物辩证法的矛盾分析方法研究问题和解决问题，就要求我们不断强化问题意识，坚持具体问题具体分析，善于认识和化解矛盾，尤其是要把优先解决主要矛盾作为打开局面的突破口，以此带动其他矛盾的解决。习近平强调，改革要"扭住关键""突出问题导向"，体现了矛盾分析方法在改革和发展问题上的运用。

(二) 辩证思维方法与现代科学思维方法

辩证思维方法是现代科学思维方法的基础和原则，现代科学思维方法是辩证

---

① 《毛泽东选集》第 1 卷，人民出版社 1991 年版，第 304 页。
② 《列宁专题文集·论马克思主义》，人民出版社 2009 年版，第 293 页。
③ 《毛泽东选集》第 1 卷，人民出版社 1991 年版，第 312 页。

思维方法的深化和展开，二者的结合体现了人类思维方法在哲学与具体科学中的发展。学习辩证法，需要将二者结合起来进行理解。只有如此，才能完整理解辩证法。

1. 辩证思维方法

辩证思维方法是人们正确进行理性思维的方法。主要有归纳与演绎、分析与综合、抽象与具体、逻辑与历史相统一等。

归纳与演绎是人类思维从个别到一般，又由一般到个别的最常见的推理形式。归纳是从个别事实中概括出一般性结论，是由个别性前提过渡到一般性结论的推理形式。演绎是从一般原理走向个别结论，是由一般性原则推导出个别结论的推理形式。归纳和演绎两种方法处于不可分割的联系之中，一方面，归纳和演绎互为前提。归纳是演绎的基础，演绎为归纳提供理论依据，指明归纳的目的和方向。另一方面，归纳和演绎相互补充。归纳虽然能概括出同类事物的共性，但不能区分本质属性和非本质属性，不能摒弃片面性和表面性，所得结论还不是充分可靠的，因此，归纳必须靠演绎来补充和修正。演绎以事物共性和个性的统一为基础，共性只大致地包含个性，因此，从共性出发不能揭示个别事物多方面的属性，要了解事物本身的多样性，就得进一步分析归纳。

和归纳与演绎相比，分析与综合是一种更为深刻的思维方法。所谓分析，就是在思维中把认识对象分解为各个部分、方面、要素，以便分别加以研究的思维方法。通过分析研究，从中找出构成这一认识对象的基础的部分、本质的方面。综合是同分析相对应的方法。综合通常被看做在把整体分解为各个因素的基础上，再把各个因素组合成一个整体的思维活动，但是综合绝不是把各部分、各组成因素机械地凑合起来或装配在一起，而是在思维中把对象的各个本质的方面按其内在联系有机地结合成一个统一的整体。分析与综合的实质，就是建立在调查研究基础上的矛盾分析方法，是客观事物的辩证联系和发展过程在思维中的再现。分析与综合的关系也是辩证的，分析是综合的基础，综合是分析的完成，只有把两者结合在一起，才能对所认识的事物形成一个完整的、科学的认识过程。

抽象与具体是辩证思维的高级形式。在思维活动中，抽象与具体是同分析与综合密切相关的思维方法。这一思维方法是通过从具体到抽象，又从抽象到具体的过程，达到对事物的真理性认识。在认识过程中，有两种完全不同的具体，一种是感性的具体，另一种是思维的具体。所谓感性的具体，就是人的感觉器官所得到的生动而具体的知觉表象。感性的具体是人的认识的起点，为了实现从感性的具体到思维的具体的过渡，必须首先否定感性的具体。而对感性具体的否定就是抽象。抽象是通过分析把整体分解成各个部分，区分开必然的、本质的方面和偶然的、现象的方面，从中抽取出各个必然的、本质的因素，以达到对具体事物的某一本质方面的认识。这就是从具体到抽象的过程。但是要真正达到对具体事物全面深刻的认识，还必须运用综合的方法，把对事物各方面的本质的认识联系起来，形成关于事物整体的统一的认识，使抽象的规定在思维的具体中再现出来。这就是从抽象上升到具体。这种具体认识是多样性的统一，是事物自身各方面的矛盾组成的对立统一的整体在思维中的再现。

对辩证思维而言，重要的是从抽象上升到具体。这是一个以抽象为逻辑起点，通过各种形式的逻辑中介，达到以思维具体为逻辑终点的运行过程。这里重要的是把握好作为从抽象上升到具体的逻辑出发点的"抽象"。例如，马克思的《资本论》就是以商品——资本主义经济关系的抽象而普遍的规定作为逻辑起点，以从抽象到具体作为叙述方法的。列宁认为："马克思在《资本论》中首先分析资产阶级社会(商品社会)里最简单、最普通、最基本、最常见、最平凡、碰到过亿万次的关系：商品交换。这一分析从这个最简单的现象中(从资产阶级社会的这个'细胞'中)揭示出现代社会的一切矛盾(或一切矛盾的萌芽)。往后的叙述向我们表明这些矛盾和这个社会——在这个社会的各个部分的总和中、从这个社会的开始到终结——的发展(既是生长又是运动)。一般辩证法的阐述(以及研究)方法也应当如此。"[①]这就是从抽象开始，通过逻辑中介展开矛盾，从而走向思维具体的方法。

抽象与具体的方法同逻辑与历史相统一的方法有内在关联。从抽象上升到具体的过程同时就是以逻辑必然性再现对象的历史发展的过程，逻辑与历史相统一是从抽象上升到具体的内在要求。辩证思维中的历史范畴，一是指客观实在自身的历史，二是指反映客观实在的认识的历史。逻辑的东西和历史的东西是辩证统

---

① 　《列宁全集》第 55 卷，人民出版社 2017 年版，第 307 页。

一的。辩证法认为，一方面，逻辑与历史是一致的，"历史从哪里开始，思想进程也应当从哪里开始，而思想进程的进一步发展不过是历史过程在抽象的、理论上前后一贯的形式上的反映"，① 即历史的东西是逻辑的东西的基础，逻辑的东西则是历史的东西在思维中的再现，因此，逻辑的进程和历史的进程具有内在统一性。另一方面，历史与逻辑的统一又包含着差异和对立。历史的东西总是包含偶然因素、次要因素以及迂回曲折的细节，具体而生动，逻辑的东西则是"修正过"的历史的东西，通过对历史事实的加工改造，抛弃历史细节、抓住主流，抛弃偶然性、抓住必然性，抛弃偏差、抓住基本方向和基本线索，把握历史发展的内在规律，因此，逻辑的东西能更深刻地反映历史。

2. 现代科学思维方法

随着现代科学的发展，产生了现代科学思维方法。现代科学思维方法是一个巨大的方法群，包括控制方法、信息方法、系统方法、模型方法和理想化方法等。其中，控制方法是指通过分析和研究数据的分布，揭示规律性、寻找差异性，以便有效实施过程管理；信息方法是指把系统的运动过程看做信息传递和信息转换的过程，通过对信息流程的分析和处理，获得对某一复杂系统运动过程的规律性认识；系统方法是指以对系统的基本认识为依据，用以指导人们研究和处理科学技术问题；模型方法是指通过建构研究模型，以简化和理想化的形式去揭示原型的形态、特征和本质；理想化方法是指用与研究对象有差别的、便于处理的简化形式，代替研究对象进行研究。这些方法对科学研究均有不可忽视的作用。

辩证思维方法与现代科学思维方法有着方法论上的共同性，二者是相互联系、相互补充的。一方面，辩证思维是现代科学思维的方法论前提，辩证思维方法的基本精神和原则贯穿于现代科学思维方法之中。现代科学思维方法要自觉地以辩证思维方法为指导，以创新自己的方法系统。另一方面，现代科学思维方法又丰富了辩证思维方法。辩证思维方法从联系和发展的角度揭示事物的关系，侧重于人与世界的整体关系。现代科学思维方法是在确认事物联系和发展的前提下，深入研究世界的某些关系。辩证思维方法应该从现代科学思维方法中汲取营

---

① 《马克思恩格斯文集》第 2 卷，人民出版社 2009 年版，第 603 页。

养，以丰富自身的方法系统。

(三) 通过学习唯物辩证法增强思维能力

为了增强思维能力，首先就要认识到理论思维的重要性。"一个民族要想站在科学的最高峰，就一刻也不能没有理论思维。"①唯物辩证法是科学思维方法，学习和掌握唯物辩证法可帮助我们在实践中不断增强思维能力，特别是不断增强辩证思维能力、历史思维能力、系统思维能力、战略思维能力、底线思维能力和创新思维能力。

1. 辩证思维能力

辩证思维能力是唯物辩证法在思维中的运用，是指从事物相互联系、相互作用的关系出发，分析矛盾、抓住关键、找准重点、洞察事物发展规律的能力。辩证思维能力是科学思维能力的根本要求和集中体现，培养和提高思维能力，首先就是要具备辩证思维能力。

辩证思维能力具体表现为：从对立统一中把握事物及其发展过程，具体问题具体分析，善于抓住事物主要矛盾和矛盾的主要方面。培养辩证思维能力，能够使人更加全面准确地认识和把握事物，真正做到透过现象看本质。

习近平强调，全面深化改革要有系统谋划，"我国改革已经进入攻坚期和深水区，进一步深化改革，必须更加注重改革的系统性、整体性、协同性，统筹推进重要领域和关键环节改革"，②"要坚持整体推进，加强不同时期、不同方面改革配套和衔接，注重改革措施整体效果，防止畸重畸轻、单兵突进、顾此失彼"。③ 要坚持"两点论"，一分为二看问题，既看到国际国内形势中有利的一面，也看到不利的一面；既看到自身的优势，也看到面临的困难和问题。这些重要论断都是辩证思维能力的集中体现。培养和提高辩证思维能力，就要认真学习辩证唯物主义，全面、系统、准确地掌握联系和发展的基本观点、基本环节和基本规律，将其自觉地体现和运用于思维当中。

---

① 《马克思恩格斯文集》第 9 卷，人民出版社 2009 年版，第 437 页。
② 《习近平关于全面深化改革论述摘编》，中央文献出版社 2014 年版，第 30 页。
③ 《习近平关于全面深化改革论述摘编》，中央文献出版社 2014 年版，第 44 页。

2. 历史思维能力

历史思维能力是辩证思维与历史眼光的结合，是马克思主义科学历史观的具体表现和实践运用，是以史为鉴、知古鉴今，善于运用历史眼光认识发展规律、把握前进方向、指导现实工作的能力。

历史、现实、未来是相通的，历史是过去的现实，现实是未来的历史。历史思维能力的培养，能够使人正确理解和掌握历史知识，认识历史发展规律，进而对社会现实问题进行科学的观察与思考。培养并不断提高历史思维能力，是马克思主义科学世界观和方法论的内在要求。

习近平强调："历史是最好的教科书"，①"历史的经验值得注意，历史的教训更应引以为戒"。② 习近平关于世界社会主义五百年的论述，关于改革开放前后两个三十年关系的精辟阐释，关于运用历史智慧推进反腐倡廉建设的思想观点，关于如何评价党的历史和历史人物的深刻论述等，都体现了深邃的历史思维，给我们以深刻的思想启迪。提高历史思维能力，就要加强对中国历史、党史国史、社会主义发展史和世界历史的学习，深刻总结历史经验，把握历史规律，认清历史趋势，坚定中国特色社会主义方向，在对历史的深入思考中，不断提高我们的认识能力、精神境界和实践水平。

3. 系统思维能力

系统思维能力就是从事物相互联系的各个方面及其结构和功能进行系统思考的能力，就是全面系统地分析和处理问题的能力。提高系统思维能力，就是要坚持系统观念，用系统思维的方法分析和处理问题。

系统是由许多相互联系、相互作用的要素构成并与周围环境发生关系的具有稳定结构和特定功能的有机整体。系统思维以确认事物的普遍有机联系为前提，进而具体把握事物的系统存在、系统联系与系统规律，遵循以整体性、结构性、层次性、开放性和风险性等为基本内容的思维原则，目的是从整体上把握事物并实现事物结构与功能的优化。系统观念是唯物辩证法普遍联系观点的应有之义，

---

① 《习近平谈治国理政》第 1 卷，外文出版社 2018 年版，第 405 页。
② 《习近平谈治国理政》第 1 卷，外文出版社 2018 年版，第 390 页。

从一定意义上说，普遍联系着的事物本身就是一个系统。坚持系统观念，就是要把事物放在普遍联系的系统中来把握，在系统与要素、要素与要素、结构与层次、系统与环境之间的相互联系和作用的动态过程中把握事物，力求获得问题的最优解。

习近平明确指出，系统观念是具有基础性的思想和工作方法。坚持系统观念，提高系统思维能力，要立足现实需要，加强全局性谋划、整体性推进。党的十八大以来，党中央坚持系统谋划，统筹推进党和国家各项事业，根据新的实践需要，形成一系列新布局和新方略。从强调"注重改革的系统性、整体性、协同性"，① 到要求"树立'一盘棋'思想，把自身发展放到协同发展的大局之中"，②再到提出"要胸怀两个大局，一个是中华民族伟大复兴的战略全局，一个是世界百年未有之大变局"，③ 强调要"逐步形成以国内大循环为主体、国内国际双循环相互促进的新发展格局"④等，都是系统思维运用的光辉典范。

4. 战略思维能力

战略思维能力强调思维的整体性、全局性、长期性，是高瞻远瞩、统揽全局、善于把握事物发展总体趋势和方向的能力。

战略思维能力之所以重要，是因为它是一种充分发挥人的主观能动性、积极性和创造性的思维活动，事关社会发展的远程选择与宏观谋划，旨在谋求长远生存与整体利益。战略思维能力的强弱，直接关系到一个国家、一个民族的兴衰。

我们党注重从整体上把握事物发展趋势和方向，体现出恢宏的战略思维。习近平强调，要树立大局意识，善于从大局看问题，放眼世界，放眼未来；善于观大势、谋大事，把握工作主动权；既有雷厉风行的作风，也有闲庭信步的定力。培养和提高战略思维能力，要求我们不断开阔视野，培养博大胸襟，紧跟时代前进步伐，学会站在战略和全局的高度观察和处理问题，透过纷繁复杂的表面现象

---

① 《习近平谈治国理政》第 1 卷，外文出版社 2018 年版，第 68 页。

② 习近平：《在深入推动长江经济带发展座谈会上的讲话》，人民出版社 2018 年版，第 19 页。

③ 《习近平谈治国理政》第 3 卷，外文出版社 2020 年版，第 77 页。

④ 《习近平在联合国成立 75 周年系列高级别会议上的讲话》，人民出版社 2020 年版，第 12 页。

把握事物的本质和发展的规律，做到既抓住重点又统筹兼顾，既立足当前又放眼长远，既熟悉国情又把握世情，在原则问题上坚定立场不动摇，在整体性、方向性抉择面前冷静观察、谨慎从事、谋定而后动。

5. 底线思维能力

所谓底线，就是不可逾越的界限，是事物发生质变的临界点。底线思维是我们在认识世界和优化世界的过程中，根据我们的需要和客观条件，划清并坚守底线，尽力化解风险，避免最坏结果，同时争取实现最大期望值的一种积极的思维。把握底线思维，就要凡事从坏处准备，努力争取最好的结果，这样才能有备无患、遇事不慌，牢牢把握主动权。

坚持和运用好底线思维，培养和提高底线思维能力，一方面，要严守原则，不仅要划清底线，更要坚守底线，不能踩"红线"、越"底线"、闯"雷区"，比如不能突破主权的底线、法律的底线、清正廉洁的底线、经济增长的底线、民生保障的底线、环境保护的底线等。总之，要守住做人、处世、用权、交友的底线，"受警醒、明底线、知敬畏，主动在思想上划出红线、在行为上明确界限，真正敬法畏纪、遵规守矩"。① 另一方面，要以积极的态度研判风险、防患未然，牢牢掌握战略主动权，坚定信心，以实际行动化解风险，变挑战为机遇，追求最佳结果。另外，坚持底线思维，要做到居安思危，增强忧患意识。"不能安于现状、盲目乐观，不能囿于眼前、轻视长远，不能掩盖矛盾、回避问题，不能贪图享受、攀比阔气。"②要做好应付最坏局面的思想准备，见微知著、未雨绸缪，增强前瞻意识。

底线思维能力体现了我们对事物量变引起质变的"度"的深刻认识和自觉把握，也体现了对矛盾分析方法的自觉运用。习近平指出："我们要坚持'两点论'，一分为二看问题，既要看到国际国内形势中有利的一面，也看到不利的一面，从坏处着想，做最充分的准备，争取较好的结果。"③只有始终运用和坚持底

---

① 《习近平关于党风廉政建设和反腐败斗争论述摘编》，中央文献出版社、中国方正出版社 2015 年版，第 148 页。
② 《习近平关于党风廉政建设和反腐败斗争论述摘编》，中央文献出版社、中国方正出版社 2015 年版，第 9 页。
③ 《习近平谈治国理政》第 1 卷，外文出版社 2018 年版，第 111 页。

线思维，才能有效化解风险挑战，确保完成目标任务，推进党和国家事业不断发展。

6. 创新思维能力

创新思维能力是对常规思维的突破，就是破除迷信，超越过时的陈规，善于因时制宜、知难而进、开拓创新的能力。

思维的发展与深化离不开创新。创新思维能力意味着不墨守成规，在求新、求变中创造性地提出问题和解决问题。当今世界，知识经济飞速发展，创新已经成为社会进步的主导力量与重要源泉，只有善于开发和运用创新思维能力，才能紧跟时代的步伐，更好地回应和解决时代发展所提出的问题。

习近平指出："明者因时而变，知者随世而制"，[1]"解决深层次矛盾和问题，根本出路在于创新"。[2]唯创新者进，唯创新者强，唯创新者胜；生活从不眷顾因循守旧、满足现状者，从不等待不思进取、坐享其成者，而是将更多机遇留给善于和勇于创新的人。培养和提高创新思维能力，要求我们有敢为人先的锐气，打破迷信经验、迷信本本、迷信权威的惯性思维，摒弃不合时宜的旧观念，以思想认识的新飞跃打开工作的新局面，在不断提高创新思维能力的基础上，坚定不移贯彻包括创新发展理念在内的新发展理念，我们党就一定能够领导和团结全国各族人民，实现"两个一百年"奋斗目标，实现中华民族的伟大复兴。

三、唯物辩证法关于事物的普遍联系

与形而上学相比较，唯物辩证法表现出其固有特征。唯物辩证法的特征之一是事物是普遍联系的，恩格斯将其表述为"辩证法是关于普遍联系的科学"。[3]

对此，恩格斯在谈到事物的"辩证图景"时指出："当我们通过思维来考察自然界或人类历史或我们自己的精神活动的时候，首先呈现在我们眼前的，是一幅由种种联系和相互作用无穷无尽地交织起来的画面。"[4]《易经》包含丰富的联系思

---

[1] 《习近平谈治国理政》第1卷，外文出版社2018年版，第155页。
[2] 《习近平关于科技创新论述摘编》，中央文献出版社2016年版，第3页。
[3] 《马克思恩格斯文集》第9卷，人民出版社2009年版，第401页。
[4] 《马克思恩格斯文集》第9卷，人民出版社2009年版，第23页。

想，"仰则观象于天，俯则观法于地，观鸟兽之文与地之宜，近取诸身，远取诸物，于是始作八卦，以通神明之德，以类万物之情"。① 结合新冠肺炎疫情造成的影响，有识之士用联系观点而主张应当乐观视之，因为灾难会警示人类吸取教训，"没有哪一次巨大的历史灾难不是以历史的进步为补偿的"。②

对于联系的理解，列宁指出："辩证法的特征的和本质的东西不是单纯的否定，不是徒然的否定，不是怀疑的否定、动摇、疑惑，——当然，辩证法自身包含着否定的要素，并且这是它的最重要的要素，——不是这些，而是作为联系环节、作为发展环节的否定，它保持着肯定的东西，即没有任何动摇，没有任何折中。"③联系是指事物内部各要素之间和事物之间相互影响、相互制约、相互作用的关系，联系具有一系列特点：

首先，联系具有客观性。世界上没有孤立存在的事物，每一种事物都是在与其他事物的联系之中存在的，事物的联系是事物本身所固有的，不是主观臆想的。联系的客观性要求我们从客观事物本身固有的联系出发去认识事物。坚持联系的客观性，就是在联系的观点上坚持了唯物论。"要有草摇叶响知鹿过、松风一起知虎来、一叶易色而知天下秋的见微知著能力。"④

其次，联系具有普遍性。联系的普遍性有三层含义：其一，任何事物内部的不同部分和要素之间都是相互联系的，也就是说，任何事物都具有内在的结构性。其二，任何事物都不能孤立存在，都同其他事物处于一定的联系之中。其三，整个世界是相互联系的统一整体。从无机界到有机界，从自然界到人类社会，任何事物都处在普遍联系、交互作用之中。实践作为人的生命活动和社会存在的形式，实质上是人类所特有的联系形式，即人类社会与自然界、社会中人与人的一切现实联系的基本方式和途径，这已为人类的实践经验和科学发展所证明。任何事物都是统一的联系之网上的一个网结，并通过这个联系之网体现出联系的普遍性。需要指出的是，事物的普遍联系是通过中介来实现的，是通过中间性的联系和过渡性环节而实现的。

再次，联系具有多样性。世界上的事物是多样的，事物之间的联系也是多样

---

① 《易经·系辞》。
② 《马克思恩格斯文集》第 10 卷，人民出版社 2009 年版，第 665 页。
③ 《列宁全集》第 55 卷，人民出版社 2017 年版，第 195 页。
④ 《习近平谈治国理政》第 3 卷，外文出版社 2020 年版，第 226 页。

的。事物联系的主要方式有直接联系与间接联系、内部联系与外部联系、本质联系与非本质联系、必然联系与偶然联系等，不同的联系构成事物内部和事物之间的存在状态和发展趋势。

最后，联系具有条件性。条件是对事物存在和发展发生作用的诸要素的总和。对条件要唯物辩证地去看待。其一，条件对事物发展和人的活动具有支持或制约作用。有利条件支持和促进事物的发展和人的活动，不利条件制约和阻碍事物的发展和人的活动。其二，条件是可以改变的。人在条件面前并非消极无为，经过努力，可以化不利条件为有利条件，推动事物的发展。其三，改变和创造条件不是任意的。必须尊重事物发展的客观规律，不能强行去改变事物存在和发展的条件，否则就是揠苗助长。在实际工作中坚持唯物辩证法的条件论，就必须反对唯心主义的无条件论和唯条件论。既善于充分利用有利条件，又善于化不利条件为有利条件，这才是科学的态度。

马克思主义关于事物普遍联系的原理，要求人们善于分析事物的具体联系，确立整体性、开放性观念，从动态中考察事物的普遍联系。

四、唯物辩证法关于事物的变化发展

唯物辩证法的特征之二是事物是变化发展的。这是由于事物的相互联系包含事物的相互作用，而相互作用必然导致事物的运动、变化和发展。

事物之间相互作用的结果，是使事物原有的状态和性质发生程度不同的变化。地球和太阳的相互作用构成地球绕太阳的运动，并引起地球上事物和现象的变化，比如昼夜交替、四季更迭等。一定形式的运动意味着一定的变化发生：最简单的机械运动会引起物体位置的变化，物理运动是物质分子状态的变化，化学运动是物质化学成分及其结构的变化，生物运动是生物机体的变化，社会运动会引起社会有机体的变化等。

发展是前进的、上升的运动，发展的实质是新事物的产生和旧事物的灭亡。新事物是指合乎历史前进方向、具有远大前途的东西，旧事物是指丧失历史必然性、日趋灭亡的东西。新事物是不可战胜的，这是因为：第一，就新事物与环境的关系而言，新事物之所以新，是因为有新的要素、结构和功能，它适应已经变化了的环境和条件；旧事物之所以旧，是因为它的各种要素和功能已经不适应环境和客观条件的变化，走向灭亡就成为不可避免的。第二，就新事物与旧事物的关系而言，新事物是在旧事物的"母体"中孕育成熟的，它既否定了旧事物中消极腐朽的东西，又保留了旧事物中合理的、适应新条件的因素，并添加了旧事物所不能容纳的新内容。这也正是新事物在本质上优越于旧事物、具有强大生命力的原因之所在。在社会历史领域，新事物是社会上先进的、富有创造力的人们创造性活动的产物，它从根本上符合人民群众的利益和要求，能够得到人民群众的拥护，因而必然战胜旧事物。尤其在社会急剧变革时期，新事物战胜旧事物表现得特别明显。把握这一规律，对于我们在现代化进程中大力实施创新驱动发展战略、蹄疾步稳推进全面深化改革具有重要的方法论意义。

恩格斯指出："世界不是既成事物的集合体，而是过程的集合体，其中各个似乎稳定的事物同它们在我们头脑中的思想映象即概念一样都处在生成和灭亡的不断变化中，在这种变化中，尽管有种种表面的偶然性，尽管有种种暂时的倒退，前进的发展终究会实现。"①事物的发展是一个过程，只有经过一定的过程，事物才能实现自身的发展。事物发展的过程，从形式上看，是事物在时间上的持续性和空间上的广延性的交替；从内容上看，是事物在运动形式、形态、结构、功能和关系上的更新。

人类社会的发展也是一个过程。从原始社会发展到奴隶社会，再从奴隶社会发展到封建社会、资本主义社会，有的国家已进入社会主义社会，表现出人类社会发展过程的总趋势。社会主义社会本身也是不断发展的，从较低的发展阶段到更高的发展阶段，从不成熟到更加成熟，并在充分发展和高度发达的基础上向共产主义社会过渡。从我国的现实看，我们正处于并将长期处于社会主义初级阶段，但是在社会主义初级阶段的长过程中，我们也在不断向前迈进。随着中国特色社会主义的不断发展和更加成熟，我们将会进入更高的发展阶段。

---

① 《马克思恩格斯文集》第4卷，人民出版社2009年版，第298页。

专题四　唯物辩证法的实质与核心

事物的联系和发展是有规律的，规律就是事物联系和发展过程中所固有的本质的、必然的、稳定的联系。只有掌握联系和发展的基本规律，才能更深入地理解联系和发展的基本环节。唯物辩证法的基本规律主要有：对立统一规律、量变质变规律、否定之否定规律。

对立统一规律是唯物辩证法的实质和核心。"统一物之分为两个部分以及对它的矛盾着的部分的认识(参看拉萨尔的《赫拉克利特》一书第3篇(《论认识》)开头所引的斐洛关于赫拉克利特的一段话)，是辩证法的实质(是辩证法的'本质'之一，是它的基本的特点或特征之一，甚至可说是它的基本的特点或特征)。"①列宁在探讨辩证法时指出："如果不把不间断的东西割断，不使活生生的东西简单化、粗陋化，不加以划分，不使之僵化，那么我们就不能想象、表达、测量、描述运动。思想对运动的描述，总是粗陋化、僵化。不仅思想是这样，而且感觉也是这样；不仅对运动是这样，而且对任何概念也都是这样。这就是辩证法的实质。对立面的统一、同一这个公式正是表现这个实质。"②"可以把辩证法简要地规定为关于对立面的统一的学说。这样就会抓住辩证法的核心，可是这需要说明和发挥。"③

辩证法"主要的注意力正是放在认识'自己'运动的泉源上"。④ 对立统一规律就是揭示事物"自己"运动的源泉，指明事物内部的矛盾性是事物发展的内在动力。对立统一规律揭示了事物普遍联系的根本内容和变化发展的内在动力，从根本上回答了事物为什么会发展的问题；对立统一规律是贯穿量变质变规律、否

---

① 《列宁全集》第55卷，人民出版社2017年版，第305页。
② 《列宁全集》第55卷，人民出版社2017年版，第219页。
③ 《列宁全集》第55卷，人民出版社2017年版，第192页。
④ 《列宁全集》第55卷，人民出版社2017年版，第306页。

定之否定规律以及唯物辩证法基本范畴的中心线索，也是理解这些规律和范畴的
"钥匙"；对立统一规律提供了人们认识世界和优化世界的根本方法——矛盾分
析方法。因此，在认识世界和优化世界的过程中，自觉坚持和正确运用对立统一
规律是十分重要的。

一、矛盾的同一性和斗争性及其在事物发展中的作用

矛盾是反映事物内部和事物之间对立统一关系的哲学范畴。对立和统一分别
体现了矛盾的两种基本属性。矛盾的对立属性又称斗争性，矛盾的统一属性又称
同一性。

(一) 矛盾的同一性和斗争性及其相互关系

矛盾就是对立统一关系，或者说是对立面的同一。同一性与斗争性是矛盾的
两种基本属性。

矛盾的同一性是指矛盾双方相互依存、相互贯通的性质和趋势。在这个意义
上，矛盾的同一性又被称作矛盾的统一性。矛盾的同一性有两个方面的含义：一
是矛盾着的对立面相互依存，互为存在的前提，并共处于一个统一体中。矛盾着
的每一方都不可能孤立地存在和发展，一方的存在、发展必须以另一方的存在、
发展为前提和条件。任何事物都是作为这样的矛盾统一体而存在的。"事物发展
过程中的每一种矛盾的两个方面，各以和它对立着的方面为自己存在的前提，双
方共处于一个统一体中。"①

二是矛盾着的对立面相互贯通，在一定条件下可以相互转化。矛盾双方存在
共同的基础和由此达彼的桥梁，"矛盾的双方，依据一定的条件，各向着其相反
的方面转化"。② 我们知道，事物的质是一事物区别于其他事物的内在规定性，
量是事物的规模、程度、速度等可以用数量关系表示的规定性。事物的量和质是
统一的，量和质的统一在度中得到体现。度是保持事物质的稳定性的数量界限，
即事物的限度、幅度和范围，度的两端叫关节点或临界点，超出度的范围，此物

---

① 《毛泽东选集》第 1 卷，人民出版社 1991 年版，第 327 页。
② 《毛泽东选集》第 1 卷，人民出版社 1991 年版，第 327 页。

就转化为他物。

正如马克思在探索政治经济学时所指出的："我的普遍意识不过是以现实共同体、社会存在物为生动形态的那个东西的理论形态，而在今天，普遍意识是现实生活的抽象，并且作为这样的抽象是与现实生活相敌对的。因此，我的普遍意识的活动——作为一种活动——也是我作为社会存在物的理论存在……可见，思维和存在虽有区别，但同时彼此又处于统一中。"①"辩证法是一种学说，它研究对立面怎样才能够同一，是怎样（怎样成为）同一的——在什么条件下它们是相互转化而同一的，——为什么人的头脑不应该把这些对立面看做僵死的、凝固的东西，而应该看做活生生的、有条件的、活动的、彼此转化的东西。"②

矛盾的斗争性是矛盾着的对立面相互排斥、相互分离的性质和趋势。由于矛盾的性质不同，矛盾的斗争形式也不同，对于多种多样的斗争形式，可以分为对抗性矛盾和非对抗性矛盾两种基本形式。毛泽东指出："对抗是矛盾斗争的一种形式，而不是矛盾斗争的一切形式。"③"有些矛盾具有公开的对抗性，有些矛盾则不是这样。根据事物的具体发展，有些矛盾是由原来还非对抗性的，而发展成为对抗性的；也有些矛盾则由原来是对抗性的，而发展成为非对抗性的。"④

矛盾的同一性和斗争性是两种相反的属性，二者又是相互联系、相辅相成的。没有斗争性就没有同一性，没有同一性也就没有斗争性。斗争性寓于同一性之中，同一性通过斗争性来体现。毛泽东指出："斗争性即寓于同一性之中，没有斗争性就没有同一性。"⑤矛盾的同一性是有条件的、相对的，矛盾的斗争性是无条件的、绝对的。矛盾的同一性和斗争性相结合，构成了事物的矛盾运动，推动着事物的变化发展。对此，列宁认为："对立面的统一（一致、同一、均势）是有条件的、暂时的、易逝的、相对的。相互排斥的对立面的斗争是绝对的，正如发展、运动是绝对的一样。"⑥

---

① 《马克思恩格斯文集》第1卷，人民出版社2009年版，第188~189页。
② 《列宁全集》第55卷，人民出版社2017年版，第90页。
③ 《毛泽东选集》第1卷，人民出版社1991年版，第334页。
④ 《毛泽东选集》第1卷，人民出版社1991年版，第335页。
⑤ 《毛泽东选集》第1卷，人民出版社1991年版，第333页。
⑥ 《列宁全集》第55卷，人民出版社2017年版，第306页。

(二) 矛盾的同一性和斗争性在事物发展中具有重要作用

矛盾的同一性在事物发展中的作用表现在：第一，同一性是事物存在和发展的前提，在矛盾双方中，一方的发展以另一方的发展为条件，发展是在矛盾统一体中的发展。第二，同一性使矛盾双方相互吸取有利于自身的因素，在相互作用中各自得到发展。第三，同一性规定着事物转化的可能和发展的趋势。事物之所以能够转化，是由于事物内部矛盾双方具有相互贯通的关系。事物的发展方向、趋势不是随意的，而是有规律地向自己的对立面转化。

矛盾的斗争性在事物发展中的作用表现在：第一，矛盾双方的斗争促进矛盾双方力量的变化，竞长争高、此消彼长，造成双方力量发展的不平衡，为对立面的转化、事物的质变创造条件。在量变与质变当中，量变和质变是相互渗透的。一方面，在总的量变过程中有阶段性和局部性的部分质变；另一方面，在质变过程中也有旧质在量上的收缩和新质在量上的扩张。量变和质变是相互依存、相互贯通的，量变引起质变，在新质的基础上，事物又开始新的量变，如此交替循环，构成了事物的发展过程。

第二，矛盾双方的斗争是一种矛盾统一体向另一种矛盾统一体过渡的决定力量。矛盾双方的相互排斥和否定促使旧的矛盾统一体破裂，新的矛盾统一体产生，旧事物发展为新事物。在事物发展过程中，矛盾的同一性和斗争性相互结合，共同发生作用，但在不同条件下，二者所处的地位会有所不同。在一定的条件下，矛盾的斗争性可能处于主要方面，而在另外的条件下，矛盾的同一性又可能处于主要方面。

列宁在《谈谈辩证法问题》中指出，事物的发展是对立统一的结果。针对当时理论界状况，他说："有两种基本的（或两种可能的？或两种在历史上常见的？）发展（进化）观点：认为发展是减少和增加，是重复；以及认为发展是对立面的统一（统一物之分为两个互相排斥的对立面以及它们之间的相互关系）。按第一种运动观点，自己运动，它的动力、它的泉源、它的动因都被忽视了（或者这个泉源被移到外部——移到上帝、主体等等那里去了）；按第二种观点，主要的注意力正是放在认识'自己'运动的泉源上。第一种观点是僵死的、平庸的、枯燥的。第二种观点是活生生的。只有第二种观点才提供理解一切现存事物的

'自己运动'的钥匙，才提供理解'飞跃'、'渐进过程的中断'、'向对立面的转化'、旧东西的消灭和新东西的产生的钥匙。"①

运用矛盾的同一性和斗争性原理指导实践，有重要的实践意义，因为"任何矛盾都包含着解决这个矛盾的因素，好的主意是应当从研究矛盾的过程中得出来的"。②

当然，运用矛盾的同一性和斗争性原理指导实践，要正确把握和谐对事物发展的作用。和谐是矛盾的一种特殊表现形式，体现着矛盾双方的相互依存、相互促进、共同发展，和谐并不意味着矛盾的绝对同一。和谐是相对的、有条件的，只有在矛盾双方处于平衡、协调、合作的情况下，事物才展现出和谐状态。社会的和谐、人与自然的和谐，都是在不断解决矛盾的过程中实现的。构建社会主义和谐社会就是在发展的基础上正确处理各种矛盾的过程和结果。

二、矛盾的普遍性和特殊性及其相互关系

矛盾双方既有同一性又有斗争性，二者对立统一。不仅如此，矛盾还有普遍性与特殊性，并且双方也有特定关系。矛盾运动推动事物发展，呈现出矛盾运动的丰富内涵。

（一）矛盾的普遍性

矛盾的普遍性是指矛盾存在于一切事物中，存在于一切事物发展过程的始终，旧的矛盾解决了，新的矛盾又产生，事物始终在矛盾中运动。我们所熟悉的"矛盾无处不在，矛盾无时不有"，就是对矛盾的普遍性的形象表述。世界统一于物质，物质与运动不可分离，而"运动本身就是矛盾"。③"既然简单的机械的位移本身已经包含着矛盾，那么物质的更高级的运动形式，特别是有机生命及其发展，就更加包含着矛盾……生命首先正是在于：生物在每一瞬间是它自身，同时又是别的东西。所以，生命也是存在于物体和过程本身中的不断地自行产生并

---

① 《列宁全集》第 55 卷，人民出版社 2017 年版，第 306 页。
② 柯庆施：《在上海市第二届人民代表大会第一次会议上的总结发言》，《解放日报》1957 年 1 月 21 日。
③ 《马克思恩格斯文集》第 9 卷，人民出版社 2009 年版，第 127 页。

自行解决的矛盾；矛盾一停止，生命也就停止，死亡就到来。"①因此，要"承认（发现）自然界的（也包括精神的和社会的）一切现象和过程具有矛盾着的、相互排斥的、对立的倾向"。②

（二）矛盾的特殊性

矛盾的特殊性是指各个具体事物的矛盾，每一个矛盾的各个方面在发展的不同阶段上各有其特点。矛盾的特殊性决定了事物的不同性质。只有具体分析矛盾的特殊性，才能认清事物的本质和发展规律，并采取正确的方法和措施去解决矛盾，推动事物的发展。

事物是由多种矛盾构成的。主要矛盾是矛盾体系中处于支配地位、对事物发展起决定作用的矛盾。次要矛盾是矛盾体系中处于从属地位、对事物的发展起次要作用的矛盾。不仅如此，在每一对矛盾中，有一方处于支配地位，起着主导作用，这是矛盾的主要方面，处于被支配一方的则是矛盾的次要方面。事物的性质是由主要矛盾的主要方面所规定的。

把主要矛盾和次要矛盾、矛盾的主要方面和次要方面的辩证关系运用到实际工作中，就是要坚持"两点论"和"重点论"的统一。"两点论"是指在分析事物的矛盾时，不仅要看到矛盾双方的对立，而且要看到矛盾双方的统一；不仅要看到矛盾体系中存在着主要矛盾、矛盾的主要方面，而且要看到次要矛盾、矛盾的次要方面。"重点论"是指要着重把握主要矛盾、矛盾的主要方面，并以此作为解决问题的出发点。"两点论"和"重点论"的统一要求我们，看问题既要全面地看，又要看主流、大势、发展趋势。

（三）矛盾的普遍性和特殊性的关系

矛盾的普遍性和特殊性是辩证统一的关系。矛盾的普遍性即矛盾的共性，矛盾的特殊性即矛盾的个性。矛盾的共性是无条件的、绝对的，矛盾的个性是有条件的、相对的。任何现实存在的事物的矛盾都是共性和个性的有机统一，共性寓于个性之中，没有离开个性的共性，也没有离开共性的个性。矛盾的"共性个性、

① 《马克思恩格斯文集》第9卷，人民出版社2009年版，第127页。
② 《列宁全集》第55卷，人民出版社2017年版，第306页。

绝对相对的道理，是关于事物矛盾的问题的精髓，不懂得它，就等于抛弃了辩证法"。①

　　矛盾的共性和个性相统一的关系，既是客观事物固有的辩证法，也是科学的认识方法。人的认识的一般规律就是由认识个别上升到认识一般，再由认识一般到认识个别的辩证发展过程。

　　矛盾的普遍性和特殊性辩证关系的原理是马克思主义普遍真理同各国具体实际相结合的哲学基础。中国共产党坚持把马克思主义普遍真理与中国具体实际结合起来，在推进马克思主义中国化的进程中不断取得革命、建设、改革的新的胜利。

---

　　①　《毛泽东选集》第 1 卷，人民出版社 1991 年版，第 320 页。

专题五　科学实践观

实践是人类生存和发展的最基本的活动，是人类社会生活的本质，是人的认识产生和发展的基础。科学实践观深刻揭示了实践在自然演化与社会发展中的作用。实践的观点不仅是马克思主义哲学的核心观点，更是马克思主义认识论首要的和基本的观点。只有准确把握实践的概念、特征、基本结构、形式，才能理解科学实践观在思想史上革命性变革的意义，才能深入分析实践与认识的关系。

一、科学实践观的基本内容

(一) 科学实践观的形成与实践的本质

1. 科学实践观的形成

马克思、恩格斯以前的中外哲学都使用过实践的概念，并作过很多论述。在中国古代哲学中，实践被称为"践行""实行"或"行"，与"知"相对应，但主要是指道德伦理行为。

在西方哲学史上，一些思想家对实践也有不少论述。亚里士多德虽然把实践活动从理论活动中划分出来，但他给予理论活动更重要的地位，而且他所称的"实践"也主要是指伦理和政治行为。康德对亚里士多德的"实践"没有进行应有的批判，轻视生产劳动的创造作用，把实践看成理性自主的道德活动。黑格尔把实践理解为主观改造客观对象的创造性的精神活动。尽管他触摸到了生产劳动的意义，把生产劳动提升到哲学层面，但他把自我意识理解为人的本质，把劳动看成绝对精神发展的一个逻辑环节，因而劳动最终被归结为抽象的精神活动。费尔巴哈把实践与物质性的活动联系起来，但他所理解的实践又仅仅限于日常生活活动，并将实践等同于生物适应环境的活动，因而也无法理解实践的真正本质。总之，他们没有看到实践在人类认识和整个社会生活中的决定意义。

马克思在批判性借鉴前人思想的基础上，科学阐明了实践的本质及其在认识世界和优化世界中的作用，创立了科学的实践观。他在《关于费尔巴哈的提纲》这个集中阐述科学实践观的重要文献中，阐明了实践是"感性的人的活动"，① 提出"全部社会生活在本质上是实践的"，② 并鲜明指出"哲学家们只是用不同的方式解释世界，问题在于改变世界"。③

在《德意志意识形态》中，马克思、恩格斯进一步指出，物质资料的生产是人类历史中首要的社会实践活动，是其他一切历史活动得以进行的前提。唯物史观和唯心史观的区别在于，"它不是在每个时代中寻找某种范畴，而是始终站在现实历史的基础上，不是从观念出发来解释实践，而是从物质实践出发来解释各种观念形态"。④ 马克思、恩格斯还强调实践在整个社会生活及其矛盾运动中的变革作用，指出"对实践的唯物主义者即共产主义者来说，全部问题都在于使现存世界革命化，实际地反对并改变现存的事物"。⑤

2. 实践的本质

实践是人类能动地优化世界的社会性的物质活动，实践的观点是马克思主义认识论首要的基本的观点，也是马克思主义哲学的核心观点。只有在科学实践观的基础上，马克思主义哲学才超越了以往的唯心主义和旧唯物主义，实现了唯物主义与辩证法、唯物主义自然观和历史观的统一。

实践具有客观实在性、自觉能动性和社会历史性三个基本特征。第一，实践具有客观实在性。实践是优化世界的客观物质活动，它不是纯粹的精神活动，而是以感性事物为对象的现实的物质活动，因此，实践所具有的直接现实性也就是实践活动的客观实在性。正是基于此，马克思强调，"一步实际运动比一打纲领

---

① 《马克思恩格斯文集》第 1 卷，人民出版社 2009 年版，第 499 页。
② 《马克思恩格斯文集》第 1 卷，人民出版社 2009 年版，第 501 页。
③ 《马克思恩格斯文集》第 1 卷，人民出版社 2009 年版，第 502 页。
④ 《马克思恩格斯文集》第 1 卷，人民出版社 2009 年版，第 544 页。
⑤ 《马克思恩格斯文集》第 1 卷，人民出版社 2009 年版，第 527 页。

更重要";① 列宁认为，"实践高于（理论的）认识，因为它不仅具有普遍性的品格，而且还具有直接现实性的品格"。② 首先，构成实践活动的诸要素，即实践的主体、客体和手段，都是可感知的客观实在；其次，实践的水平、广度、深度和发展过程，都受着客观条件的制约和客观规律的支配；最后，实践能够引起客观世界的某种变化，可以把人脑中观念的存在变为现实的存在，给人们提供现实的成果。实践的这一特征，把它同人的主观认识活动区别开来。

第二，实践具有自觉能动性。与动物本能的、被动的适应性活动不同，人的实践活动是一种有意识、有目的的活动。目的性是能动性的主要表现。在人的实践活动结束时得到的结果，在这个过程开始时就作为目的在实践者头脑中以观念的形式存在着，目的决定着实践者的行为。马克思对此形象地比喻道："最蹩脚的建筑师从一开始就比最灵巧的蜜蜂高明的地方，是他在用蜂蜡建筑蜂房以前，已经在自己的头脑中把它建成了。劳动过程结束时得到的结果，在这个过程开始时就已经在劳动者的表象中存在着，即已经观念地存在着。"③

第三，实践具有社会历史性。实践是社会性的、历史性的活动。实践从一开始就是社会性的活动。作为实践主体的人总是处在一定社会关系中，任何人的活动都离不开与社会的联系。"我们越往前追溯历史，个人，从而也是进行生产的个人，就越表现为不独立，从属于一个较大的整体：最初还是十分自然地在家庭和扩大成为氏族的家庭中；后来是在由氏族间的冲突和融合而产生的各种形式的公社中。只有到 18 世纪，在'市民社会'中，社会联系的各种形式，对个人说来，才表现为只是达到他私人目的的手段，才表现为外在的必然性。但是，产生这种孤立个人的观点的时代，正是具有迄今为止最发达的社会关系（从这种观点看来是一般关系）的时代。人是最名副其实的政治动物，不仅是一种合群的动物，而且是只有在社会中才能独立的动物。孤立的一个人在社会之外进行生产——这是罕见的事，在已经内在地具有社会力量的文明人偶然落到荒野时，可能会发生这种事情——就像许多个人不在一起生活和彼此交谈而竟有语言发展一样，是不可

---

① 《马克思恩格斯文集》第 3 卷，人民出版社 2009 年版，第 426 页。
② 《列宁全集》第 55 卷，人民出版社 2017 年版，第 183 页。
③ 《马克思恩格斯文集》第 5 卷，人民出版社 2009 年版，第 208 页。

思议的。"①

实践的社会性决定了它的历史性。实践的内容、性质、范围、水平以及方式都受一定社会历史条件的制约，随着一定社会历史条件的变化而变化，因此，实践又是历史地发展着的实践。从实践活动的能力与条件来看，"甚至当我从事科学之类的活动，即从事一种我只在很少情况下才能同别人进行直接联系的活动的时候，我也是社会的，因为我是作为人活动的。不仅我的活动所需的材料——甚至思想家用来进行活动的语言——是作为社会的产品给予我的，而且我本身的存在就是社会的活动；因此，我从自身所做出的东西，是我从自身为社会做出的，并且意识到我自己是社会存在物"。②

实践的社会历史性特征充分体现于实践的展开与超越的过程。"通过实践创造对象世界，改造无机界，人证明自己是有意识的类存在物，就是说是这样一种存在物，它把类看做自己的本质，或者说把自身看做类存在物。诚然，动物也生产。动物为自己营造巢穴或住所，如蜜蜂、海狸、蚂蚁等。但是，动物只生产它自己或它的幼仔所直接需要的东西；动物的生产是片面的，而人的生产是全面的；动物只是在直接的肉体需要的支配下生产，而人甚至不受肉体需要的影响也进行生产，并且只有不受这种需要的影响才进行真正的生产；动物只生产自身，而人再生产整个自然界；动物的产品直接属于它的肉体，而人则自由地面对自己的产品。动物只是按照它所属的那个种的尺度和需要来构造，而人却懂得按照任何一个种的尺度来进行生产，并且懂得处处都把固有的尺度运用于对象；因此，人也按照美的规律来构造。"③

(二) 实践的基本结构

人的实践活动是以优化客观世界为目的的客观过程，是实践的主体与客体之间的相互作用，这种相互作用必须借助于一定的手段和工具，即实践的中介。

1. 实践的基本要素

实践的主体、客体和中介是实践活动的三项基本要素，三者的有机统一构成

---

① 《马克思恩格斯文集》第 8 卷，人民出版社 2009 年版，第 6 页。
② 《马克思恩格斯文集》第 1 卷，人民出版社 2009 年版，第 188 页。
③ 《马克思恩格斯文集》第 1 卷，人民出版社 2009 年版，第 162～163 页。

实践的基本结构。第一，实践主体。在实践活动中，实践主体是指具有一定的主体能力、从事现实社会实践活动的人，是实践活动中自主性和能动性的因素，担负着设定实践目的、操作实践中介、改造实践客体的任务。实践主体的能力包括自然能力和精神能力，精神能力又内涉知识性因素和非知识性因素。其中知识性因素是首要的能力，既包括对理论知识的掌握，也包括对经验知识的掌握；非知识性因素主要指情感和意志因素。实践主体有个体主体、群体主体和人类主体三种基本形态。

第二，实践客体。实践客体是指实践活动所指向的对象。实践客体与客观存在的事物不完全等同，客观事物只有在被纳入主体实践活动的范围之内，为主体实践活动所指向并与主体相互作用时才成为现实的实践客体。实践客体也有不同的类型：从是否为实践所创造的角度看，可划分为天然客体和人工客体；从自然界与人类社会两个领域相区分的角度看，可划分为自然客体和社会客体；从物质性和精神性相区分的角度看，可划分为物质性客体和精神性客体；等等。

第三，实践中介。实践中介是指各种形式的工具、手段以及运用、操作这些工具、手段的程序和方法。实践的中介系统可分为两个子系统：一是作为人的肢体延长、感官延伸、体能放大的物质性工具系统，如各种机器系统和动力能源系统。火车、电脑、雷达分别是对人的腿、脑、眼功能的延伸和放大。二是语言符号工具系统。语言符号是主体思维活动进行的现实形式，也是人们社会交往得以进行的中介。正是依靠这些中介系统，实践的主体和客体才能够相互作用。

2. 实践主体与实践客体的相互作用

实践主体和客体相互作用的关系，包括实践关系、认识关系和价值关系，其中实践关系是最根本的关系。实践的主体和客体与认识的主体和客体在本质上是一致的。认识的主体和客体的关系不仅是认识和被认识的关系，而且首先是优化和被优化的关系。主体认识客体的过程，也是主体优化客体的过程。主体对客体的认识和优化，说到底是为了满足自己的需要，因而又构成了价值关系。

实践的主体、客体和中介是不断变化发展的，因而实践的基本结构也是历史地变化发展的，这种变化主要表现为主体客体化与客体主体化的双向运动。主体客体化，是人通过实践使自己的本质力量作用于客体，使其按照主体的需要发生结构和功能上的变化，形成了世界上本来不存在的对象物。它是人的体力和智力的物化体现，是主体的本质力量通过实践活动积淀、凝聚和物化在客体中。实际上，人类一切实践活动的结果都是主体客体化的结果。在主体客体化的同时，还发生着客体主体化的运动。客体主体化，是客体从客观对象的存在形式转化为主体生命结构的因素或主体本质力量的因素，客体失去客体性的形式，变成主体的一部分。例如，主体把物质工具如电脑、汽车等作为自己身体器官的延长包括在主体的活动之中，把作为精神性客体的精神产品、先进理念和思想转化为主体意识的一部分，这些都属于客体主体化的表现。

主体客体化与客体主体化的双向运动是人类实践活动两个不可分割的方面，它们互为前提、互为媒介，人类就是通过这种运动形式不断解决着现实世界的矛盾。

(三) 实践的基本形式

人类的社会生活色彩斑斓，实践活动形式丰富多样。毛泽东指出："人的社会实践，不限于生产活动一种形式，还有多种其他的形式，阶级斗争，政治生活，科学和艺术的活动，总之社会实际生活的一切领域都是社会的人所参加的。"①随着人与世界关系的发展，特别是随着社会分工的进步，人类实践的具体形式日益多样化。从内容上看，实践可分为三种基本类型：

一是物质生产实践。物质生产实践是人类最基本的实践活动，它解决人与自然的矛盾，满足人们物质生活资料和生产劳动资料的需要，同时生产和再生产社会的基本经济关系，由此决定着社会的基本性质和面貌。"人类的生产活动是最基本的实践活动，是决定其他一切活动的东西。人的认识，主要地依赖于物质的生产活动，逐渐地了解自然的现象、自然的性质、自然的规律性、人和自然的关系；而且经过生产活动，也在各种不同程度上逐渐地认识了人和人的一定的相互关系。"②

二是社会政治实践。社会政治实践是形成各种社会关系的实践活动，表现为人们之间的社会交往和政治活动。人们在物质生产实践的基础上，形成了复杂的

---

① 《毛泽东选集》第 1 卷，人民出版社 1991 年版，第 283 页。
② 《毛泽东选集》第 1 卷，人民出版社 1991 年版，第 282~283 页。

社会政治关系。与物质生产方式的变化发展相适应，社会政治实践的方式也是历史地变化的。在阶级社会中，人们之间的交往关系不可避免地打上阶级和阶级斗争的烙印，社会政治实践主要采取阶级对立和阶级斗争的形式。

三是科学文化实践。科学文化实践是创造精神文化产品的实践活动，它有各种不同的形式，其中主要的形式有科学、艺术、教育等。精神文化的生产不是一个纯粹的意识过程。人类的任何实践形式无疑都离不开意识活动，但一种活动能否被称为实践活动，关键是看它是否超出了纯粹的意识活动，是否改变了除实践主体的意识状态之外的其他存在物的状态。科学文化实践也是如此。例如，教育是一种科学文化实践活动，教师的教学活动并不是纯粹的意识活动，而是通过教书育人的全过程实际地改变受教育者的存在状态。

以上三种实践类型既各具不同的社会功能，又密切联系在一起。其中物质生产实践是最基本的实践活动，它构成全部社会生活的基础，社会政治实践和科学文化实践在物质生产实践基础上产生和发展起来，受物质生产实践的制约并对其产生能动的反作用。

随着社会的快速发展，当代人类实践出现了新的变化，呈现出许多新的发展特点，实践活动的范围越来越广泛而深入。一个突出的表现就是，现代信息技术的发展使得当代社会开始产生一种新的实践形式，即虚拟实践。虚拟实践是伴随信息化和网络化发展而产生的，其实质是主体和客体之间通过数字化中介系统在虚拟空间进行的双向对象化的活动，主要活跃于网络世界，具有交互性、开放性、间接性等特点。虚拟实践的出现为人的发展提供了多样的自由空间，极大地提升了人的活动的自主性、创造性，对人类社会生活产生了重大影响，同时也带来许多新的问题。必须看到，虚拟实践是实践活动的派生形式，具有相对独立性。

二、实践是自然存在与社会存在分化和统一的基础

人类的产生使自然界的运动变化产生了新的飞跃，出现了人类社会这一新的物质存在形态。这就是说，人的实践形成了自然界与人类社会的区别。同时，实践是人类能动地优化世界的社会性的物质活动，是自然界和人类社会统一的纽

带。这就是说，实践是自然存在与社会存在分化和统一的基础。

(一)实践促使自然存在与社会存在的分化

物质生产劳动是自然存在与社会存在的出发点。考察人类历史，我们发现"全部人类历史的第一个前提无疑是有生命的个人的存在。因此，第一个需要确认的事实就是这些个人的肉体组织以及由此产生的个人对其他自然的关系……任何历史记载都应当从这些自然基础以及它们在历史进程中由于人们的活动而发生的变更出发"。① 这是因为，人类历史的前提是现实的人的存在。而分析个人的存在又必须首先分析作为个体而存在的人的生命的生产，"一当人开始生产自己的生活资料，即迈出由他们的肉体组织所决定的这一步的时候，人本身就开始把自己和动物区别开来"，② 更深层次的是，"人们为了能够'创造历史'，必须能够生活。但是为了生活，首先就需要吃喝住穿以及其他一些东西。因此第一个历史活动就是生产满足这些需要的资料，即生产物质生活本身"。③

在实践活动过程中，物质世界被区分为自然界和人类社会两大领域。自然界是人生活于其中的客观世界，包括自在自然与人化自然。自在自然是指人类世界产生前的自然界或者是人类活动尚未触及的自然界。人化自然是指打上人类活动印记的自然界。马克思重视人化自然，但承认自在自然的先在性。"没有自然界，没有感性的外部世界，工人什么也不能创造。自然界是工人的劳动得以实现、工人的劳动在其中活动、工人的劳动从中生产出和借以生产出自己的产品的材料。"④对此，列宁指出："本能的人，即野蛮人，没有把自己同自然界区分开来。自觉的人则区分开来了。"⑤

劳动实现了人和自然之间的物质变换，实现人和自然的二重化。在《1844年经济学哲学手稿》中，马克思将"感性"看做人与自然之间的媒介。"正是在改造对象世界的过程中，人才真正地证明自己是类存在物。这种生产是人的能动的类生活。通过这种生产，自然界才表现为他的作品和他的现实。因此，劳动的对象

---

① 《马克思恩格斯文集》第 1 卷，人民出版社 2009 年版，第 519 页。
② 《马克思恩格斯文集》第 1 卷，人民出版社 2009 年版，第 519 页。
③ 《马克思恩格斯文集》第 1 卷，人民出版社 2009 年版，第 531 页。
④ 《马克思恩格斯文集》第 1 卷，人民出版社 2009 年版，第 158 页。
⑤ 《列宁全集》第 55 卷，人民出版社 2017 年版，第 78 页。

是人的类生活的对象化：人不仅像在意识中那样在精神上使自己二重化，而且能动地、现实地使自己二重化，从而在他所创造的世界中直观自身。"①

在《资本论》中，马克思对劳动过程作了深刻的剖析。劳动首先是人和自然之间的物质变换过程。在此过程中，人以自身的活动来引起、调整和控制人和自然之间的物质变换，人自身作为一种自然力和自然物质相对立。为了在对自身生活有用的形式上占有自然物质，人就使他身上的自然力——臂和腿、头和手运动起来。当人通过这种运动作用于他身外的自然并改变自然时，也就同时改变他自身的自然。在劳动实践过程中，作为人身外的自然界是物质的，人自身（作为劳动力）也是物质的，人与自然之间的传导物——工具，也是物质的。因此，人和自然的物质变换过程是客观的物质的过程。但是必须指出，劳动实践过程不是自然自身的发展过程，而是人和自然之间的物质变换过程，是人以自身的发展来规范物质变换的活动。人以外的动物，都把自身周围世界当成既定的东西，即不可改变的环境来接受，它们还没有从自然界中分离出来，因此也就不能以主体的身份同自然界进行物质变换活动。唯有人是与自然界既相统一又相对立的力量，它通过劳动实践将封闭在自然界内部的物质能量开发出来，包括机械的、物理的、化学的能量等，直至人自身智力的开发。随着劳动实践的不断发展，人与自然之间的物质、能量、信息的变换活动就愈广泛愈深入。人在劳动实践中，不断地夺取天地造化之功，使自然不断人化，同时也改变自身，并创造出一个人的世界——人类社会。这就是劳动使世界两重化为自然和社会。

（二）实践促使自然存在与社会存在的统一

劳动实践又使自然界和人类社会融为一体。人和自然之间的物质、能量、信息的变换活动，之所以是一种属于人的现实的感性活动，是因为它表现了人的生命本质。人不仅作为感性的实体而存在，更重要的是作为感性的活动而存在，它是实践的存在物。虽然作为自然的、有形体的、感性的、对象性的存在物，人和动植物一样，是受制约的和受限制的存在物，但是人的特征是能动的自然存在物，这正是"实践的唯物主义"的逻辑生长点。"从前的一切唯物主义（包括费尔巴哈的唯物主义）的主要缺点是：对对象、现实、感性，只是从客体的或者直观

---

① 《马克思恩格斯文集》第 1 卷，人民出版社 2009 年版，第 163 页。

的形式去理解。"①这里的"感性",不能简单归结为认识论机制中的感觉,也不是自然直接提供的物理、化学意义上的可感性。这种感性活动既不是动物觅食的本能活动,或低等生物生命绵延的时光流逝过程,更不是柏拉图式的理念世界的精神遨游。感性活动标志着人作为主体进行分离自然、复制自然、占有自然,使自然人化的活动,即人类认识自然、优化自然的活动,它以感性的、外在的、有用的对象化的形式展现出人内在本质的力量。正是在这个意义上,马克思把整个工业的历史和工业已经产生的对象性的存在,看成人的本质力量打开了的"书本",是感性地摆在我们面前的人的心理学。这种感性活动不断改变着外部自然界,同时也不断改变人自身的自然。原始人以最初的感性活动,使用最简陋的石器工具割断了人与自然母体之间的天然"脐带"。古人在较进步的感性活动基础上,发明了文字符号的形式,将人类生存的经验方式变成为理性的精神产品保留下来。依靠它,人类逐渐由定在走向他在,由自在走向自为,由自发走向自觉。在感性活动的基础上,现代人创造了高度先进的科学技术,使人能思考地球以外的生存价值,把人的生命意义提升到从未有过的高度。所有这一切均无可辩驳地证明:"这种连续不断的感性劳动和创造、这种生产,正是整个现存的感性世界的基础。"②

劳动是人的存在方式,也是人类社会存在与发展的基础。通过劳动实践,人不再是单纯的自然存在物,更主要的是社会存在物。通过劳动实践,人类社会既构成了自然界的有机组成部分,又形成了自身特殊的发展规律。因此,只有通过劳动实践,才能够协调人与自然的关系。

当然,自然存在与社会存和谐统一不能依靠资本主义制度,只能依靠共产主义制度。在资本主义社会,自然界成为资本家剥削工人、追逐利润的工具,人与自然出现了尖锐的对立,导致"完全违反自然的荒芜,日益腐败的自然界,成了他的生活要素"。③ 而"共产主义,作为完成了的自然主义,等于人道主义,而作为完成了的人道主义,等于自然主义,它是人和自然界之间、人和人之间的矛盾的真正解决,是存在和本质、对象化和自我确证、自由和必然、个体和类之间的

① 《马克思恩格斯文集》第 1 卷,人民出版社 2009 年版,第 499 页。
② 《马克思恩格斯文集》第 1 卷,人民出版社 2009 年版,第 529 页。
③ 《马克思恩格斯文集》第 1 卷,人民出版社 2009 年版,第 225 页。

斗争的真正解决"。①

三、实践在认识中的决定作用

实践是人类生存和发展的最基本的活动，是人类社会生活的本质，是人的认识产生和发展的基础，也是真理与价值统一的基础。"生活、实践的观点，应该是认识论的首要的和基本的观点。"②在实践和认识之间，实践是认识的基础，实践在认识活动中起着决定性的作用。

实践在认识活动中的决定作用表现在以下四个方面：

第一，实践是认识的来源。认识的内容是在实践活动的基础上产生和发展的。人们只有通过实践实际地改造和变革对象，才能准确把握对象的属性、本质和规律，形成正确的认识，并以这种认识指导人的实践活动。正如习近平指出："我们党现阶段提出和实施的理论和路线方针政策，之所以正确，就是因为它们都是以我国现时代的社会存在为基础的。"③生产实践的巨大发展，"不但提供了大量可供观察的材料，而且自身也提供了和以往完全不同的实验手段，并使新的工具的设计成为可能。可以说，真正系统的实验科学这时才成为可能"。④ 离开实践的认识是不可能产生的。一切真知都是从直接经验发源的。一个人的知识，不外直接经验和间接经验两部分。就知识的本质来说，任何知识都不能离开直接经验。但是，这并不意味着事事都必须去直接体验，"吾生也有涯，而知也无涯"，一个人的多数知识还是来自间接经验，是从书本和传授中得来的。然而，"在我为间接经验者，在人则仍为直接经验"。从根本上说，实践是认识的源头活水，要想成就一番事业，不仅要努力学习，而且要潜心实践。

第二，实践是认识发展的动力。实践的需要推动认识的产生和发展，推动人类的科学发现和技术发明，推动人类的思想进步和理论创新。马克思说："主要的困难不是答案，而是问题……问题却是公开的、无所顾忌的、支配一切个人的

---

① 《马克思恩格斯文集》第1卷，人民出版社2009年版，第185页。

② 《列宁专题文集·论辩证唯物主义和历史唯物主义》，人民出版社2009年版，第49页。

③ 《习近平关于全面深化改革论述摘编》，中央文献出版社2014年版，第11页。

④ 《马克思恩格斯文集》第9卷，人民出版社2009年版，第427~428页。

时代之声。问题是时代的格言，是表现时代自己内心状态的最实际的呼声。"①实践中出现的问题，是理论创新的起点。恩格斯说："社会一旦有技术上的需要，这种需要就会比十所大学更能把科学推向前进。"②古代水利工程、建筑、航海、战争等的需要，催生了古代的天文学、数学和力学等自然科学；生态环境保护的需要推动了生态文明理论的发展；我国党的十八大以来国内外形势深刻变化和我国各项事业快速发展催生了习近平新时代中国特色社会主义思想。实践的需要是推动认识在深度和广度上不断发展之根本。此外，实践是认识发展的动力，还表现为实践为认识的发展提供了手段和条件，如经验资料、实验仪器和工具等。更为重要的一点是，实践优化了人的主观世界，锻炼和提高了人的认识能力。"人在怎样的程度上学会改变自然界，人的智力就在怎样的程度上发展起来。"③人们正是在实践的推动下，不断打破认识上的旧框框，突破头脑中的旧思想，引起认识上的新飞跃，从而不断有所发现、有所前进。

当然，人的认识能力是至上性与非至上性、无限性与有限性的对立统一。"人的思维是至上的，同样又是不至上的，它的认识能力是无限的，同样又是有限的。按它的本性、使命、可能和历史的终极目的来说，是至上的和无限的；按它的个别实现情况和每次的现实来说，又是不至上的和有限的。"④"人不能完全地把握＝反映＝描绘整个自然界、它的'直接的总体'，人只能通过创立抽象、概念、规律、科学的世界图景等等永远地接近于这一点。"⑤

第三，实践是认识的目的。人们通过实践获得认识，不是"猎奇"或"雅兴"，不是为认识而认识，其最终目的是为实践服务，指导实践，以满足人们生活和生产的需要。自然科学的不断创新，目的是推动技术的更大发展，创造更丰富的物质财富，给人类带来更多的福祉。人文社会科学的不断创新，目的是认识社会，认识人类自身，优化社会，建设精神文明，创造精神财富，促进人的自由而全面的发展。

第四，实践是检验真理的唯一标准。真理不是自封的。"人的思维是否具有

---

① 《马克思恩格斯文集》第 1 卷，人民出版社 1995 年版，第 203 页。
② 《马克思恩格斯文集》第 10 卷，人民出版社 2009 年版，第 668 页。
③ 《马克思恩格斯文集》第 9 卷，人民出版社 2009 年版，第 483 页。
④ 《马克思恩格斯文集》第 9 卷，人民出版社 2009 年版，第 92 页。
⑤ 《列宁全集》第 55 卷，人民出版社 2017 年版，第 153 页。

客观的[gegenständliche]真理性，这不是一个理论的问题，而是一个实践的问题。人应该在实践中证明自己思维的真理性，即自己思维的现实性和力量，自己思维的此岸性。关于思维——离开实践的思维——的现实性或非现实性的争论，是一个纯粹经院哲学的问题。"①"判定认识或理论之是否真理，不是依主观上觉得如何而定，而是依客观上社会实践的结果如何而定。真理的标准只能是社会的实践。"②也就是说，认识是否具有真理性，既不能从认识本身得到证实，也不能从认识对象中得到回答，只有在实践中才能得到验证。

四、科学实践观的当代意义

科学实践观的创立和发展具有十分重要的意义，主要表现在以下几个方面：

第一，克服了旧唯物主义的根本缺陷，为辩证唯物主义奠定了科学的理论基础。旧唯物主义没能科学地理解人类实践的本质，不懂得实践在社会生活和认识活动中的决定意义。与旧唯物主义不同，唯心主义抽象地发展了主体的能动方面，但它也不理解现实的感性活动对世界、对认识的根本意义。科学实践观克服了旧唯物主义的缺陷，批判超越了唯心主义，实现了哲学史上的革命。它从实践出发理解现实世界及其与人的关系，在实践基础上把唯物论和辩证法有机统一起来，为形成现代崭新形态的唯物主义即辩证唯物主义理论奠定了坚实基础。

第二，建立了科学的、能动的、革命的反映论，实现了人类认识史上的变革。马克思坚持实践观点和辩证观点，深刻揭示了实践观点是辩证唯物主义认识论首要的和基本的观点。马克思主义以实践为基础，对人的认识活动做出了科学说明，认为认识的辩证运动是实践和认识对立统一关系的具体的、历史的展开，实践是人的认识产生和发展的基础、动力、目的，也是真理与价值统一的基础，更是检验认识真理性的唯一标准。科学的实践观，不仅驳倒了唯心主义先验论和不可知论，而且克服了旧唯物主义直观反映论的缺陷。

第三，在人类思想史上第一次揭示了社会生活的实践本质，为创建科学的历史观奠定了理论基础。旧唯物主义不理解人的实践活动是现实的、能动的活动，

---

① 《马克思恩格斯文集》第1卷，人民出版社2009年版，第500页。
② 《毛泽东选集》第1卷，人民出版社1991年版，第284页。

不理解物质生产实践在社会生活中的重要地位和作用，从而不能理解社会存在对社会意识的决定作用，成了不彻底的"半截子"唯物主义。马克思从实践出发理解和说明社会生活的本质，认为以物质生活资料生产为根本的社会实践活动是人类社会存在和发展的基础，人类历史的"真正发源地"和社会发展规律的"秘密"只能到物质生产实践中去寻找，而不能与此相反；人类社会的一切"问题"都是在实践中发生的，解决这些问题也只能通过"变革的实践"，而不能停留于"解释世界"。马克思把实践的观点贯彻到社会历史领域，创立了历史唯物主义，实现了唯物辩证的自然观和历史观的统一。

第四，为人们能动地认识世界和改造世界提供了基本的思想方法和工作方法。科学实践观充分强调实践在认识世界和改造世界中的能动作用，强调理论要付诸实践、指导实践，变为群众的行动，化为改造世界的物质力量，是人们认识世界和改造世界的锐利武器。学习并坚持这一思想方法和工作方法，有助于我们在改造主观世界与客观世界的过程中更好地发挥自己的积极性、主动性和创造性。

实践没有止境，理论创新也没有止境。我们要根据时代变化和实践发展，不断深化认识，不断总结经验，不断进行理论创新，坚持理论指导和实践探索的辩证统一，实现理论创新和实践创新的良性互动，在这种统一和互动中发展21世纪中国的马克思主义。解放思想、实事求是、与时俱进，是马克思主义活的灵魂，是应对新问题，深化对马克思主义认识的基本方法。我们应坚持实践是检验真理的唯一标准，发挥历史的主动性和创造性，不断推进理论创新、实践创新、制度创新。

专题六 唯物辩证的认识论

马克思主义在批判地继承前人认识论成果的基础上，把实践观点引入认识论，把辩证法运用于反映论，创立了能动的革命的反映论。在人类思想史上，第一次科学地解决了认识的产生和发展规律问题，实现了人类认识史上的伟大变革。唯物辩证的认识论揭示了认识的本质、辩证发展过程及其规律，准确把握了真理与价值的关系，促进了认识世界与优化世界的良性互动。

一、认识的本质与规律

要深刻而全面地理解和把握人的认识活动，必须厘清认识的本质。认识的本质是主体在实践基础上对客体的能动反映，这是唯物辩证的认识论对认识本质的科学回答。人的认识过程是一个在实践基础上不断深化的发展过程，既表现为实践基础上由感性认识到理性认识，再从理性认识到实践的具体认识过程，又表现为从实践到认识，再从认识到实践的循环往复和无限发展的总过程。

(一)唯物辩证的认识论是能动的反映论

在认识的本质问题上，存在着两条根本对立的认识路线：一条是坚持从物到感觉和思想的唯物主义认识路线，另一条是坚持从思想和感觉到物的唯心主义认识路线。唯物辩证的认识论在继承了旧唯物主义反映论的合理前提的同时，又克服了它的严重缺陷，把实践的观点引入认识论，把辩证法应用于反映论。深刻把握认识的本质，需要弄清各种哲学派别在这个问题上的不同观点。

第一，唯物主义和唯心主义对认识本质的不同回答。唯物主义认识路线坚持反映论的立场，认为认识是主体对客体的反映，人的一切知识都是从后天接触实际中得来的。我国古代唯物主义哲学家荀况就明确指出，没有什么"生而知之"，而是"求之而后得"，认为人的知识和才能都是后天学习积累而成的，而"非天性也"。

唯心主义认识路线否认认识是人脑对客观世界的反映，认为认识先于物质，先于人的实践经验。其中，主观唯心主义认为人的认识是主观自生的，是生而知之的。如王阳明提出："心之良知是谓圣。圣人之学，惟是致此良知而已。"慧能提出：既非旗动，亦非风动，仁者心动。客观唯心主义认为人的认识是上帝的启示或某种客观精神的产物。古希腊哲学家柏拉图认为存在一个独立于现实世界之外的"理念世界"，人的知识就来源于对其中"理念"的认识和回忆，故而提出了"认识即回忆"的观点。宋代朱熹主张"存天理，灭人欲"，强调"天理"。各派唯心主义哲学对此的说法和表现形式虽然有所不同，但都否认认识的客观来源，否认认识是人脑对客观世界的反映，本质上是唯心主义先验论，使认识成了无源之水、无本之木。

第二，旧唯物主义对认识本质的回答。旧唯物主义和辩证唯物主义都坚持反映论，但是两者之间有着本质的区别。

旧唯物主义认识论的基本特点是以感性直观为基础，把人的认识看成消极地、被动地反映和接受外界对象，类似照镜子那样的反射活动，所以又称为直观的、消极被动的反映论。这种认识论的缺陷，一是离开实践考察认识问题，因而不了解实践对认识的决定作用。它把认识的主体只是看成生物学意义上的人，把认识的客体只是看成人们静观的对象，把主客体之间的关系只是看成反映和被反映的关系，而不是改造和被改造的关系。二是不了解认识的辩证本性，离开辩证法来考察认识问题，因而把复杂的认识过程简单化了，把活生生的认识运动凝固化了，把多方面的认识要素片面化了。最根本的是它看不到主观和客观之间的矛盾及其相互作用，没有把认识看做一个不断发展的过程，认为认识是一次性完成的。这种直观的、消极被动的反映论是不科学的。

第三，唯物辩证的认识论是建立在实践基础上的能动的反映论。它继承了旧唯物主义的合理前提，即认识是主体对客体的反映，同时又克服其离开实践、离开辩证法考察认识问题的缺陷，坚持以科学的社会实践为特征的实践观，即实践是人类能动地优化世界的社会性的物质活动。人类认识活动是主体对客体的反映，但这种反映不是旧唯物主义"照镜子"式反映。也就是说，主体对客体的反映不可能静态地完成，而是在动态的实践活动中实现主体对客体的把握。这是马克思主义认识论即辩证唯物主义认识论与唯心主义认识论和形而上学唯物主义认识论的根本区别。正是基于此，列宁强调"辩证法也就是（黑格尔和）马克思主义的认识论"。①

唯物辩证的认识论具有两个突出的特点：一是把实践的观点引入认识论。唯物辩证的认识论把实践的观点作为整个认识论的基础，以实践的观点阐述人的认识活动及其规律，科学地规定了认识的主体和客体及其相互关系，对认识的发生和发展、认识的目的和作用、认识正确与否的检验标准等一系列重要的认识论问题，做出了同旧唯物主义认识论完全不同的科学解释。二是把辩证法应用于事物发展的全过程。它科学地揭示了认识过程中多方面的辩证关系，例如主观和客观、认识和实践、感性和理性、真理的绝对性和相对性、真理和价值等方面的关系，把认识看成一个由不知到知、由浅入深的充满矛盾的能动的认识过程，全面地揭示了认识过程的辩证性质。这种以实践观点和辩证观点为特征的能动反映论，不仅克服了旧唯物主义认识论的局限性，也彻底驳倒了不可知论所认为的人的认识能否正确反映客观事物是无法证明的这一观点。

（二）对认识的本质的科学回答

唯物辩证的认识论认为，认识的本质是主体在实践基础上对客体的能动反映。这种能动反映不但具有反映客体内容的反映性特征，而且具有实践所要求的主体能动的、创造性的特征。一方面，认识的反映特性是人类认识的基本特性。认识的反映特性是指人的认识必然要以客观事物为原型和摹本，在思维中再现或摹写客观事物的状态、属性和本质。人的认识不论表现形式多么抽象和复杂，归根结底是对客观对象的反映，所以，反映的摹写性表明了反映的客观性。另一方面，认识的能动反映具有创造性。认识是一种在思维中的能动的、创造性的活动，而不是主观对客观对象简单、直接的描摹或照镜子式的原物再现。人们为了在实践中实现预定的目的，不仅要反映事物的现象，更要把握事物的本质。如何透过现象看本质，需要人们运用辩证逻辑的思维方法，在观念中分解、加工和改

---

① 《列宁全集》第 55 卷，人民出版社 2017 年版，第 308 页。

造对象，进行创造性的思维活动。人类思维探寻把握事物本质的抽象活动，鲜明体现了认识的能动性和创造性。基于这种认识，人类结合自己的需要在头脑中创新出新客体的理想形态和功能更是一种能动的、创造性的活动，如众多人类重大科技成果的问世，都彰显了人的认识活动的创造性意义。总之，能动反映的创造性对于人的认识的形成、发展和运用尤为重要。

在人的认识活动中，反映特性与能动的创造特性是不可分割的。反映和创造不是人类认识的两种不同的本质，而是同一本质的两种不同的功能，是一个硬币的两面。其一，创造离不开反映，创造存在于反映之中，创造过程是在相互联系的多个方面的反映基础上实现的。其二，反映也离不开创造，反映是在创造过程中实现的。认识主体对认识客体进行反映，"既不能用显微镜，也不能用化学试剂。二者都必须用抽象力来代替"。① 所以，人的认识是反映性或摹写性与创造性的统一。只坚持认识的反映性，看不到认识能动的创造性，就重复走上了旧唯物主义直观反映论的错误之路；相反，只坚持认识能动的创造性，使创造性脱离反映性，就会把创造变成主观随意，从而滑向唯心主义和不可知论。这两种倾向都不符合实际的认识活动，而且也会给实践带来危害。只有以科学的实践观为基础，坚持反映性和创造性的辩证统一，才能真正弄懂认识的本质和规律。

(三) 从"认识"与"意识"的联系和区别角度探讨认识的本质

"意识"和"认识"是马克思主义基本原理两个重要的基本概念。长期以来，我们经常将这两个概念要么混同，要么浅尝辄止。统编《马克思主义基本原理概论》将"意识"表述为"人脑的机能和属性，是对客观世界的主观映象"，② 将"认识"表述为"主体在实践基础上对客体的能动反映"。③ 这两个定义，除了后一个强调"实践"之外，其基本含义是一样的，即都是"主体对客体能动的反映"。显然，这样给"意识"和"认识"下定义是不科学的，它给人们造成这样一种错觉："认识"和"意识"这两个概念是等同的。实际上，"意识"和"认识"这两个概念尽

---

① 《马克思恩格斯文集》第 5 卷，人民出版社 2009 年版，第 8 页。
② 本书编写组：《马克思主义基本原理概论》，高等教育出版社 2021 年版，第 25 页。
③ 本书编写组：《马克思主义基本原理概论》，高等教育出版社 2021 年版，第 71 页。

管都是客观现实在人脑中的反映，但二者只是在解决哲学基本问题的第一方面（即在区分物质与意识谁是第一性、谁是第二性时）才是一致的，离开解决哲学基本问题的第一方面，二者就不一致了。若把它们直接等同起来，就会犯简单化的错误。

"意识"和"认识"都是人脑对客观现实的反映，不承认这一点，就会离开唯物主义的立场，犯下否认反映论的错误。但是，并非所有对客观现实的反映都是"意识"。客观现实在人脑中的反映，是随着个体自身实践水平的发展，而在反映层次、深度、过程和结果等方面呈现出差异。正是这种差异性，决定了"意识"与"认识"这两个概念的区别。具体说来，二者有以下几方面的区别。

首先，二者对客观现实反映的层次不同。客观现实在人脑中的反映，最初是表现为心理。而人的心理，既包括感觉、知觉、表象（印象）、概念、判断、推理，又包括记忆、情感、性格、能力、意志、利益、愿望等形式。"认识"和"意识"尽管都是心理现象，但二者对客观现实反映的形式有所不同。感觉、知觉、表象（印象）、概念、判断、推理是"认识"的反映形式。而"意识"的反映形式只包括概念、判断、推理，而不包括感觉、知觉、表象（印象）。这就是说，从反映的形式来看，"意识"的外延比"认识""心理"都来得小。如果把人的"心理""认识"和"意识"这三方面统一起来考察，那么，可以用一个同心圆来表示三者之间的相互关系。在这个同心圆中，"意识"处于最高层次，其次是"认识"，最低层次是"心理"。从此我们可以发现，"认识"作为人脑对客观现实反映的一个层次，它与"意识"有某种共同点，即同属于人的"心理"，从这方面来看，"意识"也是一种"认识"。但是，并非所有的"认识"都是"意识"，只有那些处于最高反映层次的"认识"才属于"意识"。"意识"是人脑对客观现实反映的最高层次，是一种特殊的"认识"。三者的关系是：人的"心理"是人脑对客观现实反映的最初阶段；"认识"是由人的"心理"向"意识"过渡的中介；而"意识"则是人的"心理"发展的最高形式。

其次，二者对客观现实反映的深度不同。由于"认识"和"意识"处于人脑对客观现实反映的不同层次，因而在对客观现实反映的深度上也有所不同。就"认识"来说，它所反映的对象是客观现实本身，而"意识"则是对客观现实本身的把握。也就是说，人脑对客观现实的反映，并不是全部内容都是人脑所能意识到的。"认识"只能"认识到"客观现实本身，而"意识"不仅能"认识到"，并且能"意识到"客观现实本身。"意识到"首先必须"认识到"，但"认识到"不一定都能"意识到"，没有理解的意识一般是不存在的。正如马克思所指出的："意识在任何时候都只能是被意识到了的存在"，① 但是人"并非一开始就是'纯粹的'意识"，② "意识起初只是对直接的可感知的环境的一种意识，是对处于开始意识到自身的个人之外的其他人和其他物的狭隘联系的一种意识。同时，它也是对自然界的一种意识，自然界起初是作为一种完全异己的、有无限威力的和不可制服的力量与人们对立的"。③ 在这里，马克思强调指出，知道某种事物并不一定能"意识到"某种事物，只有被"意识到"的客观现实，才能真正进入意识，"意识"并不是被反映的客观现实本身，而是对客观现实本身的把握。

最后，从反映的过程和结果来看，"认识"体现了人脑对客观现实反映的过程，而"意识"则体现了人脑对客观现实反映的结果。人对客观现实的认识，一般说来是和所面临的实践或所认识的任务有紧密联系的。一旦人们为了完成某种任务而必须从许多事物中区分出某一特定事物时，这些事物就会被人们所自觉地认识到。这种自觉地区分客观事物之间的关系，从而不断地获得和发展新知识的过程，是认识的一个重要特点。每一个个体在自己的学习或研究过程中，都要获得和发展知识，这种获得和发展知识的过程就是"认识"。正因为如此，我们说，"认识"体现了人脑对客观现实反映的过程。

而"意识"则有所不同。"意识"这种人所特有的反映形式，是在人的劳动过程中和语言一道发生和发展的。"语言和意识具有同样长久的历史；语言是一种实践的、既为别人存在因而也为我自身而存在的、现实的意识。"④人是通过言语（内部言语或外部言语）实现着有意识的反映。有意识的反映具有词的形式。人借助词来反映现实的时候，它关于客观现实的直接印象就成为有意识的、自觉的，它的反映就表现为知识等观念形式。这就是说，"意识"对客观现实的反映不是停留在感性活动和理性活动的水平上，而是以此为基础，对来自客观现实的一般东西，进行高度的分析与综合，通过思考作用，自觉地处理或调节思维活

---

① 《马克思恩格斯文集》第 1 卷，人民出版社 2009 年版，第 525 页。
② 《马克思恩格斯文集》第 1 卷，人民出版社 2009 年版，第 533 页。
③ 《马克思恩格斯文集》第 1 卷，人民出版社 2009 年版，第 533~534 页。
④ 《马克思恩格斯文集》第 1 卷，人民出版社 2009 年版，第 533 页。

动，从而形成一种新质——知识。前面我们已经指出，反映在人的"意识"中的客观现实并不是一开始就有的，它必须有一个获得和发展的过程，而这个过程的实现以是否获得知识以及对知识是否理解为标志。也就是说，作为心理反映的最高形式的"意识"，不仅具有对客观现实有所知的一面，而且，更重要的是必须具有某种理解、分析、综合、概括、判断并进而形成某种知识体系的一面。而知识的产生，正是认识过程的结果，它是这两方面的有机统一。正如马克思所指出的："意识的存在方式，以及对意识来说某个东西的存在方式，就是知识。知识是意识的唯一的行动。因此，只要意识知道某个东西，那么这个东西对意识来说就生成了。知识是意识的唯一的对象性的关系。"①在这里，马克思明确指出："意识的生成"是以获得某种知识相联系的，并通过知识来表现它的存在。

确实，"意识"和"认识"这两个概念既有联系又有区别，把它们简单地等同起来是不对的。有学者认为，"意识"是人脑的机能，是客观现实在人的心理活动基础上，经过认识的中间环节而在人脑中的最高反映形式；"认识"是意识产生和发展的一种形式，是主体对客体能动地反映并获得知识的过程。

马克思对意识有两个经典的定义：一是"意识在任何时候都只能是被意识到了的存在"；② 二是"观念的东西不外是移入人的头脑并在人的头脑中改造过的物质的东西而已"。③

(四) 认识运动的辩证过程及其规律

人们认识一定事物的过程，是一个从实践到认识，再从认识到实践的过程。列宁认为："从生动的直观到抽象的思维，并从抽象的思维到实践，这就是认识真理、认识客观实在的辩证途径。"④认识的过程首先是从实践到认识的过程，这个过程主要表现为在实践基础上认识活动由感性认识能动地飞跃到理性认识，也就是"从生动的直观到抽象的思维"，这是认识运动的第一次飞跃。第二次飞跃是从认识到实践的飞跃，是从认识世界到优化世界的过程，也是在实践中检验和

---

① 《马克思恩格斯文集》第 1 卷，人民出版社 2009 年版，第 212 页。
② 《马克思恩格斯文集》第 1 卷，人民出版社 2009 年版，第 525 页。
③ 《马克思恩格斯文集》第 5 卷，人民出版社 2009 年版，第 22 页。
④ 《列宁全集》第 55 卷，人民出版社 2017 年版，第 142 页。

发展认识的过程，是更为重要、意义更加重大的飞跃。

1. 从实践到认识

从实践到认识的过程，"这是整个认识过程的第一个阶段，即由客观物质到主观精神的阶段，由存在到思想的阶段"。① 感性认识和理性认识是人对客观世界的两种不同水平的反映形式，也是认识过程的两个不同阶段。

感性认识是人们在实践基础上，由感觉器官直接感受到的关于事物的现象、事物的外部联系、事物的各个方面的认识。它包括感觉、知觉和表象三种形式。感觉是人的感觉器官对客观事物的个别属性、个别方面的直接反映，"依赖于大脑、神经、视网膜等等，也就是说，依赖于按一定方式组成的物质"。② "是存在于我们之内的，是由物对我们感官的作用所引起的。"③它是感性认识也是整个认识过程的起始环节。知觉是人的感觉器官对客观事物外部特征的整体的反映，如将苹果色、香、味等方面的感觉结合起来，就形成对苹果的整体知觉。表象是感性认识的高级形式，它是人脑对过去的感觉和知觉的回忆，是曾经作用于感觉器官的客观对象的形象再现。

从感觉、知觉到表象，是由个别的特性到完整的形象，由当时的感知到印象的直接保留和事后回忆的认识过程，这里已经包含认识由部分到全体、由直接到间接的趋势。但总体说来，感性认识是认识的初级阶段，作为"生动的直观"，直接性是感性认识的突出特点。因为感性认识用具体的、生动的形象直接反映外部世界，以事物的现象即外部联系为内容，还没有深入到对事物本质的认识，所以必须进一步上升到理性认识。

理性认识是指人们借助抽象思维，在概括整理大量感性材料的基础上，达到关于事物的本质、全体、内部联系和事物自身规律性的认识。理性认识包括概念、判断、推理三种形式。概念是对同类事物共同的一般特性和本质属性的概括和反映，是思维的细胞，也是最基本的思维形式，如家庭、社会、国家、民族等就是一些基本的概念。理性认识的其他形式，都是在概念的组合和深化的过程中

---

① 《毛泽东文集》第 8 卷，人民出版社 1999 年版，第 320 页。
② 《列宁全集》第 18 卷，人民出版社 2017 年版，第 49 页。
③ 《列宁全集》第 18 卷，人民出版社 2017 年版，第 87 页。

形成和发展的。判断是展开了的概念，是对事物之间的联系和关系的反映，是对事物是什么或不是什么、是否具有某种属性的判明和断定。推理在形式上表现为判断与判断之间的联系，它是从事物的联系或关系中由已知合乎逻辑地推出未知的反映形式。

从概念到判断再到推理，是理性认识由低级到高级的发展。人们在社会实践中形成概念、做出判断、进行推理，表现为一系列的抽象概括、分析和综合，所以这个阶段就是"抽象的思维"阶段。理性认识是认识的高级阶段，具有抽象性和间接性的特点。它以反映事物的本质为内容，因而是深刻的。

感性认识和理性认识的性质虽然不同，但二者的关系是辩证统一的。第一，感性认识有待于发展和深化为理性认识。感性认识是认识的初级阶段，是对事物外部联系的认识，而认识的任务在于经过感觉达到对事物的本质、规律性的认识，因而感性认识还不是完全的认识。正如毛泽东所指出的："认识有待于深化，认识的感性阶段有待于发展到理性阶段——这就是认识论的辩证法。"①

第二，理性认识依赖于感性认识。感性认识是认识过程的起点，是达到理性认识的必经阶段，没有感性认识，就没有理性认识。"从认识过程的秩序说来，感觉经验是第一的东西，我们强调社会实践在认识过程中的意义，就在于只有社会实践才能使人的认识开始发生，开始从客观外界得到感觉经验。一个闭目塞听、同客观外界根本绝缘的人，是无所谓认识的。认识开始于经验——这就是认识论的唯物论。"②理性认识对感性认识的这种依赖关系，是认识对实践依赖关系的重要表现。

第三，感性认识和理性认识相互渗透、相互包含。这表现为二者没有绝对分明的界限，一方面，感性中有理性，人的感觉是渗透着理性的感觉；另一方面，理性中有感性，理性不仅以感性材料为基础，而且也以文字符号等感性形式的语言作为表达手段。"我们的实践证明：感觉到了的东西，我们不能立刻理解它，只有理解了的东西才更深刻地感觉它。"③这段话形象地说明了感性认识上升为理性认识的重要性以及二者关系的交融性。

---

① 《毛泽东选集》第 1 卷，人民出版社 1991 年版，第 291 页。
② 《毛泽东选集》第 1 卷，人民出版社 1991 年版，第 290 页。
③ 《毛泽东选集》第 1 卷，人民出版社 1991 年版，第 286 页。

感性认识和理性认识的辩证统一关系是在实践的基础上形成的，也需要在实践中发展。针对一些人实践体会虽多，然而在把实践体会上升到理论高度，再从理论高度看问题、解决问题上的弱势，习近平指出，如果我们能将理论高度与实践深度有机地结合起来，就能更好地做好领导工作。如果割裂二者的辩证统一关系，要么走向唯理论，即否认感性认识而片面夸大理性认识的作用，在实际工作中犯教条主义的错误；要么走向经验论，即否认理性认识而片面夸大感性认识的作用，导致实践中的经验主义。

从感性认识上升到理性认识，不是一个随意的主观愿望，而是必须具备两个基本条件：第一，投身实践，深入调查，获取十分丰富和合乎实际的感性材料。这是实现由感性认识上升到理性认识的基础。因为"理论创新只能从问题开始。从某种意义上说，理论创新的过程就是发现问题、筛选问题、研究问题、解决问题的过程"。① 第二，必须经过思考的作用，运用理论思维和科学抽象，将丰富的感性材料加以去粗取精、去伪存真、由此及彼、由表及里的改造制作，形成概念和理论的系统。之所以如此，是因为"理论思维的起点决定着理论创新的结果"。②

认识活动是一个复杂的运动过程，表现为无论在感性认识中还是在理性认识中，都有非理性因素的作用。非理性因素是指由知、情与意所构成的主体认识结构中的"情"与"意"，即认识主体的情感和意志。同时，非理性因素还包括动机、欲望、信念、信仰、习惯、本能等。从广义方面来看，非理性因素还包括人的认识能力中不能被逻辑思维的概念所包含的主体心理形式，如幻想、想象、猜测、顿悟、直觉、灵感等。当然，人的认识过程是理性因素和非理性因素协同作用的结果。美好的心境、坚韧的意志、饱满的热情等，往往能调动主体的精神力量，去努力实现实践的目标。

2. 从认识到实践

从认识到实践，是"认识过程的第二个阶段，即由精神到物质的阶段，由思

---

① 《习近平谈治国理政》第 2 卷，外文出版社 2017 年版，第 342 页。
② 《习近平谈治国理政》第 2 卷，外文出版社 2017 年版，第 342 页。

想到存在的阶段"。① 这是认识过程的第二次能动的飞跃。从认识到实践的飞跃，是更为重要的飞跃，意义更加重大，其必要性和重要性体现在以下两个方面：

第一，认识世界的目的是为了优化世界。毛泽东指出："马克思主义的哲学认为十分重要的问题，不在于懂得了客观世界的规律性，因而能够解释世界，而在于拿了这种对于客观规律性的认识去能动地改造世界。"②从感性认识上升到理性认识的第一次飞跃，认识的结果仍然是观念的存在，把观念的存在转变成现实的存在，必须经过从认识到实践的飞跃。在马克思主义看来，理论是重要的，理论是行动的指南，没有革命的理论就没有革命的行动，没有正确的理论就没有正确的行动。理论的终极意义在于能够指导行动。如果把正确的理论束之高阁，或夸夸其谈而不加以实行和运用，那么，再好的理论也是没有意义的。对此，习近平形象地指出："要按照已经认识到的规律来办，在实践中再加深对规律的认识，而不是脚踩西瓜皮，滑到哪里算哪里。"③理性认识回到实践的过程，既是理论指导实践的过程，又是理论完善自身的过程。

第二，认识的真理性只有在实践中才能得到检验和发展。理论是否正确，在从感性认识到理性认识的第一次飞跃中，是没有得到证实也不可能得到证实的。只有将已经获得的理论运用到实践中去，通过实践的检验，正确的理论才能得到证实，错误的理论才能被发现、纠正或推翻，并在指导实践、实现自身的过程中得到完善和发展。这就是检验理论和发展理论的过程，是整个认识过程的继续。如果没有这个阶段，对事物的认识就还没有完成。

实现由认识向实践的飞跃，需要经过一定的中介环节，包括确定实践目的，即为了什么而实践；形成实践理念，即实践的理想蓝图是什么；制定实践方案，即把实践理念具体化为计划、措施和手段；进行中间实验，即先在小范围内进行试点，取得经验后再逐步推广，以及运用科学的实践方法等。除此之外，从认识到实践的最后一个环节，是对人民群众进行组织和宣传，让理论为群众所掌握，并转化为优化世界的物质力量。只有这样，理论才能真正发挥指导作用，并随着实践的发展而发展。

---

① 《毛泽东文集》第 8 卷，人民出版社 1999 年版，第 320 页。
② 《毛泽东选集》第 1 卷，人民出版社 1991 年版，第 292 页。
③ 《习近平关于全面深化改革论述摘编》，中央文献出版社 2014 年版，第 43 页。

3. 认识运动的基本规律

从实践到认识，再从认识到实践，实现了人们认识具体事物的辩证运动过程。经历了两次飞跃，实践与认识的运动就算完成了吗？回答是既完成了，又没有完成。

说它"完成了"，是针对具体事物的认识而言的。在由认识到实践飞跃的这个阶段，如果能够实现预想的目的，预定的思想、理论、计划和方案在实践中变为事实，或大体变为事实，那么，人们对于在某一发展阶段内的某一客观过程的认识运动就算是完成了。如工程计划的实现、科学假想的证实、优秀艺术作品的完成、社会主义由理念到现实的落地等，都算实现了预想的目的，证实了原来的认识。然而，人们在实践中得来的思想、理论、计划和方案毫无改变地实现的情况很少。一是因为事物是复杂和多变的，即使是对个别的、具体的事物的认识，也要经历多次反复。二是从事变革现实的人不但受科学技术条件的限制，而且受到客观过程的发展及其表现程度的限制。在实践中出现出乎预料的情况时，原定的思想、理论、计划和方案，出现部分或全部不符合实际、部分错了或全部错了的状况都是可能的，因此，思想、理论、计划和方案的部分改变和调整甚至全部改变也是可能的。许多时候，经过多次失败，不断纠错，才能实现主客观的统一，在实践中得到预想的结果。

说它"又没有完成"，是针对实践和认识运动过程的向前推移、向前发展而言的。人们的实践是向前推移、向前发展的，人们的认识运动也应跟着推移和发展。经过由实践到认识，再由认识到实践这样的多次反复，某一思想、理论、计划和方案在实践中达到了预期的结果，这只是对某一个别事物或某一类事物的认识运动。然而，正如习近平指出的："实践没有止境，理论创新也没有止境。世界每时每刻都在发生变化，中国也每时每刻都在发生变化，我们必须在理论上跟上时代。"①变革客观现实的实践一次又一次地向前，人们对于客观现实的认识也就一次又一次地深化。客观现实世界的变化运动永远不会完结，人们在实践中对于真理的认识也就永远没有完结。因此，要"不断认识规律，不断推进理论创新、

---

① 习近平：《决胜全面建成小康社会 夺取新时代中国特色社会主义伟大胜利——在中国共产党第十九次全国代表大会上的报告》，人民出版社 2017 年版，第 26 页。

实践创新、制度创新、文化创新以及其他各方面创新"。①

认识运动之所以呈现这一过程，这是由于，对事物的认识，表现为对事物有所规定。但任何现实的规定，都是对于现实生活的一种抽象，因而必定是有限的。"人的认识不是直线（也就是说，不是沿着直线进行的），而是无限地近似于一串圆圈、近似于螺旋的曲线。这一曲线的任何一个片断、碎片、小段都能被变成（被片面地变成）独立的完整的直线，而这条直线能把人们（如果只见树木不见森林的话）引到泥坑里去，引到僧侣主义那里去（在那里统治阶级的阶级利益就会把它巩固起来）。"②

毛泽东强调："一个正确的认识，往往需要经过由物质到精神，由精神到物质，即由实践到认识，由认识到实践这样多次的反复，才能够完成。"③如此"实践、认识、再实践、再认识，这种形式，循环往复以至无穷，而实践和认识之每一循环的内容，都比较地进到了高一级的程度"。④ 这就是认识辩证运动发展的基本过程，也是认识运动的总规律，表明认识是一个反复循环和无限发展的过程。这个过程既是认识在实践基础上沿着科学性方向不断深化发展的过程，也是实践在认识的指导下沿着合理性方向不断深入推进的过程。这个过程既不是封闭式的循环，也不是直线式的发展，往往充满了曲折以至反复，因而是一个波浪式前进和螺旋式上升的过程。

在实践和认识的辩证运动中，主观必须统一于客观，认识必须统一于实践。这种统一是认识和实践的矛盾在发展中的统一，是具体的历史的统一。所谓具体的统一，是指主观认识要与一定时间、地点、条件下的客观实践相符合，它是具体的，而不是抽象的；所谓历史的统一，是说主观认识要同特定历史发展阶段的客观实践相符合。由于客观实践是具体的、历史的，所以，主观认识也应是具体的、历史的。客观实践变化了，主观认识也应当随之转变。"我们的结论是主观和客观、理论和实践、知和行的具体的历史的统一，反对一切离开具体历史的

---

① 习近平：《决胜全面建成小康社会 夺取新时代中国特色社会主义伟大胜利——在中国共产党第十九次全国代表大会上的报告》，人民出版社 2017 年版，第 26 页。

② 《列宁全集》第 55 卷，人民出版社 2017 年版，第 311 页。

③ 《毛泽东文集》第 8 卷，人民出版社 1999 年版，第 321 页。

④ 《毛泽东选集》第 1 卷，人民出版社 1991 年版，第 296~297 页。

'左'的或右的错误思想。"①

二、真理与价值

为了满足自身生存和发展的需要，人们必须通过实践优化世界。在这一过程中，不仅存在主观符合客观的真理问题，而且存在按照主体的需要认识世界和优化世界的价值问题。

(一)真理

真理是客观的还是主观的，是一元的还是多元的，是一成不变的还是不断发展的，对这些问题的不同回答构成了不同的真理观。

1. 真理的客观性

真理是不是客观的，这是真理观中的首要问题。对于这个问题，一切唯物主义都作了肯定回答，一切唯心主义都作了否定回答。在哲学史上，休谟认为真理是"观念与主体感觉相符合"，贝克莱断言"真理存在于观念之中"，康德认为"真理是思维与它的先验形式相一致"，这些是主观唯心主义的真理观。柏拉图认为"真理是某种超验的、永恒的'理念'"，黑格尔说"真理是'绝对理念'的自我显现"，这些是客观唯心主义的真理观。他们对真理本质的理解都是不科学的。马克思主义继承并发展了唯物主义认识路线和人类认识的优秀成果，从认识和实践统一的高度上科学地揭示了真理的本质。

马克思主义认为，真理是标志主观与客观相符合的哲学范畴，是对客观事物及其规律的正确反映。所谓正确反映，是指真理是在实践基础上主体认识对客体本质和规律的符合、一致和接近。马克思主义真理观与旧唯物主义真理观的"符合论"不同之处就在于，它认为真理与客观事物之间的符合关系，是建立在人类能动地优化客观世界的实践基础上的，是通过人的能动的反映活动而实现的，并且必然随着人类实践的发展而拓展和深化。

---

① 《毛泽东选集》第 1 卷，人民出版社 1991 年版，第 296 页。

真理的客观性指真理的内容是对客观事物及其规律的正确反映，真理中包含着不依赖于人和人的意识的客观内容。马克思早期提出的"真理占有我，而不是我占有真理"，① 就是对真理客观性的理解。

客观性是真理的本质属性，但是真理的形式又是主观的，真理通过感觉、知觉、表象、概念、判断、推理等主观形式表达出来。真理的主观形式是一切认识所固有的。某一认识成为真理的决定性条件，并不在于它采取何种主观形式，而在于它能正确地反映对象的本质和规律。既不能因为真理的客观性而把真理等同于客观实在，也不能因为真理具有主观形式而把真理误认为主观产物。"真理面前人人平等"其实就是真理客观性的另一种表达。至于有人将"法律面前人人平等"联系起来，简单以为"法律"就是"真理"，这是犯了简单化理解真理的错误。我们知道，真理是哲学上所说的一种认识，但法律是社会生活中一种制度，二者不是一回事。作为制度的法律，是复杂社会关系的反映。因此，法律必然包含对复杂社会关系的正确认识。从这种意义上说，法律是建立在真理基础上的，至于"真理面前人人平等"的"平等"是指真理没有阶级性，不以阶级意志而转移，而"法律面前人人平等"的"平等"，是指社会中任何人都得接受法律的制约，而不能凌驾于法律之上。从哲学意义上说，平等是过程与结果的统一、内容与形式的统一，也是相对与绝对的统一。平等是相对的，没有绝对的平等。平等是具体的，无实质内容的平等是虚幻的平等。平等是蕴涵一定过程的结果，没有过程的平等是绝对的平等。"法律面前人人平等"是指在法律面前，每个人的人格尊严与法律地位的平等。这种平等，更多的是形式上的平等，尽管实质上不一定平等。可见，准确理解法律的形式平等、实质平等，必须掌握关于平等的辩证法。

真理是客观的，凡真理都是客观真理，这是真理问题上的唯物论。一切唯物主义认识论都承认和强调真理的客观性，它是唯物主义认识论即反映论的一般原理在真理问题上的贯彻。列宁指出："认为我们的感觉是外部世界的映象；承认客观真理；坚持唯物主义认识论的观点，——这都是一回事。"②

真理的客观性决定了真理的一元性。真理的一元性是指在同一条件下对于特

---

① 《马克思恩格斯全集》第 1 卷，人民出版社 1995 年版，第 110 页。

② 《列宁专题文集·论辩证唯物主义和历史唯物主义》，人民出版社 2009 年版，第 36 页。

定的认识客体的真理性认识只有一个，而不可能有多个。真理的客观内容就是客观事物的实际状况，而特定条件下客观事物存在和运动的实际状况也是特定的唯一。在同一条件下，人们对同一客观事物的多种不同认识中只有一种属于真理性的认识，即与特定的认识客体的状态、本质和规律相一致的认识才是真理。尽管由于认识主体在立场、观点、方法等方面的差异，会导致人们关于同一客体的认识结果往往有所不同，有时甚至截然相反，但这并不表明多样的观点都是真理。认识是多元的，但真理是一元的。

值得注意的是，真理是一元的是针对真理的客观内容而言的，单从真理的主观形式看，真理的表现又是多样的，同一真理可以采取不同的语言形式、不同的理论形式来表达，但它们在内容上都是对同一事物的本质和规律的反映。真理是内容上的一元性与形式上的多样性的统一。

真理的客观性表明，要想发现真理、拥有真理、发展真理并在实践中取得成功，只能采取老老实实的科学态度，尊重真理并按真理办事。

2. 真理的绝对性和相对性

真理是一个过程。就真理的发展过程以及人们对它的认识和掌握程度来说，真理既具有绝对性，又具有相对性，它们是同一客观真理的两种属性，这是真理问题上的辩证法。任何真理都是绝对性和相对性的统一，二者相互联系、不可分割。

第一，真理的绝对性。真理的绝对性是指真理主客观统一的确定性和发展的无限性。它有两个方面的含义：一是指任何真理都标志着主观与客观之间的符合，都包含着不依赖于人和人的意识的客观内容，都同谬误有原则的界限。这一点是绝对的、无条件的。在这个意义上，承认了真理的客观性也就是承认了真理的绝对性。正如列宁所说："当一个唯物主义者，就要承认感官给我们揭示的客观真理。承认客观的即不依赖于人和人类的真理，也就是这样或那样地承认绝对真理。"①二是人类认识按其本性来说，能够正确认识无限发展着的物质世界，认识每前进一步，都是对无限发展着的物质世界的接近，这一点也是绝对的、无条

---

① 《列宁专题文集·论辩证唯物主义和历史唯物主义》，人民出版社 2009 年版，第 39页。

件的。在这个意义上，承认了世界的可知性，承认人能够获得关于无限发展着的物质世界的正确认识，也就是承认了真理的绝对性。正如恩格斯所说："对自然界的一切真实的认识，都是对永恒的东西、对无限的东西的认识，因而本质上是绝对的。"①

第二，真理的相对性。真理的相对性是指人们在一定条件下对客观事物及其本质和发展规律的正确认识总是有限度的、不完善的。它具有两个方面的含义：一是从客观世界的整体来看，任何真理都只是对客观世界的某一阶段、某一部分的正确认识，人类已经达到的认识的广度总是有限度的，因而，认识有待扩展。二是就特定事物而言，任何真理都只是对客观对象一定方面、一定层次和一定程度的正确认识，认识反映事物的深度是有限度的，或是近似性的。因而，认识有待深化。正如列宁所说："人不能完全地把握=反映=描绘整个自然界、它的'直接的总体'，人只能通过创立抽象、概念、规律、科学的世界图景等等永远地接近于这一点。"②也就是说，任何真理都只能是主观对客观事物近似正确即相对正确的反映。

第三，真理的绝对性和相对性的关系。真理的绝对性和相对性是辩证统一的。其一，二者相互依存。即人们对于客观事物及其本质和规律的每一个正确认识，都是在一定范围内、一定程度上、一定条件下的认识，因而是相对的和有局限的；但是，在这一定范围内、一定程度上、一定条件下，它又是对客观对象的正确反映，因而它又是无条件的、绝对的。其二，二者相互包含。一是真理的绝对性寓于真理的相对性之中。任何真理所包含的客观内容都只能是人们在特定历史条件下所把握到的，都只是对客观世界及其事物的一定范围、一定程度的正确反映。二是真理的相对性包含并表现着真理的绝对性。任何真理都与谬误有本质的区别，标志着人们在一定范围内和一定层次上达到了对于无限发展着的物质世界的正确认识，包含着确定的客观内容。毛泽东把真理的绝对性与相对性的关系比喻为长河与水滴的关系，"马克思主义者承认，在绝对的总的宇宙发展过程中，各个具体过程的发展都是相对的，因而在绝对真理的长河中，人们对于在各个一定发展阶段上的具体过程的认识只具有相对的真理性。无数相对的真理之总和，

---

① 《马克思恩格斯文集》第 9 卷，人民出版社 2009 年版，第 499 页。
② 《列宁全集》第 55 卷，人民出版社 2017 年版，第 153 页。

就是绝对的真理"。①

真理永远处在由相对向绝对的转化和发展中，是从真理的相对性走向绝对性、接近绝对性的过程。任何真理性的认识都是由真理的相对性向绝对性转化过程中的一个环节，这是真理发展的规律。

真理的绝对性与相对性根源于人认识世界的能力的无限性与有限性、绝对性与相对性的矛盾。人类的思维按其本性、可能和历史的终极目的来说，是能够认识无限发展着的物质世界的，思维是无限的和绝对的。但是，具体到每一个人乃至每一代人，由于受到客观事物及其本质的显露程度、社会历史的实践水平、主观的条件以及生命的有限性等各方面的限制，其思维又是有限的和相对的。人的认识能力、思维能力是无限性与有限性、绝对性与相对性的对立统一，作为人的正确认识成果的真理，也必然是绝对性和相对性的对立统一。

割裂真理的绝对性与相对性的辩证关系，就会走向形而上学的真理观，即绝对主义和相对主义。绝对主义又称独断论，片面夸大真理的绝对性，否认真理的相对性，认为真理是永恒不变的，把人类认识之旅中的"里程碑"当成了"终点站"，因而堵塞了人类认识进一步发展的道路。实际工作中的教条主义，把马克思主义当做一成不变的公式，到处生搬硬套，就是绝对主义的表现。与此相反，相对主义则片面夸大真理的相对性，否认真理的绝对性，从而导致错误做法，即借口真理是发展的而否认真理内容的客观性，认为原来的真理已经不是真理了而将它丢弃或推翻。这就把真理的相对性歪曲成了主观随意性，由此走向主观真理论，陷入了不可知论和诡辩论。如贝克莱"只要闭上眼睛，世界上就没有悬崖"。《吕氏春秋》"洧水甚大，郑之富人有溺者，人得其死者。富人请赎之，其人求金甚多，以告邓析，邓析曰：'安之！人必莫之卖矣。'得死者患之，以告邓析，邓析又答之曰：'安之！此必无所更买矣'"。否定马克思主义的基本原理，散布马克思主义"过时论"就是相对主义的表现。

马克思主义作为客观真理，是绝对性和相对性的统一。它正确反映了人类社会的发展规律，因而具有绝对性。习近平强调："马克思主义就是我们共产党人的'真经'，'真经'没念好，总想着'西天取经'，就要贻误大事！不了解、不熟

---

① 《毛泽东选集》第 1 卷，人民出版社 1991 年版，第 295 页。

悉马克思主义基本原理，就不可能真正了解和掌握中国特色社会主义理论体系。"①但是，马克思主义经典作家并没有穷尽真理，而是不断为寻求真理和发展真理开辟道路，马克思主义并没有穷尽对一切事物及其规律的认识，仍需要随着社会实践的发展而发展，因而又具有相对性。马克思主义真理的绝对性要求我们必须坚持以马克思主义为指导思想，马克思主义真理的相对性又要求我们必须在实践中丰富和发展马克思主义。

3. 真理的检验标准

辩证唯物主义认识论真正科学地解决了真理标准问题。马克思在《关于费尔巴哈的提纲》中指出："人应该在实践中证明自己思维的真理性，即自己思维的现实性和力量，自己思维的此岸性。"②毛泽东进一步强调："判定认识或理论之是否真理，不是依主观上觉得如何而定，而是依客观上社会实践的结果如何而定。真理的标准只能是社会的实践。"③也就是说，只有实践才是检验真理的唯一标准，此外再也没有别的标准。

（1）实践之所以能够作为检验真理的唯一标准，是由真理的本性和实践的特点决定的

第一，从真理的本性看，真理是人们对客观事物及其发展规律的正确反映，它的本性在于主观和客观相符合。检验真理就是检验人的主观认识同客观实际是否相符合以及符合的程度。主观认识本身不能自称正确而作为检验真理的标准，因为用一种认识去检验另一种认识，仍然是在主观范围内兜圈子，达不到检验的目的。即使是已经被实践证明为正确的理论，尽管对于人们新的认识活动具有重要的指导意义，也不能成为检验真理的标准，因为它的正确性和适用范围最终都依赖于实践。相对于实践，它依然是第二位的。不承认这一点，依然会陷入主观真理标准论而无法自拔。同样，检验主观认识同客观实际是否相符合，在认识的客观对象的范围内也无法解决，因为客观事物作为认识的对象，其自身不会也不可能回答人的认识是否同它相符合。可见，检验真理的标准，既不能是主观认识

---

① 《习近平关于社会主义文化建设论述摘编》，中央文献出版社 2017 年版，第 67 页。
② 《马克思恩格斯文集》第 1 卷，人民出版社 2009 年版，第 500 页。
③ 《毛泽东选集》第 1 卷，人民出版社 1991 年版，第 284 页。

本身，也不能是客观事物。只有那种能够把主观认识与客观事物联系和沟通起来，从而使人们能够把二者加以比较和对照的东西，才能充当检验真理的标准。具有这种特性的东西，只能是作为主客观联系的桥梁、纽带或"交错点"的社会实践。

第二，从实践的特点看，实践是人们优化世界的客观的物质性活动，具有直接现实性的特点。实践能够把一定的认识、理论变成直接的、实实在在的现实，把主观的东西变为客观的东西。如果实践的结果与实践之前的认识和预想相符合，那么，之前的认识就得到了证实，成为真理性的认识，如毛泽东所指出的"人们达到了思想中所预想的结果时，人们的认识才被证实了"。① 相反，就是谬误性的认识。实践的直接现实性的品格，是其能够成为检验真理唯一标准的主要根据，也使实践成为最公正、最有权威的终极审判官。

在实践检验真理的过程中，逻辑证明可以起到重要的补充作用。所谓逻辑证明，是指运用已知的正确概念和判断，通过一定的推理，从理论上确定另一个判断的正确性的逻辑方法。逻辑证明是探索真理、论证真理的方式，是正确思维和表达的必要条件，也是建立科学理论体系的重要途径。但是，逻辑证明只能回答前提与结论的关系是不是符合逻辑的问题，而不能回答结论是不是符合客观实际的问题。已被逻辑证明了的东西，还必须经过实践的检验，并最终服从实践检验的结果。所以，逻辑证明也不能取代实践作为检验真理的标准。实践，只有实践，才是检验真理的唯一标准。

（2）实践标准的确定性与不确定性

坚持实践是检验真理的唯一标准，还必须正确地理解实践标准的确定性与不确定性，准确把握实践检验真理的辩证发展过程。列宁说："在这里不要忘记：实践标准实质上决不能完全地证实或驳倒人类的任何表象。这个标准也是这样的'不确定'，以便不让人的知识变成'绝对'，同时它又是这样的确定，以便同唯心主义和不可知论的一切变种进行无情的斗争。"②实践作为检验真理的标准，既是确定性的，又是不确定性的，实践标准是确定性与不确定性的统一。

---

① 《毛泽东选集》第 1 卷，人民出版社 1991 年版，第 284 页。
② 《列宁专题文集·论辩证唯物主义和历史唯物主义》，人民出版社 2009 年版，第 49页。

实践标准的确定性即绝对性，是指实践作为检验真理标准的唯一性、归根到底性、最终性，离开实践，再也没有其他公正合理的标准。即使对于有些认识，当前的实践不能检验，但不断发展着的实践终能验证它是否具有真理性。实践标准的确定性或绝对性，由实践标准的客观性和唯一性所决定。

实践标准的不确定性即相对性，是指实践作为检验真理标准的条件性。一方面，任何实践都会受到主客观条件的制约，因而都具有不可能完全证实或驳倒一切认识的局限性。另一方面，实践是社会的历史的实践，由于历史条件的种种限制，实践对真理的检验具有相对性、有限性，表现为具体的实践往往只是在总体上证实认识与它所反映的客观事物是否相符合，而不可能绝对地、永恒地、一劳永逸地予以确证。所以说，实践标准又具有不确定性。

实践是检验真理的唯一标准，但实践对真理的检验不可能一次完成，实践检验真理是一个永无止境的发展过程。"必须把人的全部实践——作为真理的标准。"实践对真理的检验，是人类社会历史的实践对真理的检验。实践不断发展，真理也不断发展，在发展的实践中不断验证认识的真理性，这就是实践检验真理的辩证发展过程。

坚持实践是检验真理的唯一标准，既要看到实践标准的确定性，防止和反对否认真理标准问题的唯心主义、怀疑主义和相对主义，又要看到实践标准的不确定性，防止和反对教条主义和独断论错误。

4. 真理与谬误

在人的认识活动中，由于受到主观和客观因素的多重限制，认识往往产生两种不同的结果，即真理与谬误。

所谓谬误，是同客观事物及其发展规律相违背的认识，是对客观事物及其发展规律的歪曲反映。坚持和发展真理，就必须同谬误进行斗争。认识的发展与真理的获得，正是在对谬误的不断纠正中实现的。正如习近平指出的："只要我们善于聆听时代声音，勇于坚持真理、修正错误，二十一世纪中国的马克思主义一定能够展现出更强大、更有说服力的真理力量！"[1]

---

[1] 习近平：《决胜全面建成小康社会 夺取新时代中国特色社会主义伟大胜利——在中国共产党第十九次全国代表大会上的报告》，人民出版社 2017 年版，第 26~27 页。

真理和谬误是人类认识中的一对永恒矛盾，它们之间既对立又统一。

第一，真理与谬误相互对立。在确定的对象和范围内，真理与谬误的对立是绝对的，与对象相符合的认识就是真理，与对象不相符合的认识就是谬误。在确定的条件下，一种认识不能既是真理又是谬误。也就是说，真理和谬误存在着原则界限。否认这一点，就会混淆是非、颠倒黑白。

第二，真理与谬误的对立又是相对的，它们在一定条件下能够相互转化。真理与谬误的对立只是在非常有限的范围内才具有绝对的意义，超出这个范围，二者的对立就是相对的。首先，真理在一定条件下会转化为谬误。这是因为，一方面，真理是具体的。任何真理都是在一定范围内、一定条件下才能够成立，超出这个范围，失去特定条件，就会变成谬误。列宁说："任何真理，如果把它说得'过火'……加以夸大，把它运用到实际适用的范围之外，便可以弄到荒谬绝伦的地步，而且在这种情形下，甚至必然会变成荒谬绝伦的东西。"[1]如重视理论与犯教条主义错误，注重实践与犯经验主义错误，自力更生与搞自我封闭，开放引进与搞崇洋媚外等，跨越度的范围和界限，真理就会转化为谬误。又如，资本主义的所有新闻媒体都是为资本效命的。或许也有违背资本家的时候，但违背者很快就会被清除。他们未必完全说假话，但他们只会说片面的真话，玩真理与谬误只有一步之隔的把戏。另一方面，真理又是全面的。把全面的真理性认识组成的科学体系中的某个原理孤立地抽取出来，切断同其他原理的联系，也会使其丧失自己的真理性而变为谬误。这种做法割裂了某个原理与其他原理之间的相互联系、相互制约。其次，谬误在一定条件下能够向真理转化。既然超出一定的条件，能够导致真理变成谬误，那么，恢复特定的条件，对谬误进行"纠错"，使之重新与所应用的对象、条件、范围、内在联系相符合，谬误就会转化为真理。由于各种条件的限制，任何人都有可能犯错误，但吃一堑、长一智，勇于正视错误、反省错误、修正错误，终能取得对客观事物及其规律的正确认识，从而让错误逆转为正确，谬误转化为真理。

真理和谬误的对立统一关系表明，真理总是同谬误相比较而存在、相斗争而发展的。毛泽东指出："正确的东西总是在同错误的东西作斗争的过程中发展起来的。真的、善的、美的东西总是在同假的、恶的、丑的东西相比较而存在，相

---

①　《列宁选集》第 4 卷，人民出版社 2012 年版，第 172 页。

斗争而发展的。当着某一种错误的东西被人类普遍地抛弃，某一种真理被人类普遍地接受的时候，更加新的真理又在同新的错误意见作斗争。这种斗争永远不会完结。这是真理发展的规律，当然也是马克思主义发展的规律。"①敢于坚持真理、勇于修正错误是十分重要的。习近平指出要"自觉做共产主义崇高理想和中国特色社会主义共同理想的坚定信仰者、忠实实践者，永远为了真理而斗争，永远为了理想而斗争"。② 只要是真理，一定能够经得住实践的考验，"让真理武装我们的头脑，让真理指引我们的理想，让真理坚定我们的信仰"。③

(二) 价值

为了满足自身生存和发展的需要，人们必须通过实践去优化世界。在这一过程中，存在按照主体的需要认识世界和优化世界的价值问题。

1. 价值的概念

作为哲学范畴，价值是指在实践基础上形成的主体和客体之间的意义关系，是客体对个人、群体乃至整个社会的生活和活动所具有的积极意义。如政权组织形式能否体现人民意志并受到人民支持，信仰或信念能否给人精神支撑和精神引导，艺术作品能否给人美的享受等，都是主体和客体之间价值关系的表现形式。

在价值的本质问题上，存在着客观主义价值论和主观主义价值论的对立。客观主义价值论认为价值是客体本身所固有的，与主体无关。主观主义价值论认为价值就是主体的欲望、情感和兴趣，与客体无关。这两种观点都只看到了矛盾的一面，而忽略了另一面，因而都是片面的。实际上，价值体现的是主体和客体之间的一种特定关系，表现为人与满足其某种需要的客体之间的意义关系。价值离不开主体的需要，也离不开客体的特性，即客体的某种性质、结构和属性。价值既具有主体性特征，又具有客观基础。

---

① 《毛泽东文集》第 7 卷，人民出版社 1999 年版，第 230~231 页。
② 《习近平谈治国理政》第 2 卷，外文出版社 2017 年版，第 50 页。
③ 习近平：《在纪念红军长征胜利 80 周年大会上的报告》，人民出版社 2016 年版，第 12 页。

2. 价值的基本特性

价值具有主体性、客观性、多维性和社会历史性四个基本特性，它们是价值本质的表现。

第一，价值的主体性。价值的主体性是指价值直接同主体相联系，始终以主体为中心。其一，价值关系的形成依赖于主体的存在。没有主体，就不存在价值关系；同一客体可能对不同主体具有不同的价值。药物的价值是治疗疾病，它对病人有价值，对健康人则没有价值。因此，在这个意义上，价值的主体性决定了价值的相对性，即价值是随主体、客体以及主客体关系的变化而变化的。其二，价值关系的形成依赖于主体的创造，使客体潜在的价值转化为现实的存在。没有进入人们视野的客观事物不会与人构成价值关系，对人也不具有现实的价值。随着实践和认识的发展，人们发现了更多的客体，掌握了它们的属性，从而在主客体的相互作用中把客体的潜在价值转化为现实的价值。因此，主客体之间的价值关系不是一种自然的现成关系，而是主体在实践基础上确立的同客体之间的一种创造性关系。

第二，价值的客观性。价值的客观性是指在一定条件下客体对于主体的意义不依赖于主体的主观意识而存在。价值是一种客观存在，独立于人们对它的认识和评价。认识和评价可以反映价值，但不能创造也不能消灭价值。价值的主体性依赖于价值的客观性，或者说，价值的主体性是以价值的客观性为前提的。因此，从这个意义上说，承认了价值的客观性，就等于承认了价值的确定性。其一，主体的存在和需要是客观的，而不是抽象的。不论是自然需要还是社会需要，物质需要还是精神需要，都由主体实际的生存状态决定，同人的社会存在相联系，不能脱离一定的社会条件空谈人的需要。其二，客体的存在、属性及作用是客观的。客体能否满足主体需要，并不由人的主观愿望决定，而是由客体客观存在的性质、属性等决定。总之，作为价值形成基础的主体的需要和客体的存在都是客观的。

第三，价值的多维性。价值的多维性是指每个主体的价值关系具有多样性，同一客体相对于主体的不同需要会产生不同的价值。例如，一块钻石对于主体的不同需要来说，可能构成多维的价值关系，如愉悦的审美价值、经济上的价值、科学研究的价值等。价值的多维性要求人们在创造或实现价值时，应对客体的价值作全面的考察和理性的选择。

第四，价值的社会历史性。主体和客体的不断变化决定了价值的社会历史性特点。价值关系中的主体是在一定社会关系中从事实践的具体的人，随着实践和历史的发展，主体和客体以及主客体之间的关系发生变化，导致人们对客体价值的判断也会发生改变。如雕塑《断臂维纳斯》在古希腊和文艺复兴时期被认为是艺术杰作，而在中世纪则被视为女妖；如石油、核能、太阳能、潮汐发电、互联网，从未被认识到被发现、发明和利用，都体现了价值的社会历史性特点。人类社会历史发展决定了价值的社会历史性，因此，应该用社会的和历史的眼光考察价值现象。

3. 价值评价及其特点

价值评价是主体对客体的价值以及价值大小所作的评判或判断，因而也被称作价值判断。价值评价通过揭示客体对于主体的意义，形成对客体的不同态度，如肯定或否定、喜欢或反感、美或丑、善或恶、公正或偏私等。

价值评价是对客观价值关系的主观反映。在价值评价活动中，主体以自身的需要作为内在尺度运用于所评价的客体，因此，评价的差异性是无法避免的。具体而言，作为一种关于价值现象的认识活动，价值评价主要有以下三个基本特点：

第一，评价以主客体的价值关系为认识对象。人类认识包括知识性认识与评价性认识两个方面，其中评价性认识也就是价值评价。知识性认识以客观事物及其规律为对象，以客体本身的属性、关系和发展过程为反映内容，追求客体"是什么"，以求"真"为认识目的；而价值评价则以客体和主体之间的价值关系为反映内容，主体的意向、愿望和要求包含在其中，追求"应该怎样"，以求"善"和"美"为认识目的。

第二，评价结果与评价主体直接相关。知识性认识是人的主观反映客观的过程，认识结果不以主体意志为转移；而价值评价则要揭示和表达客体对于主体的意义。因此，主体总是运用自己的评价标准即尺度去考量客体，主体的需要、特点以及情感、兴趣和爱好等直接影响评价结果，使评价结果受到主体意志的影响。

第三，评价结果的正确与否依赖于对客体状况和主体需要的认识。评价是关于主客体之间价值关系的认识，是对客体对于主体需要的意义的判断。能否做出正确判断，取决于人对客体和主体的双重认识，这种认识不仅包括对客体属性和规律的认识，也包括对主体的规定性和需要等的认识。只有对主体和客体都有了正确认识，才能对主客体间的价值关系做出正确评价。例如，中国特色社会主义进入新时代，我国社会主要矛盾已经转化为人民日益增长的美好生活需要和不平衡不充分的发展之间的矛盾，这一矛盾的确定不是拍脑袋拍出来的，而是在正确认识客体状况和主体需要基础上做出的正确论断。

评价结果有正确与错误之分，价值评价也有科学与非科学之别。科学的评价是客观公正、全面有效的评价。相反，非科学的评价是歪曲、遮蔽客观的价值关系的评价。评价作为一种价值判断活动，虽具有主观性，但并不是一种主观随意的认识活动，只有正确反映价值关系的评价才是正确的评价。

问题的关键是，评价标准归根到底是主体的需要，然而，主体有个人、群体或人类等不同形式，主体的需要也具体包括个人需要、群体需要、人类需要等不同形式。由于这些主体的需要在现实生活中常常存在差异或矛盾，导致对同一事物的评价也常常会产生差异或矛盾，甚至完全对立。那么，应当以谁的标准为评价尺度？值得注意的是，价值评价不仅要判断客体对于个人的意义，更要认识对于群体、社会和人类的意义。就此而言，价值评价要以真理为根据，要与社会历史发展的客观规律相一致，要以人民群众的需要和利益为根本，这是价值评价的根本特征，也是应当遵循的基本原则。只有有利于人类主体的生存和发展、符合社会发展趋势、推动社会历史进步的需要才是确定特定主体实际需要的最高尺度。人民群众始终是推动社会历史进步的革命力量，人民群众的需要和利益从根本上代表着人类整体的需要和利益，是与历史发展的基本要求或趋势相一致的。

因此，对于任何主体而言，价值评价的根本标准只有与人民的需要和利益相一致才是正确的。习近平明确指出："全党同志要把人民放在心中最高位置，坚持全心全意为人民服务的根本宗旨，实现好、维护好、发展好最广大人民根本利益，把人民拥护不拥护、赞成不赞成、高兴不高兴、答应不答应作为衡量一切工作得失的根本标准。"[1]

---

① 习近平：《在庆祝中国共产党成立 95 周年大会上的讲话》，《人民日报》2016 年 7 月 2 日。

4. 价值观与核心价值观

价值观是人们关于价值本质的认识以及对人和事物的评价标准、评价原则和评价方法的观点的体系。它与世界观和人生观是一致的。价值观有先进与落后、正确与错误、积极与消极之分。

通俗地说，价值观是人们关于应该做什么和不应该做什么的基本观点，是区分好与坏、对与错、善与恶、美与丑等的总观念。价值观对人的行为起着规范和导向作用。价值观不同的人，行为取向也会不同，甚至可能截然相反。即使从同一真理出发，也可能有不同甚至相反的行为取向。具有同样的化学知识，有的人为人类造福，有的人制造毒品危害社会。拥有科学知识并不能保证行为的正确，由于价值取向出了问题，而行为受控于价值观，所以行为也会出问题。马克思主义价值观以绝大多数人的利益为是非、善恶、美丑的评价标准，归根结底以社会的进步和人类的彻底解放为标准。

对民族与国家来说，最持久、最深层的力量是全社会共同认可的核心价值观，因为它承载着一个民族、一个国家的精神追求，体现着一个社会评判是非曲直的价值标准。社会主义核心价值观回答了在我国应该建设什么样的国家、建设什么样的社会、培育什么样的公民等重大问题。"社会主义核心价值观是当代中国精神的集中体现，凝结着全体人民共同的价值追求。"①社会主义核心价值观在培养担当民族复兴大任的时代新人，进行国民教育、精神文明创建、精神文化产品创作等方面具有强大的引领作用。

(三) 关于真理和价值在实践中的辩证统一

真理与价值是两个重要的哲学范畴，二者关系是学术界长期争论的重大问题。这一学术现象源于西方哲学认识论，其代表是以休谟为代表的经验主义与以康德为代表的理性主义。马克思主义基本原理超越二者的分歧，将真理和价值关系辩证地统一于实践。

---

① 习近平：《决胜全面建成小康社会 夺取新时代中国特色社会主义伟大胜利——在中国共产党第十九次全国代表大会上的报告》，人民出版社 2017 年版，第 42 页。

1. 真理与价值关系的理论缘起

真理最初源于主体对自然客体的认知与把握，而价值源于主体的交往实践，表达为交往实践的道德与伦理属性。我们知道，道德与伦理是人们交往中的价值规范，是社会生活中的行为准则。由此，近代西方哲学将价值理解为人性，认为价值是符合人性的生活原则与目标。由此，对价值的把握出现了两种形式：一种形式是将价值作为认知性的范畴，另一种形式是将价值作为具体的言行规则，即实践经验的范畴。这两种形式演化出西方伦理学的两种观点，即德性论与幸福论。前者强调主体的内在修养，由此提出理性的绝对命令；后者强调实践的经验成果和需要的满足。现在，西方伦理学还纠缠于德性论与幸福论的争议。

根据西方哲学知识论传统，当价值作为社会伦理规范去把握时，价值演化为一个认识论范畴。由此，价值与真理处于同一逻辑层面。于是，人们把真理与价值作为人类知识的两种现象来讨论它们的关系，从而开启关于真理与价值关系的探讨。近代西方哲学家提出了价值判断的命题，与传统哲学的事实判断命题相对立。在这一对命题的对立中，形成了对真理与价值关系的不同理解。

（1）经验主义对真理与价值关系的理解

作为近代经验主义的开创者，洛克在《人类理智论》中把感觉这个发生于"与外物关系"的范畴当做知识的来源。他说："我们观念的大部分完全赖于我们的感官，并且通过感官而导向理智，我将这个重要的观念之源泉释作感觉。"①洛克认为，观念不是任何的"我思"，而是"最足以代表一个人在思想时所理解的任何对象；因此，我就用它来表示人们所理解的幻象、意念、影像或心所能想到的任何东西"。② 洛克基于对象的感觉来设定概念，从而开辟了近代经验主义学派。

洛克认为，真理（理智）是由感官对"外在"之感觉进行"导向"。③ 所有的观念都是关于"物"的观念，关于人自身的知识，其也是从经验主义的学理进行论证的。他说："我们对于自己存在的所有知识是直觉的。"也就是说，人自己作为认识对象来认识时，是以"直觉"为起点的。它与对"物"的认识是一致的。洛克

---

① ［英］洛克：《人类理智论》，关文运译，商务印书馆 1991 年版，第 69 页。
② ［英］洛克：《人类理智论》，关文运译，商务印书馆 1991 年版，第 68 页。
③ ［英］洛克：《人类理智论》，关文运译，商务印书馆 1991 年版，第 614 页。

"感觉论"和"直觉论"奠定了经验主义基础，由此展开了真理与价值关系的探讨。

休谟直接将经验论运用于真理与价值关系问题上。在《人性论》中，休谟提出"事实"与"价值"两种判断，并尝试用"事实判断"过渡到"价值判断"。这种尝试所引起的问题，不在于"过渡"是否成功，而在于区分出"实然"（事实）与"应然"（价值）产生的影响。康德区分"纯粹理性"与"实践理性"，新康德主义弗伦堡学派采用"事实"与"价值"的区分，均缘起于休谟。价值哲学创始人洛采在他的《微观世界》一书中把世界划分为三大领域：第一是经验事实领域；第二是普遍规律领域（因果律）；第三是价值领域。其弟子文德尔班也强调"事实"与"价值"的区别是价值哲学的基础。

这样，"事实"与"价值"不仅有不同的研究对象，而且成为不同的知识类别。

（2）理性主义对真理与价值关系的理解

理性主义是近代西方哲学学派之一，其代表人物为笛卡儿。他提出"我思故我在"命题，从人自身（思维）寻找知识的确定性（确然性），即"以哲学的自身意识为出发点"。[1]

在与希尔曼的通信中，笛卡儿指出："思维以及对其所思的反思；……因为心灵可以同时思考许多事物，并且恰恰在此时还可以随其所愿地反思它的所思并意识到它的思维。"[2]笛卡儿认为，"自我"是思维的。因为"我思"，"我"才被确认为"存在"。这样，"我"作为"事实"与自己的"意识"是一致的。这种同一构成了真理的确定性和基础，所谓真理就是"我思"的"确定性"。

康德在休谟的两类知识划分的基础上，提出纯粹理性和实践理性的范畴，试图用理性统筹理论知识和实践知识。但他只能"把知识悬置起来，为人的自由、人的道德留下空间"。[3] 正因为如此，真理与价值关系成为德国古典哲学的主题。

2. 真理和价值在实践中的辩证统一

从上可看出，真理与价值的关系是传统认识论的论题。具体来说，真理与价

---

① 倪梁康：《自识与反思——近现代西方哲学的基本问题》，商务印书馆 2002 年版，第 41~42 页。

② 倪梁康：《自识与反思———近现代西方哲学的基本问题》，商务印书馆 2002 年版，第 57 页。

③ 邓晓芒：《康德哲学讲演录》，广西师范大学出版社 2005 年版，第 74 页。

值的关系就是真理观与价值观的关系。马克思从现实的人出发，超越了这一传统论题。

从理论发展的脉络来考察，对于真理与价值关系首先应当从理论层面来把握。当然，实践是理论的主旨，从优化世界的实践高度来考察真理与价值的关系是必要的。但是，在把握真理与价值关系问题时，不能将其理论层面与实践层面进行混淆，也不能将理论与实践的关系代替理论或实践本身。在现实的理论探讨中，存在将认识论的真理范畴与本体论的价值范畴置于相同逻辑层面的混乱，也存在混淆真理的客观性与价值评价的客观性、真理的主观性与价值评价的主体性、价值与价值评价这样的理论错误。

从理论层面来考察，真理观、价值观和历史观是辩证统一的。这种统一的出发点就是实践观，即人的发展或人类解放。对于人类解放，生产力发展是人的本质力量发展的客体形式，而人的素质提高和活动自由是人的本质力量发展的主体形式。这种主体形式彰显为价值性的形式。也就是说，立足于真理观、价值观和历史观相统一的基础上，价值是主体发展的历史必然性。

人们的实践活动总是受着真理尺度和价值尺度的制约。实践的真理尺度是指在实践中人们必须遵循正确反映客观事物本质和规律的真理。只有按照真理办事，才能在实践中取得成功。实践的价值尺度是指在实践中人们都是按照自己的尺度和需要去认识世界和优化世界。这一尺度体现了人的活动的目的性。

任何实践活动都是在这两种尺度共同制约下进行的，任何成功的实践都是真理尺度和价值尺度的统一，是合规律性和合目的性的统一。中国科学家屠呦呦的"抗疟神药"青蒿素获得诺贝尔生理学或医学奖，她采用科学的实验方法探寻疟疾的新疗法，符合真理尺度；其目的是为了拯救成千上万疟疾患者的生命，符合价值尺度。

真理与价值或真理尺度与价值尺度是紧密联系、不可分割的辩证统一关系。一方面，价值尺度必须以真理为前提。要想达到实践的目的以满足人类自身的需要，就必须"认识真理，掌握真理，信仰真理，捍卫真理"。脱离了真理尺度，价值尺度就偏离了合理的、正确的轨道。另一方面，人类自身需要的内在尺度，推动着人们不断发现新的真理。科学发明、技术创新、经典思想理论的形成，都是人类为了实现更美好的生活而进行的社会实践。脱离了价值尺度，真理就缺失了主体意义。

基于实践的具体性和历史性，真理尺度与价值尺度的统一也是具体的和历史的，二者的统一会随着实践的发展而不断发展到更高级的程度，真理由相对向绝对转化，人的需要和利益也日益多元。真理尺度与价值尺度是否达到了具体的、历史的统一，必须通过实践来验证。

新时代中国特色社会主义的伟大实践，充分体现了真理尺度与价值尺度的辩证统一。正如习近平所指出的："中国共产党人的理想信念，建立在马克思主义科学真理的基础之上，建立在马克思主义揭示的人类社会发展规律的基础之上，建立在为最广大人民谋利益的崇高价值的基础之上。我们坚定，是因为我们追求的是真理。我们坚定，是因为我们遵循的是规律。我们坚定，是因为我们代表的是最广大人民根本利益。"①

三、唯物辩证的认识论的方法论意义

唯物辩证的认识论认为，认识与实践相统一。运用这一重要原理开展实际工作，就必须做到认识世界与优化世界相结合；坚持一切从实际出发，实事求是；实现理论创新和实践创新的良性互动。

(一)认识世界和优化世界相结合

1. 认识世界和优化世界及其辩证关系

认识世界和优化世界是人类创造历史的两种基本活动。认识世界的任务不仅在于解释世界，更重要的在于为优化世界提供理论指导，实现主观与客观、认识与实践的统一。坚持这种统一，归根到底要将认识世界和优化世界密切结合起来。

认识世界，就是主体能动地反映客体，获得关于事物的本质和发展规律的科学知识，探索和掌握真理。优化世界，就是人类按照有利于自己生存和发展的需

---

① 习近平：《在纪念红军长征胜利 80 周年大会上的报告》，《人民日报》2016 年 10 月 22日。

要，改变事物的现存形式，创造自己的理想世界和生活方式。认识世界和优化世界是相互依赖、相互制约的辩证统一关系。一方面，认识世界有助于优化世界，正确认识世界是有效优化世界的必要前提。另一方面，人们只有在优化世界的实践中才能不断地深化、拓展对世界的正确认识。认识世界和优化世界的统一，决定了理论与实践必须相结合。没有理论指导的实践是盲目的实践，不与实践相结合的理论是空洞的理论，两者都是不可取的。

认识世界和优化世界是一个充满矛盾的过程。世界不会自动地满足人，人也不会满足于世界的现存形式。人类主体总是受目的性和能动性的驱使，要求外部客观世界满足自身的需要。但客观世界是按照固有规律运行的，不可能自动满足主体的愿望和需要，因而主观和客观经常处于矛盾状态之中，主观和客观的矛盾是人类认识和实践活动中的基本矛盾，也是人类认识世界和优化世界的根本动力，正是这一矛盾的驱动，使认识世界和优化世界呈现出不断深入和扩展的过程。矛盾是在实践基础上产生的，也只能在实践中解决。认识世界和优化世界统一的基础是实践。在新时代中国特色社会主义的伟大实践中，习近平新时代中国特色社会主义思想是正确地认识世界和有效地优化世界的指导思想和行动指南。

2. 优化客观世界和优化主观世界及其辩证关系

认识世界的目的是为了优化世界，而优化世界又包括优化客观世界和优化主观世界。毛泽东明确提出并论述了优化主观世界的问题，他指出："改造客观世界，也改造自己的主观世界——改造自己的认识能力，改造主观世界同客观世界的关系。"[①]这一论述对于我们深化理解"改造世界"具有重要意义。

在人的实践活动中，世界分化为客观世界和主观世界两个方面。客观世界是指"物质的、可以感知的世界"，包含自然存在和社会存在两个部分。主观世界是指人的意识、观念世界，是人的头脑反映和把握物质世界的精神活动的总和，是人的知识、情感、意志即知情意的统一体。客观世界与主观世界是对立统一的关系，一方面，二者是对立的，客观世界与主观世界具有不同的存在方式，二者发展也具有不完全同步性；另一方面，二者又是统一的，客观世界与主观世界在反映与被反映的意义上具有同构性，客观世界的运动规律与主观世界的运动规律

---

① 《毛泽东选集》第 1 卷，人民出版社 1991 年版，第 296 页。

具有同一性，客观世界与主观世界可以相互转化。

优化客观世界与优化主观世界是辩证统一的。只有认真优化主观世界，才能更好地优化客观世界；只有在优化客观世界的实践中，才能深入优化主观世界。二者相辅相成、相互促进、缺一不可。优化主观世界既包括提高人的认识能力，也包括丰富人的情感世界和提升人的意志品质，而核心是优化世界观，即观察和处理问题的立场、观点、方法。

马克思主义关于在优化客观世界的同时优化主观世界的观点具有重要意义。首先，有助于我们提高认识世界的能力，在工作中努力做到主观符合客观，更好地处理主观世界与客观世界的关系。其次，有助于我们提高自身的思想修养和精神境界。最后，有助于我们在优化外部世界的同时，把目光转向自身，高度重视并努力实现人自身的优化。马克思在《关于费尔巴哈的提纲》中也谈到了"环境的改变和人的活动或自我改变的一致"①的问题。在人与世界的关系中，随着社会的发展，人自身的改造或人的自我改造就更加重要。不论是个人、团体还是政党，要自觉地实现自我改造，就需要以勇于自我革命的精神打造和锤炼自己，提高自我净化、自我完善、自我革新、自我提高的能力。

3. 认识世界和优化世界的过程是从必然走向自由的过程

什么是自由？在自由问题上，哲学史上存在着多种看法，大致分为两类：一是倡导消极地顺应自然、抹杀人类自由可能性的宿命论；二是强调人的意志或某种精神力量绝对自由的唯意志论，否定客观必然性，片面强调主体性的毫无限制。二者都是错误的。

马克思主义认为，自由是标示人的活动状态的范畴，是指人在活动中通过认识和利用必然所表现出的一种自觉自主的状态。"自由是对必然的认识和对客观世界的改造。"②人不能摆脱必然性的制约，只有在认识必然性的基础上才有自由的活动，这就是人的自由限度，也是自由和必然的辩证规律。必然性即规律性，指的是不依赖于人的意识而存在的自然和社会发展所固有的客观规律。

任性不是自由，无知不能获得自由。自由是有条件的：一是认识条件。即要

---

① 《马克思恩格斯文集》第 1 卷，人民出版社 2009 年版，第 500 页。
② 《毛泽东文集》第 8 卷，人民出版社 1999 年版，第 306 页。

有对客观事物的正确认识，最主要的是对客观事物运动发展规律性、必然性的正确认识。一旦认识了必然、把握了规律，就能对事物做出正确的判断，确定合理的行动计划，从而达到自己的目的。对必然的认识越全面和深刻，对事物的判断就越准确，行动就越主动，自由的程度就越大。二是实践条件。即能够将获得的规律性认识运用于指导实践，实现优化世界的目的，才是真正的自由。认识必然只是获得自由的前提，并不等于在实际上达到了自由。只有利用必然性优化世界，达到了预想的目的，自由才能真正实现。不具备这两方面的条件，就得不到自由。所以，恩格斯指出："自由不在于幻想中摆脱自然规律而独立，而在于认识这些规律，从而能够有计划地使自然规律为一定的目的服务……自由就在于根据对自然界的必然性的认识来支配我们自己和外部自然。"①

认识必然和争取自由，是人类认识世界和优化世界的根本目标，是一个历史性的过程。任何实践都是一定历史阶段的具体实践，由主客观条件制约的自由也必然是历史的、具体的，超越社会发展阶段、超越实践能力与实践发展水平的自由是不可能实现的。针对全体人民共同富裕的目标，习近平指出："我国正处于并将长期处于社会主义初级阶段，我们不能做超越阶段的事情……而是要根据现有条件把能做的事情尽量做起来，积小胜为大胜"，② 而且，全民共享是渐进共享，一口吃不成胖子，"共享发展必将有一个从低级到高级、从不均衡到均衡的过程，即使达到很高的水平也会有差别"。③ 因此，自由是相对的，不是绝对的。随着实践的深入，自由会不断扩大。毛泽东指出："人类的历史，就是一个不断地从必然王国向自由王国发展的历史。这个历史永远不会完结。……人类总得不断地总结经验，有所发现，有所发明，有所创造，有所前进。"④

必然与自由的关系贯穿于人类存在和发展的始终，并成为人类存在和发展的永恒矛盾，因此也是人类存在和发展的永恒动力。人类在不断追求自由中完善自己，也在不断解决必然与自由的矛盾过程中实现发展。建设中国特色社会主义是

---

① 《马克思恩格斯文集》第 9 卷，人民出版社 2009 年版，第 120 页。
② 《习近平在省部级主要领导干部学习贯彻党的十八届五中全会精神专题研讨班上的讲话》，《人民日报》2016 年 5 月 10 日。
③ 《习近平在省部级主要领导干部学习贯彻党的十八届五中全会精神专题研讨班上的讲话》，《人民日报》2016 年 5 月 10 日。
④ 《毛泽东文集》第 8 卷，人民出版社 1999 年版，第 325 页。

一个从必然向自由不断前进的过程，经过改革开放和现代化建设的不懈探索和经验积累，我们党逐步深化了对中国特色社会主义建设与发展规律的认识，并自觉运用规律推进中国特色社会主义事业。我们将更有能力妥善解决必然与自由的关系，更有能力推进社会全面进步和人的自由而全面的发展。

（二）一切从实际出发，实事求是

马克思主义认识论揭示了人类认识的本质和发展的一般规律，为人类正确认识世界和优化世界指明了科学的道路，它是中国共产党思想路线的理论基础。

1. 一切从实际出发是马克思主义认识论的根本要求

一切从实际出发，就是要把客观存在的事物作为观察和处理问题的根本出发点，这是马克思主义认识论的根本要求和具体体现。从实际出发，就是要从变化发展着的客观实际出发，从特定的社会历史条件出发，按照客观世界的本来面目认识世界而不附加任何外来的主观成分。从根本上说，就是要从客观事物存在和发展的规律出发，在实践中按照客观规律办事。

马克思、恩格斯认为："共产党人的理论原理，决不是以这个或那个世界改革家所发明或发现的思想、原则为根据的。""这些原理不过是现存的阶级斗争、我们眼前的历史运动的真实关系的一般表述。"①这些原理的实际运用，在任何时候都要以当时的历史条件为根据，而不能生搬硬套。马克思主义"是任何坚定不移和始终一贯的革命策略的基本条件；为了找到这种策略，需要的只是把这一理论应用于本国的经济条件和政治条件"。② 这就是说，运用马克思主义，必须从实际出发。

从实际出发，关键是要注重事实，从事实出发。恩格斯曾经把从事实出发看做唯物主义思想路线的根本点，并以此与从观念出发的唯心主义思想路线相对立。他还指出："我们对未来非资本主义社会区别于现代社会的特征的看法，是从历史事实和发展过程中得出的确切结论；不结合这些事实和过程去加以阐明，

---

① 习近平：《在纪念马克思诞辰 200 周年大会上的讲话》，人民出版社 2018 年版，第 7 页。

② 《马克思恩格斯文集》第 10 卷，人民出版社 2009 年版，第 532 页。

就没有任何理论价值和实际价值。"①列宁指出："马克思主义是以事实，而不是以可能性为依据的。"②马克思主义者只能以经过严格和确凿证明的事实作为自己制定政策的前提。列宁还进一步阐明了应当从揭示规律的高度去把握事实，他认为："在社会现象领域，没有哪种方法比胡乱抽出一些个别事实和玩弄实例更普遍、更站不住脚的了。挑选任何例子是毫不费劲的，但这没有任何意义，或者有纯粹消极的意义，因为问题完全在于，每一个别情况都有其具体的历史环境。如果从事实的整体上、从它们的联系中去掌握事实，那么，事实不仅是'顽强的东西'，而且是绝对确凿的证据。如果不是从整体上、不是从联系中去掌握事实，如果事实是零碎的和随意挑出来的，那么它们就只能是一种儿戏，或者连儿戏也不如。"③科学社会主义就是从事实出发得出的科学结论，并且要求结合新的具体事实进行阐发和运用。总之，只有注重事实，才能真正做到从实际出发。

2. 实事求是是中国共产党思想路线的核心

思想路线就是人们在实践活动中用以指导行动的基本原则和方法，是一定的世界观和方法论在实际工作中的运用和贯彻。认识路线与思想路线在本质上是统一的。认识路线是思想路线的哲学基础，思想路线是化为指导思想用以支配行动的认识路线，是认识论的具体体现。

中国共产党在领导人民进行革命、建设、改革的长期实践中，逐步形成和确立了一条正确的思想路线，其基本内涵是：一切从实际出发，理论联系实际，实事求是，在实践中检验和发展真理。这条思想路线是中国共产党对马克思主义理论发展做出的重大贡献，其核心是实事求是。

那么，何谓实事求是？毛泽东指出："'实事'就是客观存在着的一切事物，'是'就是客观事物的内部联系，即规律性，'求'就是我们去研究。"④即从客观存在着的"实事"中找到事物运动发展的规律，把事物的客观之"理"转化为人的认识之"理"，即真理。毛泽东的这一论断深刻揭示了实事求是的科学内涵，鲜

---

① 《马克思恩格斯文集》第 10 卷，人民出版社 2009 年版，第 548 页。
② 《列宁专题文集·论马克思主义》，人民出版社 2009 年版，第 301 页。
③ 《列宁全集》第 28 卷，人民出版社 2017 年版，第 364 页。
④ 《毛泽东选集》第 3 卷，人民出版社 1991 年版，第 801 页。

明地体现了辩证唯物主义的能动反映论与机械唯物主义的直观反映论的根本区别。

坚持实事求是,最基础的工作在于搞清楚"实事",就是了解实际、掌握实情,这是进行一切科学决策所必需的也是唯一可靠的前提和基础。为什么想问题、作决策、办事情必须从实际出发,而不能从本本出发呢?因为实际事物是具体的,而本本是对实际事物研究、抽象的结果,不能成为研究问题和作决策的出发点,出发点只能是客观实际。本本、理论、思想都是从实践中产生的,理论是否正确还要接受实践检验,并要在实践中得到丰富和发展;同时,理论只有与实际紧密联系,才能发挥对实践的指导作用,实现自身的价值和意义。理论如果脱离了实际,就会成为僵化的教条。理论家如果脱离了社会实践,只是从书本到书本,就会成为空洞的理论家。总之,只有注重事实,才能真正做到从实际出发;只有把确凿的事实作为思想理论和政策制定的前提,才是成功实践的必由之路。另外,坚持实事求是,关键在于"求是",就是探求和掌握事物发展的规律。对事物客观规律的认识只能在实践中完成。勇于实践、善于实践,在实践中积累经验,进行理论升华,再用以指导实践、推动实践,在实践中使认识得到检验、修正、丰富和发展,这是认识客观规律的根本途径,也是把握客观规律的必由之路。

在当代中国,一切从实际出发,就是一切要从中国特色社会主义进入了新时代这个我国发展新的历史方位出发。我国社会主要矛盾已经转化为人民日益增长的美好生活需要和不平衡不充分的发展之间的矛盾,但我国仍处于并将长期处于社会主义初级阶段的基本国情没有变,我国是世界最大的发展中国家的国际地位没有变。"全党要牢牢把握社会主义初级阶段这个基本国情,牢牢立足社会主义初级阶段这个最大实际。"①

坚持实事求是,不仅要坚持一切从实际出发,还必须坚持解放思想。解放思想与实事求是是辩证统一的,解放思想、开拓进取,是坚持实事求是的内在要求。怎样做才叫解放思想?邓小平认为:"解放思想,就是使思想和实际相符合,使主观和客观相符合,就是实事求是。"②只有解放思想,才能冲破教条主义和经

---

① 习近平:《决胜全面建成小康社会 夺取新时代中国特色社会主义伟大胜利——在中国共产党第十九次全国代表大会上的报告》,人民出版社 2017 年版,第 12 页。
② 《邓小平文选》第 2 卷,人民出版社 1994 年版,第 364 页。

验主义的禁锢,才能纠正僵化的形而上学的思维方式,正确认识和把握客观事物的内在联系、本质和规律,也才能制定正确的政策,做出正确的决策。"解放思想、实事求是、与时俱进,是马克思主义活的灵魂,是我们适应新形势、认识新事物、完成新任务的根本思想武器。"①

实事求是是中国共产党人的根本思想方法、工作方法和领导方法,是党领导人民推动中国革命、建设、改革事业不断取得胜利的重要法宝。实践反复证明,坚持实事求是,就能兴党兴国;违背实事求是,就会误党误国。

(三) 实现理论创新和实践创新的良性互动

人类认识世界和优化世界的过程,是一个包含着创新的发展过程。创新就是破除与客观事物进程不相符合的旧观念、旧理论、旧模式、旧做法,在继承历史发展成果的基础上,发现和运用事物的新联系、新属性、新规律,更有效地进行认识世界和优化世界的活动。创新是社会发展的不竭动力,人类发展进步的历史就是不断创新的历史。人类的创新活动具有丰富的内容和表现,包含着知识创新、制度创新、科技创新、文化创新等各方面创新。归结起来讲,主要是理论创新和实践创新两个基本方面,它们集中体现了人类在认识世界和优化世界中的创新活动。

习近平提出:"要根据时代变化和实践发展,不断深化认识,不断总结经验,不断进行理论创新,坚持理论指导和实践探索辩证统一,实现理论创新和实践创新良性互动,在这种统一和互动中发展二十一世纪中国的马克思主义。"②这一论述从理论上深刻揭示了理论创新与实践创新的内在联系,揭示了马克思主义在理论创新和实践创新的良性互动中实现创新发展的规律性。具体来说,"我们党把马克思主义政治经济学基本原理同改革开放新的实践结合起来……形成了当代中国马克思主义政治经济学的许多重要理论成果"。③ 当然,这是一个理论创新与实践创新相结合的很好的事例。不过,"在形式上,叙述方法必须与研究方法不

① 《习近平关于社会主义文化建设论述摘编》,中央文献出版社 2017 年版,第 60~61 页。

② 《习近平关于社会主义文化建设论述摘编》,中央文献出版社 2017 年版,第 65 页。

③ 习近平:《立足我国国情和我国发展实践 发展当代中国马克思主义政治经济学》,《人民日报》2015 年 11 月 25 日。

同。研究必须充分地占有材料，分析它的各种发展形式，探寻这些形式的内在联系。只有这项工作完成以后，现实的运动才能适当地叙述出来。这点一旦做到，材料的生命一旦在观念上反映出来，呈现在我们面前的就好像是一个先验的结构了"。①

1. 实践创新为理论创新提供不竭的动力源泉

在理论创新与实践创新的相互关系中，实践创新具有基础性的意义，理论创新应建立在实践创新的基础之上。理论创新不是空穴来风，不是主观任意，而是实践创新对理论的发展提出了与时俱进的新要求。时代变化和实践发展是理论创新的源头活水，要根据时代变化和实践发展，进行理论总结和理论创新。因此，要学习掌握认识和实践辩证关系的原理，坚持实践第一的观点，不断推进实践基础上的理论创新。

理论创新始于问题，因为问题是时代的声音，是实践过程中不断涌现的新矛盾。从理论发展史来看，世界上伟大的理论成果都是在回答和解决人与社会面临的重大问题中创造出来的。可以说，"问题倒逼"是不断进行理论创新的助推器。历史也表明，社会大变革的时代，一定是理论大发展的时代。当代中国正经历着我国历史上最为广泛而深刻的社会变革，也正在进行人类历史上最为宏大而独特的实践创新。这种前无古人的伟大实践，给理论创新提供了强大动力和广阔空间。"这是一个需要理论而且一定能够产生理论的时代，这是一个需要思想而且一定能够产生思想的时代。"②党的十八大以来国内外形势深刻变化和我国各项事业快速发展催生了习近平新时代中国特色社会主义思想，它回答了实践和时代提出的新课题，即在新的时代条件下坚持和发展什么样的中国特色社会主义、怎样坚持和发展中国特色社会主义这一重大理论和实践问题。实践证明，只有清醒认识世情、国情、党情的变与不变，"认真研究解决重大而紧迫的问题，才能真正把握住历史脉络、找到发展规律，推动理论创新"。③

---

① 《马克思恩格斯文集》第 5 卷，人民出版社 2009 年版，第 21~22 页。

② 《习近平在哲学社会科学工作座谈会上的讲话》，《人民日报》2016 年 5 月 19 日。

③ 《习近平在哲学社会科学工作座谈会上的讲话》，《人民日报》2016 年 5 月 19 日。

2. 理论创新为实践创新提供科学的行动指南

理论创新不仅要以实践创新为基础，还要发挥科学的指导作用"反哺"实践。理论必须同实践相统一，"理论一旦脱离了实践，就会成为僵化的教条，失去活力和生命力。实践如果没有正确理论的指导，也容易'盲人骑瞎马，夜半临深池'。理论对规律的揭示越深刻，对社会发展和变革的引领作用就越显著"。①

理论创新是社会发展和变革的先导，要使党和国家的事业不停顿，首先理论创新不能停。理论的生命力在于创新。创新是理论发展的永恒主题，也是社会发展、实践深化、历史前进对理论的必然要求。习近平指出："社会总是在发展的，新情况新问题总是层出不穷的，其中有一些可以凭老经验、用老办法来应对和解决，同时也有不少是老经验、老办法不能应对和解决的。如果不能及时研究、提出、运用新思想、新理念、新办法，理论就会苍白无力。"②理论创新可大可小，"揭示一条规律是创新，提出一种学说是创新，阐明一个道理是创新，创造一种解决问题的办法也是创新"。③

3. 努力实现理论创新与实践创新的良性互动

理论创新与实践创新的良性互动，指理论创新与实践创新之间存在良好的、积极的相互作用和相互影响，或者说二者之间形成相互激发、共同促进的因果关系。它们各自的创新都不是孤立进行的，而是在与另一方的互动中完成的。理论创新和实践创新辩证统一、互动互存，它们的良性互动使二者之间呈现出一幅无穷无尽的和谐画卷。

理论创新与实践创新的良性互动并不是自然而然实现的，而是需要人的努力才能实现。理论创新与实践创新的互动不仅有良性的互动状态，也有恶性的互动状态，如果理论创新脱离了实际，继而用脱离了实际的理论指导实践，就会错上加错，产生坏的结果，导致理论创新与实践创新之间的恶性互动。因此，正确把握二者的创新关系，在尊重规律的基础上发挥人的主观能动性，是使互动过程呈

---

① 《习近平关于社会主义文化建设论述摘编》，中央文献出版社 2017 年版，第 65 页。
② 《习近平在哲学社会科学工作座谈会上的讲话》，《人民日报》2016 年 5 月 19 日。
③ 《习近平在哲学社会科学工作座谈会上的讲话》，《人民日报》2016 年 5 月 19 日。

现良性运动状态的基础保障，也是顺利实现马克思主义理论创新发展的关键。

中国特色社会主义是一个不断创新发展的过程，其中包含着理论创新与实践创新及其相互关系。其理论和实践的逻辑就是：新时代提出新课题，新课题催生新理论，新理论引领新实践。习近平新时代中国特色社会主义思想源于实践又指导实践，是中国特色社会主义理论创新与实践创新良性互动的智慧结晶，为新时代坚持和发展中国特色社会主义、推进党和国家事业发展提供了基本遵循和行动指南。当然，实践没有止境，理论创新也没有止境。我们党还要结合新时代的新实践，不断推进新时代的理论创新。

专题七　两种根本对立的历史观及唯物史观的基本主张

"历史"是"追求着自己目的的人的活动"，① 是"人们的现实生活过程"，是"现实的人及其历史发展"。"人，作为人类历史的经常前提，也是人类历史的经常的产物和结果，而人只有作为自己本身的产物和结果才成为前提。"②"历史不外是各个世代的依次交替。每一代都利用以前各代遗留下来的材料、资金和生产力；由于这个缘故，每一代一方面在完全改变了的环境下继续从事所继承的活动，另一方面又通过完全改变了的活动来变更旧的环境。"③

前面已介绍，近代哲学的基本问题是思维与存在的辩证关系问题。对于思维与存在何者是第一性问题的不同回答，构成了划分唯物主义和唯心主义的标准。顺此逻辑，对于社会意识与社会存在何者是第一性问题的不同回答，构成了划分唯物史观和唯心史观的标准。同时，把握唯物史观的基本主张是正确认识历史观的基础和前提。

一、两种根本对立的历史观

在对待社会历史发展及其规律问题上，历来存在两种根本对立的观点：一种是唯物史观，另一种是唯心史观。二者的根本分歧在于，究竟是社会存在决定社会意识，还是社会意识决定社会存在。

在唯物史观产生之前，唯心史观一直占据统治地位。唯物史观对历史观的科

---

① 《马克思恩格斯文集》第 1 卷，人民出版社 2009 年版，第 295 页。
② 《马克思恩格斯全集》第 26 卷，人民出版社 1974 年版，第 545 页。
③ 《马克思恩格斯文集》第 1 卷，人民出版社 2009 年版，第 540 页。

学回答，宣告了唯心史观的彻底破产。唯心史观的主要缺陷是：至多考察了人的活动的思想动机，而没有进一步探究思想动机背后的物质动因和经济根源，因而从社会意识决定社会存在的前提出发，把社会历史看成精神发展史，根本不懂得社会历史的客观规律，根本不懂得人民群众在社会历史发展中的决定性作用。

"人们自己创造自己的历史，但是他们并不是随心所欲地创造，并不是在他们自己选定的条件下创造，而是在直接碰到的、既定的、从过去承继下来的条件下创造。"①唯物史观认为，社会存在决定社会意识，社会意识能动地反作用于社会存在，从而在人类思想史上第一次正确解决了社会存在与社会意识的关系问题，是社会历史观的革命性变革。"人们的意识取决于人们的存在而不是相反，这个原理看来很简单，但是仔细考察一下也会立即发现，这个原理的最初结论就给一切唯心主义，甚至给最隐蔽的唯心主义当头一棒。关于一切历史的东西的全部传统的和习惯的观点都被这个原理否定了。"②

恩格斯在评价马克思时指出："正像达尔文发现有机界的发展规律一样，马克思发现了人类历史的发展规律，即历来为繁芜丛杂的意识形态所掩盖着的一个简单事实：人们首先必须吃、喝、住、穿，然后才能从事政治、科学、艺术、宗教等等；所以，直接的物质的生活资料的生产，从而一个民族或一个时代的一定的经济发展阶段，便构成基础，人们的国家设施、法的观点、艺术以至宗教观念，就是从这个基础上发展起来的，因而，也必须由这个基础来解释，而不是像过去那样做得相反。"③"现代唯物主义把历史看做人类的发展过程，而它的任务就在于发现这个过程的运动规律。"④

马克思、恩格斯强调："人们为了能够'创造历史'，必须能够生活。但是为了生活，首先就需要吃喝住穿以及其他一些东西。因此第一个历史活动就是生产满足这些需要的资料，即生产物质生活本身，而且，这是人们从几千年前直到今天单是为了维持生活就必须每日每时从事的历史活动，是一切历史的基本条件……因此任何历史观的第一件事情就是必须注意上述基本事实的全部意义和全部范围，并给予应有的重视……已经得到满足的第一个需要本身、满足需要的活

---

① 《马克思恩格斯文集》第2卷，人民出版社2009年版，第470~471页。
② 《马克思恩格斯文集》第2卷，人民出版社2009年版，第598页。
③ 《马克思恩格斯文集》第3卷，人民出版社2009年版，第601页。
④ 《马克思恩格斯文集》第3卷，人民出版社2009年版，第545页。

动和已经获得的为满足需要而用的工具又引起新的需要，而这种新的需要的产生是第一个历史活动。"①

唯物史观从社会生活的各种领域中划分出经济领域，从一切社会关系中划分出生产关系，并把它当做决定其余一切关系的基本的、原始的关系，进而将一切社会关系归结于生产关系，将生产关系归结于生产力发展的高度，从而将社会形态的发展看做自然历史过程，破天荒地破解了"历史之谜"，揭示了人类社会发展的规律。把握这两个"划分"、两个"归结"的思想，对于认识社会历史具有重要意义。马克思说："人们在自己生活的社会生产中发生一定的、必然的、不以他们的意志为转移的关系，即同他们的物质生产力的一定发展阶段相适合的生产关系。这些生产关系的总和构成社会的经济结构，即有法律的和政治的上层建筑竖立其上并有一定的社会意识形式与之相适应的现实基础。物质生活的生产方式制约着整个社会生活、政治生活和精神生活的过程。不是人们的意识决定人们的存在，相反，是人们的社会存在决定人们的意识。社会的物质生产力发展到一定阶段，便同它们一直在其中运动的现存生产关系或财产关系（这只是生产关系的法律用语）发生矛盾。于是这些关系便由生产力的发展形式变成生产力的桎梏。那时社会革命的时代就到来了。随着经济基础的变更，全部庞大的上层建筑也或慢或快地发生变革。"②列宁说："只有把社会关系归结于生产关系，把生产关系归结于生产力的水平，才能有可靠的根据把社会形态的发展看做自然历史过程。"③

二、社会存在及其在社会发展中的作用

社会存在也称社会物质生活条件，是社会生活的物质方面，主要包括自然地理环境、人口因素和物质生产方式。

自然地理环境是人类社会生存和发展永恒的、必要的条件，是人们生活和生产的自然基础。自然地理环境提供了社会生活和生产资料的来源。"没有自然界，

---

① 《马克思恩格斯文集》第1卷，人民出版社2009年版，第531~532页。
② 《马克思恩格斯文集》第2卷，人民出版社2009年版，第591~592页。
③ 《列宁专题文集·论辩证唯物主义和历史唯物主义》，人民出版社2009年版，第161页。

没有感性的外部世界，工人什么也不能创造。自然界是工人的劳动得以实现、工人的劳动在其中活动、工人的劳动从中生产出和借以生产出自己的产品的材料。"①离开一定的自然条件，人们就不可能进行生活和生产；自然地理环境的优劣对劳动生产率的提高产生积极或消极的影响，并对社会发展起促进或延缓的作用。这就是，"自然界一方面在这样的意义上给劳动提供生活资料，即没有劳动加工的对象，劳动就不能存在，另一方面，也在更狭隘的意义上提供生活资料，即维持工人本身的肉体生存的手段"。② 当然，自然地理环境的作用要受社会发展状况的制约，特别是受物质资料生产方式的制约。

自然生态平衡对社会生活起着重要作用。合理地利用自然资源，保护生态平衡，是社会得以正常发展的必要条件。当今世界出现的生态、环境、人口、资源等全球危机问题，并不单纯是自然系统内平衡关系遭到严重破坏，实际上也是人与自然关系的严重失衡。马克思认为，应当合理地调节人与自然之间的物质变换，在最无愧于和最适合人类本性的条件下进行这种物质变换。恩格斯也提出了自然界"对人进行报复"以及"人类同自然的和解"问题。坚持人与自然和谐共生，建设生态文明，是中华民族永续发展的千年大计。我们要从自己做起，像爱护眼睛一样爱护生态环境，形成绿色、低碳、环保的生活方式，创造良好的生产生活环境，建设美丽中国。

人口因素也是重要的社会物质生活条件，对社会发展起着制约作用。人是从事物质生产活动和其他一切社会活动的主体，是一切社会关系的承担者，没有人就没有社会。人口的数量和质量等因素对生产发展和社会进步起加速或延缓的作用。适度的人口对社会发展起加速作用，过密或过疏的人口对社会发展则起延缓作用。在现代社会，人口的质量(智力、体力等)、职业构成、受教育程度和技术熟练程度等状况，对社会发展产生重要影响。人口因素要受社会生产状况和社会制度的制约。无论是自然地理环境还是人口因素，都不能脱离社会生产而发生作用，都不能决定社会的性质和社会形态的更替。

物质生产方式，即马克思所说的"物质生活的生产方式"，通常简称为生产方式，是指人们为获取物质生活资料而进行的生产活动的方式，它是生产力和生

---

① 《马克思恩格斯文集》第 1 卷，人民出版社 2009 年版，第 158 页。
② 《马克思恩格斯文集》第 1 卷，人民出版社 2009 年版，第 158 页。

产关系的统一体。物质生产方式是社会存在和发展的基础及决定力量。在人们的社会物质生活条件中，生产方式是社会历史发展的决定力量。首先，物质生产活动及生产方式是人类社会赖以存在和发展的基础，是人类其他一切活动的首要前提。其次，物质生产活动及生产方式决定着社会的结构、性质和面貌，制约着人们的经济生活、政治生活和精神生活等全部社会生活。马克思说："我的观点是把经济的社会形态的发展理解为一种自然史的过程。不管个人在主观上怎样超脱各种关系，他在社会意义上总是这些关系的产物。同其他任何观点比起来，我的观点是更不能要个人对这些关系负责的。"[1]"人们按照自己的物质生产率建立相应的社会关系，正是这些人又按照自己的社会关系创造了相应的原理、观念和范畴。"[2]最后，物质生产活动及生产方式的变化发展决定整个社会历史的变化发展，决定社会形态从低级向高级的更替和发展。

三、社会意识及其相对独立性

社会意识是社会生活的精神方面，是对社会存在的反映。社会意识具有复杂的结构，可以从不同角度对其进行划分。根据不同的主体，社会意识可分为个体意识和群体意识。个体意识是个人的生活经历和社会地位等在自己头脑中的反映，是个体社会实践的产物；群体意识是群体成员共同的意识，是群体实践的产物。根据不同的层次，社会意识分为社会心理和社会意识形式。社会心理是低层次的社会意识，是自发的、不系统的、不定型的社会意识，表现为人们的感知、情绪、情感、心态、习俗等，以感性认识为主；社会意识形式是高层次的社会意识，是自觉的、系统的、定型的社会意识，包括政治法律思想、道德、艺术、宗教、哲学、科学等，以理性认识为主。社会意识形式以社会心理为基础，并对社会心理起指导和影响作用。

在社会意识形式中，又存在意识形态和非意识形态之分，其中意识形态是指反映社会的经济关系、阶级关系的社会意识，主要包括政治法律思想、道德、艺术、宗教、哲学等。自然科学和语言学、形式逻辑等一部分社会科学不具有社会

---

① 《马克思恩格斯文集》第 5 卷，人民出版社 2009 年版，第 10 页。
② 《马克思恩格斯文集》第 1 卷，人民出版社 2009 年版，第 603 页。

经济形态和政治制度的性质，不反映特定社会集团的利益和要求，不服务于特定经济政治制度和特定阶级，因而属于非意识形态。

政治法律思想包括政治思想和法律思想。政治思想是人们关于政治的关系、制度和设施的观点、理论的总和，法律思想是人们关于法的关系、制度和设施的观点、理论的总和。政治法律思想是随着阶级和国家的出现而产生的，是最直接、最集中地反映经济基础的意识形态，在意识形态中居于核心地位，起主导作用。

道德是调整人们之间以及个人与社会之间关系的行为规范的总和，是依靠社会舆论以及人们的信念、习惯、传统和教育来起作用的精神力量。道德是一定生产方式的产物，对经济基础有比较直接的反映。道德具有历史性，不同时代具有不同的道德观念，永恒不变的道德是不存在的。道德具有继承性，一个国家或民族的传统美德在现实生活中具有重要影响和意义，会一代代传承下来。

艺术是通过塑造具体生动的形象来反映社会生活的意识形式。它靠形象来表现人们对社会生活的理解、情感、愿望和意志，按照审美的规则来把握和再现生动的社会生活，并通过美的感染力来影响人们的思想情感和社会生活。

宗教是支配人们日常生活的外部力量在人们头脑中的虚幻的反映。宗教本质上是一种"颠倒的世界观"，是由对神灵的信仰和崇拜来支配人的思想行为的一种意识形式。从其产生根源看，宗教是自然压迫和社会压迫下的产物。在人类社会早期，由于生产力水平极端低下和缺乏科学知识，以及人们对自然现象的无知和恐惧，产生了各种形式的宗教观念。阶级压迫给劳动人民带来苦难而人们又不能科学地解释这些社会现象，其是宗教产生的又一重要根源。宗教最初是被压迫者对现实苦难的叹息和抗议，而后被统治阶级所利用，成为其统治被压迫者的思想工具。从历史和现实看，宗教将会长期存在并发挥作用。宗教与一定社会的经济、政治、文化问题交织在一起，对社会发展和稳定将产生重大影响，我们必须积极引导宗教与社会主义社会相适应。宗教常常与现实的国际斗争和冲突相交织，是国际关系和世界政治中的一个重要因素，我们必须高度警惕和抵制境外敌对势力利用宗教来进行渗透。要努力进行马克思主义宗教观教育，进行辩证唯物主义和历史唯物主义科学世界观教育，提高全民族的思想道德素质和科学文化素质。

哲学是理论化、系统化的世界观，是对自然知识、社会知识和思维知识的概括和总结，是世界观和方法论的统一。哲学具有思辨的特点，与其他社会意识形式不同，它是一种以更为间接和抽象的方式反映社会存在的意识形式。哲学作为观念文化中的基础部分，对社会和人的发展产生重要影响。

各种社会意识形式由于反映社会存在的方面不同、方式不同，因而作用也不同。在阶级社会中，占统治地位的思想文化，本质上是经济占统治地位的阶级的意识形态，因而具有鲜明的阶级属性。在社会主义条件下，特别是改革开放以来，我国社会主义意识形态建设不断加强，但也面临着一些新情况和新问题。为适应新形势，我们必须以高度的历史使命感和责任感，重视我国意识形态领域里的新变化，加强社会主义核心价值体系建设，培育和践行社会主义核心价值观，巩固马克思主义在意识形态领域的指导地位。

社会存在决定社会意识，社会意识以理论、观念、心理等形式反映社会存在。这是社会意识对社会存在的依赖性。但社会意识并非消极被动地受制于社会存在，它既依赖于社会存在，又有其相对独立性。

社会意识的相对独立性是指，社会意识在受到社会存在决定的同时，还具有自己特有的发展形式和规律，主要表现在：

一是社会意识与社会存在发展的不完全同步性和不平衡性。进步的社会意识可以在一定程度上预见、推断未来，指导人们的实践活动；落后于社会存在的社会意识则阻碍社会的发展。另外，历史上也有这样的情况：社会经济发展水平较高的国家或地区，其社会意识的发展水平未必都是最高的；某些经济水平相对落后的国家或地区，其社会意识的某些方面却可以领先于经济发达的国家或地区。

二是社会意识内部各种形式之间的相互影响及各自具有的历史继承性。社会生活的内在联系及其统一性，决定了社会意识诸形式之间也必然是相互影响、相互作用的。同时，社会意识诸形式均有自成系统、前后相继的历史链条，因而具有历史继承性，有其发展的特殊规律。

三是社会意识对社会存在起能动的反作用。这是社会意识具有相对独立性的突出表现。任何社会意识都不会凭空出现，只能在适应一定社会物质生活发展的要求下而产生，因而它必然具有满足这些需求的功能和价值，在一定条件下会转化为物质力量并作用于社会存在，影响历史的发展。先进的社会意识反映了社会发展的趋势和要求，对社会发展起着积极的促进作用；落后的社会意识不符合社会发展的趋势和要求，对社会发展起着消极的阻碍作用。

社会意识的能动作用是通过指导人们的实践活动来实现的。思想本身并不能实现，要实现思想就要付诸实践，而社会实践的主体是人民群众。因此，一种社会意识发挥作用的程度及范围大小、时间长短同它实际掌握群众的深度和广度密切联系在一起。

四、社会存在与社会意识的辩证关系

社会存在和社会意识是辩证统一的，社会存在决定社会意识。社会存在是社会意识内容的客观来源，社会意识是对社会物质生活过程及其条件的主观反映。社会意识产生的基础是人类的社会实践，实践的能动性决定了社会意识反映社会存在的能动性。所以，社会意识根源于社会存在，是对以实践为基础的不断变化发展的现实世界的反映。

社会意识是人们进行社会物质交往的产物。社会意识同语言一样，是在生产中由于交往活动的需要而产生的。人类最初的意识是"纯粹动物式的意识"，是"被意识到了的本能"。经过漫长的生产和交往的发展，伴随着脑力劳动和体力劳动的分工，产生了人类最初的思想家。马克思、恩格斯指出："从这时候起，意识才能摆脱世界而去构造'纯粹的'理论、神学、哲学、道德等等。"[1]"而发展着自己的物质生产和物质交往的人们，在改变自己的这个现实的同时也改变着自己的思维和思维的产物。不是意识决定生活，而是生活决定意识。"[2]

随着社会存在的发展，社会意识也相应地或早或迟地发生变化。社会意识是具体的、历史的。每一时代的社会意识都有其独特的内容和特点，具有不断进步的历史趋势，但不管怎样变化、发展，其根源总是深深地埋藏于经济的事实之中。例如，在原始社会，人们只有朴素的族群公有观念，不知"私有"为何物。随着以生产资料私有制为基础的生产方式的出现和原始社会的瓦解，私有观念以

---

① 《马克思恩格斯文集》第 1 卷，人民出版社 2009 年版，第 534 页。
② 《马克思恩格斯文集》第 1 卷，人民出版社 2009 年版，第 525 页。

及与此相联系的思想意识相应产生。可见，那种认为人从来就有"自私意识"的观点是没有根据的。

这里有必要探讨一下，社会存在是怎样决定社会意识的。针对一些人把马克思主义误解和曲解为经济决定论，恩格斯晚年一方面反复阐明了社会存在决定社会意识的复杂方式。另一方面，恩格斯承认，一些人之所以把马克思主义误解或曲解为经济决定论与他们的论述重点有关系。恩格斯说："我们所研究的领域越是远离经济，越是接近于纯粹抽象的意识形态，我们就越是发现它在自己的发展中表现为偶然现象，它的曲线就越是曲折。如果您画出曲线的中轴线，您就会发现，所考察的时期越长，所考察的范围越广，这个轴线就越是接近经济发展的轴线，就越是同后者平行而进。"①"根据唯物史观，历史过程中的决定性因素归根到底是现实生活的生产和再生产。无论马克思或我都从来没有肯定过比这更多的东西。如果有人在这里加以歪曲，说经济因素是唯一决定性的因素，那么他就是把这个命题变成毫无内容的、抽象的、荒诞无稽的空话。"②

毛泽东说："我们承认总的历史发展中是物质的东西决定精神的东西，是社会的存在决定社会的意识；但是同时又承认而且必须承认精神的东西的反作用，社会意识对于社会存在的反作用，上层建筑对于经济基础的反作用。这不是违反唯物论，正是避免了机械唯物论，坚持了辩证唯物论。"③

①　《马克思恩格斯文集》第 10 卷，人民出版社 2009 年版，第 669 页。
②　《马克思恩格斯文集》第 10 卷，人民出版社 2009 年版，第 591 页。
③　《毛泽东选集》第 1 卷，人民出版社 1991 年版，第 326 页。

专题八　社会发展的基本规律

　　社会发展的基本规律是生产力和生产关系、经济基础和上层建筑对立统一规律。这一对立统一规律一般表述为社会基本矛盾运动规律，实际上也就是社会基本结构要素之间的矛盾运动规律。马克思主义创始人指出："按照我们的观点，一切历史冲突都根源于生产力和交往形式之间的矛盾。"①"一切社会变迁和政治变革的终极原因，不应当到人们的头脑中，到人们对永恒的真理和正义的日益增进的认识中去寻找，而应当到生产方式和交换方式的变更中去寻找。"②"人们在自己生活的社会生产中发生一定的、必然的、不以他们的意志为转移的关系，即同他们的物质生产力的一定发展阶段相适合的生产关系。这些生产关系的总和构成社会的经济结构，即有法律的和政治的上层建筑竖立其上并有一定的社会意识形式与之相适应的现实基础。物质生活的生产方式制约着整个社会生活、政治生活和精神生活的过程。不是人们的意识决定人们的存在，相反，是人们的社会存在决定人们的意识。社会的物质生产力发展到一定阶段，便同它们一直在其中运动的现存生产关系或财产关系（这只是生产关系的法律用语）发生矛盾。于是这些关系便由生产力的发展形式变成生产力的桎梏。那时社会革命的时代就到来了。随着经济基础的变更，全部庞大的上层建筑也或慢或快地发生变革。"③在把握经典作家以资本主义基本矛盾为基本方法研究资本主义的基础上，毛泽东指出："在社会主义社会中，基本的矛盾仍然是生产关系和生产力之间的矛盾，上层建筑和经济基础之间的矛盾。"④

---

① 《马克思恩格斯文集》第 1 卷，人民出版社 2009 年版，第 567~568 页。
② 《马克思恩格斯文集》第 9 卷，人民出版社 2009 年版，第 284 页。
③ 《马克思恩格斯文集》第 2 卷，人民出版社 2009 年版，第 591~592 页。
④ 《毛泽东文集》第 7 卷，人民出版社 1999 年版，第 214 页。

一、生产力与生产关系的对立统一规律

生产力与生产关系矛盾运动的规律，是人类社会发展的基本规律。生产力和生产关系是社会生产不可分割的两个方面。在社会生产中，生产力是生产的物质内容，生产关系是生产的社会形式，二者的有机结合和统一构成社会的生产方式。生产力与生产关系的相互关系是：生产力决定生产关系，而生产关系又反作用于生产力。

（一）生产力与生产关系

人类要生存繁衍、追求美好生活、获得自身的解放和发展，首先必须解决衣食住行等物质生活资料问题。马克思认为，人类第一个历史活动就是生产满足这些需要的物质资料，生产力是人类社会生活和全部历史的基础。

生产力是人类在生产实践中形成的优化和影响自然以使其适合社会需要的物质力量。生产力具有客观现实性和社会历史性。深入理解生产力范畴，需要把握生产力的水平、性质、状况和发展要求等重要方面。生产力的水平表现为生产发展的现实程度；生产力的性质取决于生产的物质技术性质，主要是劳动资料的性质；生产力的状况是这两者的统一，表现为生产力的运行状态或发展态势；生产力的发展要求与生产力上述三方面的规定性紧密联系在一起，是指现实的生产力不断获得解放和发展的基本要求。

生产力具有复杂的系统结构。其基本要素包括：一是劳动资料，也称劳动手段。它是人们在劳动过程中所运用的物质资料或物质条件，其中最重要的是生产工具。人们解决社会同自然矛盾的实际能力如何，主要取决于生产工具的质量和数量，生产工具是区分社会经济时代的客观依据。"各种经济时代的区别，不在于生产什么，而在于怎样生产，用什么劳动资料生产。劳动资料不仅是人类劳动力发展的测量器，而且是劳动借以进行的社会关系的指示器。"①二是劳动对象。一切自然物质都是可能的劳动对象，其中引入生产过程的部分则是现实的劳动对象。现实的劳动对象还包括生产深度加工的对象。劳动对象是现实生产的必要前

---

①　《马克思恩格斯文集》第 5 卷，人民出版社 2009 年版，第 210 页。

提。劳动对象不同，往往会影响劳动产品的质量和数量。随着生产和科学技术的进步，劳动对象将日益扩大并越来越显示出它的重要作用。三是劳动者。劳动者是人，但不是所有的人都是劳动者。劳动者是具有一定生产经验、劳动技能和知识，能够运用一定劳动资料作用于劳动对象，从事生产实践活动的人。劳动者是生产力中最活跃的因素，人类智慧和能力的发展决定着对物质资源开发的深度和广度。所以，人才资源是第一资源。劳动者一般包括体力劳动者和脑力劳动者。在现代生产中，脑力劳动者的质量和数量日益具有决定性的意义；在高新技术领域内，脑力劳动和体力劳动具有直接同一的趋势。

科学技术是生产力中的重要因素。科学技术能够应用于生产过程，与生产力中的劳动资料、劳动对象和劳动者等因素相结合而转化为实际生产能力。科学技术的发明创造，会引起劳动资料、劳动对象和劳动者素质的深刻变革和巨大进步；科学技术应用于生产的组织管理，能够大幅度提高管理效率；科学技术为劳动者所掌握，可以极大地提高劳动生产率。在现代，科学技术发展日新月异，应用于生产过程的周期日趋缩短，对于生产发展的作用越来越大，日益成为生产发展的决定性因素。从这个意义上说，科学技术是先进生产力的集中体现和主要标志，是第一生产力。

生产力与生产关系是不可分割且相互联系着的。生产关系是人们在物质生产过程中形成的不以人的意志为转移的经济关系。马克思指出："为了进行生产，人们相互之间便发生一定的联系和关系；只有在这些社会联系和社会关系的范围内，才会有他们对自然界的影响，才会有生产。"①生产关系是社会关系中最基本的关系，政治关系、家庭关系、宗教关系等其他社会关系，都受生产关系的支配和制约。生产关系包括生产资料所有制关系、生产中人与人的关系和产品分配关系。在生产关系中，生产资料所有制关系是最基本的，它是人们进行物质资料生产的前提，生产、分配、交换和消费关系在很大程度上是由这种前提决定的，所以是最基本的、具有决定意义的方面。它是区分不同生产方式、判定社会经济结构性质的客观依据。当然，生产关系的其他方面对生产资料所有制关系也具有重要的影响和制约作用，当它们适应所有制性质的要求时，会对生产资料所有制起巩固、发展的作用，反之，就会对生产资料所有制起削弱、瓦解作用。生产关系

---

① 《马克思恩格斯文集》第 1 卷，人民出版社 2009 年版，第 724 页。

作为生产中人与人之间的关系，不是物，"可是这些关系总是同物结合着，并且作为物出现"。① 例如，资本的直接表现形态是商品生产中物的要素，但其实质是一种生产关系。分析生产关系必须透过"物"看到"物"后面的人与人的关系。

历史上在社会中占统治地位的生产关系，依据生产资料所有制关系的性质区分为两种基本类型：一种是以生产资料公有制为基础的生产关系，其根本特征是：生产资料为劳动者共同占有，人们在生产过程中处于平等地位，产品分配上不存在剥削。另一种是以生产资料私有制为基础的生产关系，其根本特征是：生产资料归少数非劳动者占有，劳动者占有很少或根本没有生产资料，并在生产中处于被支配地位，这种人与人的关系往往包含剥削关系。当然，个体劳动者的私有制中没有剥削关系。经典作家正是正确运用了历史唯物主义的基本分析方法，才深刻捕捉到人类社会发展复杂表现背后的本质力量。恩格斯在研究分析资本主义社会生产力与生产关系矛盾运动时指出："生产已经成为社会的活动；而交换以及和它相伴随的占有，仍旧是个体的活动，单个人的活动：社会的产品被个别资本家所占有。这就是产生现代社会的一切矛盾的基本矛盾，现代社会就在这一切矛盾中运动，而大工业把它们明显地暴露出来了。"②

在人类历史发展的现阶段，这两种基本类型的生产关系是并存的，随着生产力的进一步发展，以生产资料公有制为基础的生产关系必将取代以生产资料私有制为基础的生产关系。

(二) 生产关系一定要适合生产力状况的规律

生产力和生产关系是社会生产不可分割的两个方面。在社会生产中，生产力是生产的物质内容，生产关系是生产的社会形式，二者的有机结合和统一构成社会的生产方式。生产力与生产关系的辩证统一关系是：生产力决定生产关系，而生产关系又反作用于生产力。

生产力决定生产关系的规律是指，在二者的关系中，生产力是居支配地位、起决定作用的方面。"随着新的生产力的获得，人们便改变自己的生产方式，而随着生产方式的改变，他们便改变所有不过是这一特定生产方式的必然关系的经

---

① 《马克思恩格斯文集》第 2 卷，人民出版社 2009 年版，第 604 页。
② 《马克思恩格斯文集》第 9 卷，人民出版社 2009 年版，第 397 页。

济关系。"①对此，我们可知，其一，生产力状况决定生产关系的性质。历史上的各种生产关系都是适应一定的生产力发展需要而产生的。有什么样的生产力，就会产生什么样的生产关系。马克思说："随着新生产力的获得，人们改变自己的生产方式，随着生产方式即谋生的方式的改变，人们也就会改变自己的一切社会关系。手推磨产生的是封建主的社会，蒸汽磨产生的是工业资本家的社会。"②可见，生产力状况是生产关系形成的客观前提和物质基础。其二，生产力的发展决定生产关系的变化。生产关系是生产力发展需要的产物，只有当它为生产力提供足够的发展空间时才能够存在。随着生产力的发展，原本适合生产力状况的生产关系便由新变旧，走向自己的反面。"为了不致失掉文明的果实，人们在他们的交往［commerce］方式不再适合于既得的生产力时，就不得不改变他们继承下来的一切社会形式。"③当生产关系不能适应生产力发展的要求时，人们就要变革旧的生产关系，建立新的生产关系，以适应生产力的发展。

生产关系对生产力具有能动的反作用，这主要表现为两种情形：当生产关系适合生产力发展的客观要求时，对生产力的发展起推动作用；当生产关系不适合生产力发展的客观要求时，就会阻碍生产力的发展。生产关系对生产力反作用的实际过程和情形是十分复杂的。新的生产关系总体上基本适合生产力发展，但并不排除它的某些环节或方面不适合生产力状况而阻碍其发展；旧的生产关系总体上基本不适合生产力发展，但也不排除它的某些环节或方面的调整和改变，能够暂时地、局部地对生产力发展有一定的促进作用。生产关系落后于生产力固然会阻碍其发展，而由于人为的原因使某种生产关系"超越"生产力水平，这种"拔高"了的生产关系也会阻碍生产力的发展。

生产力与生产关系的相互作用是一个过程，表现为二者的矛盾运动。这种矛盾运动中内在的、本质的、必然的联系，就是生产关系一定要适合生产力状况的规律。就内容看，这一规律概括了生产力和生产关系相互作用的两个方面。从过程看，这一规律表现为生产关系对于生产力总是从基本相适合到基本不相适合，再到新的基础上的基本相适合；与此相适应，生产关系也总是从相对稳定到新旧

---

① 《马克思恩格斯文集》第 10 卷，人民出版社 2009 年版，第 44 页。
② 《马克思恩格斯文集》第 1 卷，人民出版社 2009 年版，第 602 页。
③ 《马克思恩格斯文集》第 10 卷，人民出版社 2009 年版，第 43~44 页。

更替，再到相对稳定。生产力和生产关系的这种矛盾运动循环往复，不断推动社会生产发展，进而推动整个社会逐步走向高级阶段。生产关系一定要适合生产力状况的规律是社会形态发展的普遍规律。马克思说："生产方式，生产力在其中发展的那些关系，并不是永恒的规律，而是同人们及其生产力的一定发展相适应的东西，人们生产力的一切变化必然引起他们的生产关系的变化吗？由于最重要的是不使文明的果实——已经获得的生产力被剥夺，所以必须粉碎生产力在其中产生的那些传统形式。"①

生产力与生产关系矛盾运动规律的原理具有极为重要的理论意义和现实意义。第一，这一原理在人类思想史上彻底否定了以"道德说教"作为评判历史功过是非的思想体系，第一次科学地确立了生产力发展是"社会进步的最高标准"，② 并且把生产力和生产关系矛盾运动的规律作为判断时代变革的客观依据。马克思明确指出，判断一个变革时代不能以该时代的意识为依据，相反，这个意识必须"从社会生产力和生产关系之间的现存冲突中去解释"。③ 正是根据上述根本观点，马克思正确阐释了社会形态的演进过程及其历史必然性问题，正确评价了历史和现实中的事件、人物以及各种社会集团的理论、主张等，为正确认识社会和历史提供了基本观点和方法。第二，生产力与生产关系矛盾运动规律是马克思主义政党制定路线、方针和政策的重要依据。马克思主义政党必须自觉地认识和把握这一规律，自觉认识到物质生产是社会生活的基础，生产力是推动社会进步的最活跃、最革命的要素，社会主义的根本任务是解放和发展社会生产力。在全面深化改革中，要把坚持发展作为解决我国所有问题的关键，推动我国社会生产力不断向前发展，进而推动社会的全面进步和人的全面发展。

二、经济基础与上层建筑的对立统一规律

马克思把社会比喻为一座大厦，并把社会关系区分为经济基础和上层建筑两部分。经济基础与上层建筑是辩证统一的。经济基础决定上层建筑，上层建筑反

---

① 《马克思恩格斯文集》第 1 卷，人民出版社 2009 年版，第 613~614 页。
② 《列宁全集》第 16 卷，人民出版社 1988 年版，第 209 页。
③ 《马克思恩格斯文集》第 2 卷，人民出版社 2009 年版，第 592 页。

作用于经济基础,二者相互影响、相互作用。

(一)经济基础对上层建筑的决定作用

经济基础是指由社会一定发展阶段的生产力所决定的生产关系的总和。理解经济基础的内涵要把握两点:其一,社会的一定发展阶段上往往存在多种生产关系,但决定一个社会性质的是其中占支配地位的生产关系。其二,经济基础与经济体制具有内在联系。经济体制是社会基本经济制度所采取的组织形式和管理形式,是生产关系的具体实现形式。经济体制与生产力发展的关系更为直接、更为具体,在实践中它总是与社会的基本经济制度结合在一起。因此,经济体制的选择是否得当,对于基本经济制度即生产关系的自我完善和生产力的发展往往起着极为重要的作用。

上层建筑是建立在一定经济基础之上的意识形态以及与之相应的制度、组织和设施。自原始社会解体以来,上层建筑由意识形态以及政治法律制度及设施和政治组织两部分构成。意识形态又称为观念上层建筑,包括政治法律思想、道德、艺术、宗教、哲学等思想观点。政治法律制度及设施和政治组织又称为政治上层建筑,包括国家政治制度、立法司法制度和行政制度,以及国家政权机构、政党、军队、警察、法庭、监狱等政治组织形态和设施。观念上层建筑和政治上层建筑的关系是:政治上层建筑是在一定意识形态指导下建立起来的,是统治阶级意志的体现;政治上层建筑一旦形成,就成为一种现实的力量,影响并制约着人们的思想理论观点。

在整个上层建筑中,政治上层建筑居主导地位,国家政权是核心。国家不是从来就有的,而是社会发展到一定历史阶段的产物。"政治国家没有家庭的自然基础和市民社会的人为基础就不可能存在。"①在原始社会,人们生产和生活的主要组织形式是氏族、胞族和部落,社会秩序依靠传统习惯和氏族首领的威信来维系。但是,社会在发展中"陷入了不可解决的自我矛盾,分裂为不可调和的对立面而又无力摆脱这些对立面。而为了使这些对立面,这些经济利益互相冲突的阶级,不致在无谓的斗争中把自己和社会消灭,就需要有一种表面上凌驾于社会之上的力量,这种力量应当缓和冲突,把冲突保持在'秩序'的范围以内;这种从

---

① 《马克思恩格斯全集》第 3 卷,人民出版社 2002 年版,第 12 页。

社会中产生但又自居于社会之上并且日益同社会相异化的力量，就是国家"。①也就是说，当社会分裂为彼此对抗的阶级——奴隶主阶级和奴隶阶级，占人口少数的奴隶主阶级为了维护其对生产资料的占有和对多数人的剥削，并使之固定化、合法化，就必须建立适合自己统治的社会政治秩序。"国家这种强制人的特殊机构，只是在社会划分为阶级，即划分为这样一些集团，其中一些集团能够经常占有另一些集团的劳动的地方和时候，只是在人剥削人的地方，才产生出来的。"②这是国家产生的阶级根源。同时，社会某些公共事务需要专门机构进行管理。随着分工的深化，社会管理工作逐渐专门化，使得建立管理社会公共事务的专门机构不仅成为必要，而且具有可能。这是国家产生的社会根源。

　　国家的起源说明了国家的本质。国家是阶级矛盾不可调和的产物，是阶级统治的工具。在阶级已经产生且矛盾冲突愈演愈烈的情势下，为了把阶级斗争限制在一定"秩序"之内，国家作为强制性的力量应运而生。国家的实质是一个阶级统治另一个阶级的工具，它是经济上占支配地位的阶级为维护其根本利益而建立起来的强制性的暴力机关，以保障其在政治上也成为统治阶级。作为阶级分化和阶级斗争的产物，国家使自身成为控制社会的机构，通过这个机构来管理、指导、调控全部社会生活。所以，国家在执行着阶级职能的同时，又执行着社会的某些共同职能，"政治统治到处都是以执行某种社会职能为基础，而且政治统治只有在它执行了它的这种社会职能时才能持续下去"。③当国家成为政治统治的工具时，实际已经在起着管理社会生活的作用；当国家在管理社会生活时，也并没有失去其阶级统治的性质。也就是说，国家是一种具有政治统治和社会管理职能的有组织的力量，并依靠强制性或暴力手段以及征收赋税来维系，并且，国家同原始氏族组织不同，它是按照地域来划分国民的，而不再以血缘关系来划分。同时，国家的产生和存在过程，是与社会管理职能的独立化过程并行不悖的。国家的对内、对外职能都是如此。

　　马克思主义依据国家的性质和政权的组织形式，相应地将国家分为国体和政

---

　　①　《马克思恩格斯文集》第4卷，人民出版社2009年版，第189页。
　　②　《列宁专题文集·论辩证唯物主义和历史唯物主义》，人民出版社2009年版，第285页。
　　③　《马克思恩格斯文集》第9卷，人民出版社2009年版，第187页。

体两个方面。国体是指社会各阶级在国家中的地位，表明国家政权掌握在哪个阶级手里，哪个阶级是统治阶级，哪个阶级是被统治阶级。政体是指统治阶级实现其阶级统治的具体组织形式，也就是政权构成形式，表明统治阶级采取什么样的形式去组织自己的政权，实现自己的统治。一般来说，国体决定政体，政体服从于国体；政体为国体服务，并对保证国家的性质起重要作用。但是，国体和政体的关系也有复杂的情形，同一国体的国家可能采取不同的政体，而不同国体的国家又可能采取相同的政体。列宁说："民主是国家形式，是国家形态的一种。"[①]社会主义民主是其他任何国家形态的民主都不能比拟的最广泛的民主。这是因为，社会主义民主的本质和核心是人民当家做主，人民民主是社会主义的生命，是对资产阶级民主的辩证否定，是民主发展的历史性飞跃。从民主的具体形式方面看，资产阶级民主已有几百年的发展经验，有许多弊端，也有可资借鉴的因素；社会主义民主建设的历史虽然不长，但已显示出巨大的优越性，当然也面临着长期发展的任务。

经济基础是上层建筑赖以产生、存在和发展的物质基础，上层建筑是经济基础得以确立其统治地位并获得巩固和发展不可缺少的政治、思想条件。任何上层建筑的产生、存在和发展，都能直接或间接地从社会的经济结构中得到说明。"'思想'一旦离开'利益'，就一定会使自己出丑。"[②]这是对观念上层建筑依附于物质利益的关系的生动分析。不仅如此，经济基础的性质决定上层建筑的性质，有什么样的经济基础就有什么样的上层建筑。经济基础的变更必然引起上层建筑的变革，并决定其变革的方向。

（二）上层建筑一定要适合经济基础状况的规律

经济基础与上层建筑是辩证统一的。上面已分析了经济基础决定上层建筑的规律，现在分析上层建筑一定要适合经济基础状况的规律。

经济基础决定上层建筑。经济基础是上层建筑赖以产生、存在和发展的物质基础，上层建筑是经济基础得以确立其统治地位并获得巩固和发展不可缺少的政治、思想条件。任何上层建筑的产生、存在和发展，都能直接或间接地从社会的

---

① 《列宁专题文集·论社会主义》，人民出版社 2009 年版，第 40 页。
② 《马克思恩格斯文集》第 1 卷，人民出版社 2009 年版，第 286 页。

经济结构中得到说明。

上层建筑对经济基础具有反作用，这集中表现在：上层建筑为自己的经济基础的形成和巩固服务，确立或维护其在社会中的统治地位。统治阶级总是利用和依靠自己在政治上、思想上的统治地位，通过国家政权和意识形态的力量，排除异己势力及其思想，力图将社会特别是经济关系控制在"秩序"的范围之内，维护自己在经济基础上的统治地位和根本利益。上层建筑这种反作用的后果可能有两种：当它为适合生产力发展要求的经济基础服务时，就成为推动社会发展的进步力量；反之，当它为落后的经济基础服务时，就成为阻碍社会发展的消极力量。

经济基础与上层建筑的相互作用构成二者的矛盾运动。这种矛盾运动在实际运行中是极为复杂的。其一，在同一性质的经济基础与上层建筑的关系中，上层建筑的不完善部分、没有反映经济基础要求的部分都会同经济基础发生矛盾。其二，在不同性质的经济基础与上层建筑的关系中，矛盾更为复杂，主要表现在：占统治地位的经济基础同旧上层建筑的残余、未来上层建筑的萌芽之间的矛盾，新旧上层建筑之间、新旧经济基础之间的矛盾等。其三，当一种社会形态处于上升发展阶段时，上层建筑对于经济基础一般是适应的；当一种社会形态处于没落时期时，上层建筑同经济基础变革的客观要求是不适应的，其矛盾则变为对抗性的、全局性的矛盾。

经济基础和上层建筑之间的内在联系构成了上层建筑一定要适合经济基础状况的规律。这里的"一定要适合"是指：经济基础状况决定上层建筑的发展方向，决定上层建筑相应的调整或变革，而不允许上层建筑长期落后于或不适应自己的发展；上层建筑的反作用也必须取决于和服从于经济基础的性质和客观要求，而不允许上层建筑脱离经济基础的发展状况和水平。

在当代中国，深入理解上层建筑一定要适合经济基础状况的规律，必须正确把握经济基础与上层建筑矛盾运动过程中存在的各种利益关系，并在深化经济体制改革、完善社会主义经济基础以促进生产力发展的同时，加快上层建筑领域的改革，以适应生产力发展和巩固经济基础的要求。生产关系的实质是人们的物质利益关系。在社会主义条件下，上层建筑对经济基础的保护从根本上说就是为了保障最广大人民群众的物质利益。所以，要坚持中国特色社会主义政治发展道路，积极稳妥地推进上层建筑领域的改革和发展，加快建设社会主义法治国家，推进社会主义民主政治制度化、规范化、程序化，推进社会主义政治制度的自我完善和发展，使人民群众不断获得切实的经济、政治、文化利益。

三、社会形态更替的一般规律及特殊形式

社会形态是关于社会运动的具体形式、发展阶段和不同质态的范畴，是同生产力发展一定阶段相适应的经济基础与上层建筑的统一体。社会形态包括社会的经济形态、政治形态和意识形态，是三者历史的、具体的统一。经济形态是社会形态的基础，生产资料所有制关系具有决定性的意义，因而，马克思、列宁经常把"社会形态"与"经济的社会形态"在同一意义上使用，说明"生产关系总和"是社会形态的本质方面，建立在经济基础之上的上层建筑则是社会形态不可分割的组成部分。一定的社会形态总会以一定的社会制度形式呈现出来，社会制度能够集中体现社会形态的性质，所以人们在日常生活中往往用社会制度来指代社会形态。人类社会是不断发展的，社会的根本性变革和进步就是通过社会形态的更替来实现的。

马克思、恩格斯揭示的生产力与生产关系矛盾运动的规律和经济基础与上层建筑矛盾运动的规律，是人类社会发展的一般规律。这些规律决定了社会形态的更替和历史发展的基本趋势。但是，由于社会发展的复杂性和曲折性，社会形态更替在遵循一般规律的同时，也会表现出一些特殊的形式。

（一）社会形态更替的统一性和多样性

依据生产关系的不同性质，社会历史可划分为五种社会形态：原始社会、奴隶社会、封建社会、资本主义社会和共产主义社会（其第一阶段是社会主义社会）。这五种社会形态的依次更替，是社会历史运动的一般过程和一般规律，表现了社会形态更替的统一性。

但是就某一国家或民族的社会发展的历程而言，情况就不一样了。有些国家在发展中经历了几种社会形态依次更替的典型过程，也有些国家在发展中超越了一个甚至几个社会形态而跨越式地向前发展；有些国家在历史发展的一定阶段上

社会形态性质不够典型，甚至多种社会形态特征交叉渗透；有些国家在一定时期由较为落后的社会形态快速跃进为先进的社会形态，而有些国家的社会形态则长期陷于停滞状态；即使是同一种社会形态，在不同国家也会显现出不同特点。所有这些都体现了社会形态更替形式的多样性。依据俄国社会变革的实践经验，列宁曾深刻指出："世界历史发展的一般规律，不仅丝毫不排斥个别发展阶段在发展的形式或顺序上表现出特殊性，反而是以此为前提的。"①这是对社会形态更替统一性与多样性辩证关系符合历史实际的概括。

(二) 社会形态更替的必然性与人们的历史选择性

社会形态更替的统一性与多样性，根源于社会发展的客观必然性与人们的历史选择性。社会形态更替的客观必然性主要是指社会形态依次更替的过程和规律是客观的，其发展的基本趋势是确定不移的。社会形态更替归根结底是社会基本矛盾运动的结果，其中，生产力的发展具有最终的决定意义。所以，只要把全部社会关系归结于生产关系，把生产关系归结于生产力的高度，就有可靠的根据把社会形态的发展看做自然历史过程，就能够发现"各国社会现象中的重复性和常规性"，② 即规律性。也就是说，生产力与生产关系矛盾运动的规律性，从根本上规定了社会形态更替的客观必然性。

但是，规律的客观性并不否定人们历史活动的能动性，并不排斥人们在遵循社会发展规律的基础上，对于某种社会形态的历史选择性。人们的历史选择性包含三层意思：

第一，社会发展的客观必然性造成了一定历史阶段社会发展的基本趋势，为人们的历史选择提供了基础、范围和可能性空间。例如，中国新民主主义革命胜利后，中国人民选择了社会主义道路，就是由具有建立公有制为主体的生产关系的基本生产力条件、当时苏联社会主义的存在和影响以及资本主义道路走不通等原因决定的。

第二，社会形态更替的过程也是一个主观能动性与客观规律性相统一的过

---

① 《列宁专题文集·论社会主义》，人民出版社 2009 年版，第 357~358 页。
② 《列宁专题文集·论辩证唯物主义和历史唯物主义》，人民出版社 2009 年版，第 161 页。

程。人是社会实践的主体。在社会发展过程中，一方面，人们的历史选择活动总要受到自己目的的驱使和制约，因为在社会历史领域活动的是具有意识的、经过思虑或凭激情行动的、追求目的的人；另一方面，人们的历史选择活动又必须遵循社会发展的客观规律，因为历史过程是受内在的一般规律支配的，人们的历史选择只有符合社会发展规律才能实现。

第三，人们的历史选择性归根结底是人民群众的选择性。人们对于社会形态的历史选择最终取决于人民群众的根本利益、根本意愿以及对社会发展规律的把握和顺应程度。历史是人民群众创造的，人民群众是社会形态变革的决定力量。人民群众对于社会形态的历史选择，正是在遵循社会发展客观规律的基础上，通过参与社会变革实现的。因此，历史的发展、社会形态更替的规律，归根结底会通过人民的意志和人民的选择表现出来。

(三) 社会形态更替的前进性与曲折性

社会形态的更替还表现为历史的前进性与曲折性、顺序性与跨越性的统一。社会形态更替的前进性、顺序性主要是指五种社会形态依次演进的基本趋势，其历史过程是一个"扬弃"的过程。"历史是认真的，经过许多阶段才把陈旧的形态送进坟墓。世界历史形态的最后一个阶段是它的喜剧。"①

当然，社会形态更替并不否认历史发展的曲折性和跨越性。一种新社会制度取代旧社会制度，有时并不是从旧社会制度发展较为充分的典型国家开始，而更易于在旧制度发展不很完善或者很不充分的地方突破。这既体现了社会形态更替过程的曲折性，又为社会形态更替的跨越性提供了条件和历史契机。例如，资本主义制度是在欧洲而并非在封建制度高度发展完善的中国等东方国家首先取得胜利，社会主义制度首先是在俄国、中国等经济文化相对落后国家而并非在欧美等较发达的资本主义国家获得成功，都是明显的例证。封建制取代奴隶制的过程也有某些类似的情况。

在社会进步发展过程中，有时会出现社会形态更替的反复甚至倒退现象。从世界历史上看，每一次社会制度的变革，无不经过曲折反复的斗争；每一个新生的社会制度，无不有一个从不成熟到逐步成熟的发展过程。例如，英国资产阶级

---

① 《马克思恩格斯文集》第 1 卷，人民出版社 2009 年版，第 7 页。

革命开始于 1640 年，但在战胜封建制度以后，接着就出现了 1660 年的旧王朝复辟。直到 1688 年，英国的资本主义社会形态才稳固下来。就整个资本主义社会制度看，从建立到巩固大体经历了二三百年时间。社会主义作为人类历史迄今最进步的社会形态，它的产生和发展具有某种跨越性，是合乎规律的。它走向成熟，取得最后胜利，必然要经过曲折复杂的斗争和长期发展的过程，在这个过程中，甚至会出现某种重大挫折甚至倒退。但历史车轮前进的总趋势是不可改变的，它所呈现的曲折，必将以社会的巨大进步来补偿。社会主义光辉灿烂的未来，必将进一步为世人所瞩目。

历史表明，在中国这样一个经济文化相对落后的国家探索民族复兴道路，是极为艰巨的任务；坚定不移走中国特色社会主义道路，是中国人民的历史选择。中国共产党紧紧依靠人民，历经千辛万苦，取得革命、建设、改革的伟大胜利，开创和发展了中国特色社会主义，从根本上改变了中国人民和中华民族的前途命运。今天，中国特色社会主义进入了新时代，我们比历史上任何时期都更接近中华民族伟大复兴的目标，比历史上任何时期都更有信心、有能力实现这个目标。

专题九　社会发展的动力

推动社会历史发展的动力是一个复杂系统，这一系统简称为社会历史发展的动力系统。考察这一动力系统，可从不同层次、不同关系及不同大小等方面来展开。

一、社会历史发展的根本动力

推动社会历史发展的动力是多方面的。唯心史观把社会历史发展的动力归结为人们的思想动机或精神力量，而未能揭示社会历史发展的真正奥秘。唯物史观超越了唯心史观，它没有停留在"精神动力"的层面上认识社会历史，而是透过历史的表象，进一步探寻并发现了社会历史深处的"动力的动力"：物质生产方式是社会发展的基础，在此基础上形成的生产力和生产关系的矛盾、经济基础和上层建筑的矛盾是社会发展的基本矛盾和根本动力，这一基本矛盾的运动从根本上决定了各种社会矛盾的产生和发展，决定了各种社会矛盾之间的关系及其转变，决定了社会形态由低级向高级的发展；根源于社会基本矛盾的阶级斗争、社会革命、社会改革等，在社会发展中各具不同的重要作用。

（一）生产力和生产关系、经济基础和上层建筑的矛盾

矛盾是推动事物发展的动力，社会领域也不例外。在社会生活中，存在着各种各样的矛盾，其地位和作用各不相同。从社会领域中矛盾的地位和作用来看，社会矛盾有基本矛盾和非基本矛盾之分。社会基本矛盾就是指贯穿社会发展过程始终，规定社会发展过程的基本性质和基本趋势，并对社会历史发展起根本推动作用的矛盾。生产力和生产关系、经济基础和上层建筑的矛盾是社会基本矛盾。

这两对矛盾贯穿人类社会发展过程的始终，并规定了社会发展过程中各种社会形态、社会制度的基本性质；制约着社会其他矛盾的存在和发展，决定社会历史的一般进程，推动社会向前发展。

生产力和生产关系、经济基础和上层建筑的矛盾，规定并反映了社会基本结构的性质和基本面貌，涉及社会的基本领域，囊括社会结构的主要方面。社会基本结构主要包括经济结构、政治结构和观念结构。经济结构有广义和狭义之分。广义的经济结构是指生产方式，包含生产力和生产关系两个方面。狭义的经济结构是指经济关系或经济制度。这里指的是广义的经济结构。政治结构是指建立在经济结构之上的政治上层建筑，即政治法律制度及设施和政治组织。观念结构中的主要部分是以经济结构为基础，并反映一定社会经济和政治状况的社会意识形态，即观念上层建筑。社会基本矛盾实际上也就是社会基本结构要素之间的矛盾。

(二) 社会基本矛盾在历史发展中的作用

社会基本矛盾运动是历史发展的根本动力，它在历史发展中的作用主要表现在：

首先，生产力是社会基本矛盾运动中最基本的动力因素，是人类社会发展和进步的最终决定力量。生产力是社会存在和发展的物质基础，生产力决定生产关系的性质，进而决定其他社会关系的基本面貌，决定世界发展的历史进程。"17世纪和18世纪从事制造蒸汽机的人们也没有料到，他们所制作的工具，比其他任何东西都更能使全世界的社会状态发生革命。"[1]随着生产力的发展，人类的活动范围越来越大，各民族的交往越来越多，人类历史逐渐由封闭的各民族的历史向世界历史转化。正如马克思、恩格斯指出的，大工业"首次开创了世界历史，因为它使每个文明国家以及这些国家中的每一个人的需要的满足都依赖于整个世界，因为它消灭了各国以往自然形成的闭关自守的状态"，[2] "历史也就越是成为世界历史"。[3]

---

[1] 《马克思恩格斯文集》第9卷，人民出版社2009年版，第561页。
[2] 《马克思恩格斯文集》第1卷，人民出版社2009年版，第566页。
[3] 《马克思恩格斯文集》第1卷，人民出版社2009年版，第541页。

生产力是社会进步的根本内容，是衡量社会进步的根本尺度。人类社会是在生产力与生产关系的矛盾运动中前进的。作为社会历史发展过程中起基础作用的物质生产存在着双重关系，体现为生产力中的人与自然的关系以及生产关系中的人与人的关系。这双重关系犹如社会历史的经纬线，构成了社会发展过程中最基本的矛盾。生产力发展既是社会物质文明发展的基本内容，也是制约政治文明、精神文明和生态文明发展的基本物质条件。只有在生产力发展的基础上，社会才有可能充分满足人民群众的物质生活和精神生活的需要。

其次，社会基本矛盾特别是生产力和生产关系的矛盾，决定着社会中其他矛盾的存在和发展。在生产力和生产关系、经济基础和上层建筑这一社会基本矛盾的运动中，生产力和生产关系的矛盾是更为基本的矛盾，它决定经济基础和上层建筑的矛盾的产生和发展。如前所述，当旧的生产关系成为生产力发展的桎梏时，生产力就必然要求改变或变革生产关系，而一旦生产关系或经济基础状况发生了变化，就会同原有的上层建筑发生矛盾，并要求改变旧的上层建筑。社会基本矛盾的变化、发展又会引发其他社会矛盾的产生和发展。正是从这个意义上说，"一切历史冲突都根源于生产力和交往形式之间的矛盾"。①

经济基础和上层建筑的矛盾也会影响和制约生产力和生产关系的矛盾。这是因为，生产力和生产关系的矛盾的最终解决有赖于经济基础和上层建筑的矛盾的解决。生产关系或经济基础的变化，不仅决定于生产力的发展，而且受制于社会意识形态和政治法律制度即上层建筑的变化或变革。当上层建筑适应新的经济基础时，就必然会促进经济和社会的进步。当上层建筑不适应经济基础状况并阻碍生产力的发展时，只有解决了经济基础和上层建筑的矛盾，才能解决生产力和生产关系的矛盾，进而解放生产力、发展生产力。

最后，社会基本矛盾具有不同的表现形式和解决方式，并从根本上影响和促进社会形态的变化和发展。在阶级社会中，社会基本矛盾往往会通过一定社会的阶层或阶级的矛盾表现出来，或表现为不同社会集团之间的利益矛盾甚至冲突。社会基本矛盾的尖锐化，会导致代表或拥护不同生产关系、政治法律制度的阶级之间的矛盾尖锐化，阶级之间的利益矛盾积累到一定程度就会引发阶级斗争甚至社会革命，进而促使一定社会形态的变迁、更替。在同一社会形态的发展中，社

---

① 《马克思恩格斯文集》第 1 卷，人民出版社 2009 年版，第 567~568 页。

会基本矛盾通常是通过改革的方式来解决的。每一次成功的改革，都是对社会基本矛盾的某一方面或某种程度的解决，从而促进社会发展。在我国改革开放的历史进程中，坚持把推动经济基础变革同推动上层建筑改革结合起来，把发展社会生产力同提高全民族文明素质结合起来，从生产力到生产关系、从经济基础到上层建筑都发生了意义深远的重大变化，因而取得了举世瞩目的发展成就。

学习和掌握社会基本矛盾分析方法具有重要意义。这一方法要求我们全面认识和分析生产力和生产关系、经济基础和上层建筑的矛盾运动。只有把生产力和生产关系的矛盾作为一个整体来观察，才能全面把握整个社会的基本面貌和发展方向。坚持和发展中国特色社会主义，必须不断调整生产关系以适应社会生产力发展，不断完善上层建筑以适应经济基础发展。当前我国正在全面深化改革，这是由我国社会基本矛盾运动决定的。

(三) 社会主要矛盾在历史发展中的作用

在社会领域中，除了社会基本矛盾，还有社会主要矛盾。社会基本矛盾和社会主要矛盾不是同一个概念，也不是同一层次的矛盾。一般来说，社会基本矛盾是其他一切社会矛盾的根源，规定和制约着社会主要矛盾的存在和发展，社会主要矛盾是社会基本矛盾的具体体现。

社会基本矛盾，即生产力和生产关系、经济基础和上层建筑的矛盾，贯穿并制约着社会发展的全过程，规定社会发展过程的基本性质。在实际生活中，社会基本矛盾往往要通过具体的社会矛盾表现出来，而各种具体矛盾的变化发展会导致社会发展呈现出一定的阶段性特征。在考察具体的社会时，我们通常会从经济、政治、文化思想等方面去分析社会矛盾，而这些具体领域或具体方面的矛盾往往是社会基本矛盾在社会各个领域或方面的表现或折射。例如，生产发展或经济发展的问题、政治发展的问题、分配领域的问题、文化思想建设的问题等，都存在着各种各样的矛盾，都受到社会基本矛盾状况的制约，同时也是社会基本矛盾在具体生活领域中的体现。我们不仅要认识社会基本矛盾，而且要在此基础上认识社会中的各种具体矛盾，特别是社会主要矛盾。我们在工作中经常说的要认识和抓住影响全局的主要问题，其实说的就是要认识和抓住主要矛盾。

在社会发展过程的矛盾系统中，各种矛盾的地位和作用是不平衡的，存在主要矛盾和非主要矛盾的区别。社会主要矛盾是处于支配地位，在社会发展过程一定阶段上起主导作用的矛盾。社会主要矛盾的存在和发展，规定或影响着社会非主要矛盾的存在和发展。社会主要矛盾和非主要矛盾相互作用，在一定条件下相互转化。

社会主要矛盾不是一成不变的，它在一定条件下会发生转化。在社会发展一定阶段上，由于社会经济、政治、文化等因素的变化，原有的社会主要矛盾会朝着两个方面转化：一是社会主要矛盾双方的内容发生一定变化；二是矛盾地位发生变化，原来的主要矛盾转化为从属地位的矛盾，而原来的某个非主要矛盾则上升为占支配地位的主要矛盾。由于社会主要矛盾发生了变化，它所影响的社会发展过程也发生了变化，主要表现为社会发展过程出现了新的阶段性特点。例如，毛泽东曾经分析过半殖民地半封建的旧中国社会主要矛盾变化发展的三种情形：其一，当帝国主义发动对中国的侵略战争威胁到我们民族的生存时，中华民族与帝国主义的民族矛盾成为主要矛盾；其二，当帝国主义不是用战争而是用"比较温和"的方式对中国进行压迫时，国内阶级矛盾就又重新转而成为主要矛盾；其三，当国内革命形势的发展从根本上威胁到帝国主义及国内反动势力的统治时，二者就会完全公开地站在一起，与人民大众为敌，共同成为主要矛盾的一方面。他还指出，西安事变前中国社会的主要矛盾是阶级矛盾，表现在国共两党之间；西安事变之后民族矛盾上升为主要矛盾，表现在中日两国之间。这既表明了社会主要矛盾和非主要矛盾在一定条件下可以相互转化，又表明了社会主要矛盾的变化导致社会发展出现阶段性特点。

正确认识和把握社会主要矛盾，是无产阶级政党正确判断形势和确立工作重心的客观依据。马克思主义经典作家历来都非常重视抓主要矛盾的方法论和指导意义。恩格斯说："为了达到伟大的目标和团结，为此所必需的千百万大军应当时刻牢记主要的东西，不因那些无谓的吹毛求疵而迷失方向。"[1]毛泽东说："对于矛盾的各种不平衡情况的研究，对于主要的矛盾和非主要的矛盾、主要的矛盾方面和非主要的矛盾方面的研究，成为革命政党正确地决定其政治上和军事上的战略战术方针的重要方法之一，是一切共产党人都应当注意的。"[2]抓主要矛盾，

---

① 《马克思恩格斯全集》第38卷，人民出版社1972年版，第274页。
② 《毛泽东选集》第1卷，人民出版社1991年版，第326~327页。

是我们党在长期革命、建设、改革中形成的基本经验。我们党善于抓主要矛盾，以此带动其他矛盾的解决，从而推动事业发展和社会进步。

社会主要矛盾及其转化的原理，对于指导中国特色社会主义实践具有重要意义。我们党对社会主义建设规律的探索，与对我国社会主要矛盾的认识有着密切的联系。当我们正确把握了社会主要矛盾时，社会主义建设事业就会顺利发展，否则就容易导致挫折。1956 年党的八大指出，我国完成了社会主义改造，社会主要矛盾已经是人民对于建立先进的工业国的要求同落后的农业国的现实之间的矛盾，已经是人民对于经济文化迅速发展的需要同当前经济文化不能满足人民需要的状况之间的矛盾，从而需要大力发展社会生产力。这一重大认识和判断总体上是正确的，但后来由于"左"的思想干扰，在相当长时期内偏离了党的八大关于社会主要矛盾的正确判断，把无产阶级和资产阶级之间的斗争当做社会主义社会的主要矛盾，造成了严重后果。随着党的十一届三中全会把党和国家的工作中心转移到经济建设上来，我们党对八大时的提法作了凝练，提出"在社会主义改造基本完成以后，我国所要解决的主要矛盾，是人民日益增长的物质文化需要同落后的社会生产之间的矛盾"，① 并由此提出社会主义初级阶段理论，成为推进新时期党和国家工作的基本依据。我国的改革开放和社会主义现代化建设之所以取得如此巨大的成就，是与我们党准确把握和正确处理我国社会的主要矛盾分不开的。

党的十八大以来，中国特色社会主义进入了新时代。在新的历史条件下，科学把握社会主要矛盾变化，对全面推动新时代党和国家事业发展、实现中华民族伟大复兴，具有重大的现实意义。我们党在牢牢把握社会主义初级阶段基本国情的基础上，准确把握我国社会主要矛盾的变化，做出了新的重大判断。党的十九大指出，中国特色社会主义进入新时代，我国社会主要矛盾已经从人民日益增长的物质文化需要同落后的社会生产之间的矛盾，转化为人民日益增长的美好生活需要和不平衡不充分的发展之间的矛盾。这种转化的客观依据是，一方面人民美好生活需要日益广泛，不仅对物质文化生活提出了更高要求，而且在民主、法治、公平、正义、安全、环境等方面的要求日益增长；另一方面我国社会生产力水平总体上显著提高，社会生产能力在很多方面进入世界前列，更加突出的问题

---

① 《三中全会以来重要文献选编》下，人民出版社 1982 年版，第 839 页。

是发展的不平衡不充分，这已经成为满足人民日益增长的美好生活需要的主要制约因素。这一新的主要矛盾的形成和出现，是中国特色社会主义进入新时代的重要标志和依据。在新时代，这一主要矛盾集中体现了我们所面临的诸多矛盾和问题，抓住了这一主要矛盾，我们就找到了正确理解和把握新时代的钥匙，就牵住了解决其他矛盾的"牛鼻子"。因此，我们要紧紧扭住这一主要矛盾不放，在继续推进我国经济社会发展的基础上，着力解决好发展不平衡不充分问题，大力提升发展质量和效益，以更好满足人民对美好生活的需要，更好推动人的全面发展、社会全面进步。这样，新时代中国特色社会主义的发展就有了可靠的保障，实现中华民族伟大复兴的目标就一定能够实现。

二、阶级斗争和社会革命在阶级社会发展中的推动作用

阶级斗争是社会基本矛盾在阶级社会中的体现，是阶级社会发展的直接动力。离开了阶级斗争，就无法理解阶级社会的发展。社会革命是阶级斗争发展到一定阶段的产物，是推动社会发展的重要动力。

(一)阶级和阶级斗争

1. 阶级

提到阶级，理论界的习惯表述是，阶级是一个历史范畴。所谓历史范畴是指，这一范畴要在历史的概念框架中去理解。反思一下，其实任何范畴均是历史范畴，在不同的历史时期有不同的含义或存在形态。这样看来，指某种范畴是历史范畴是没有意义的。如果硬要从中剥离出意义，或许是指这一范畴的发展较快，含义变化较大。

阶级是人类历史中一定阶段的现象，是特定社会历史阶段的产物。马克思指出："阶级的存在仅仅同生产发展的一定历史阶段相联系。"①恩格斯强调："互相斗争的社会阶级在任何时候都是生产关系和交换关系的产物，一句话，都是自己

---

① 《马克思恩格斯文集》第 10 卷，人民出版社 2009 年版，第 106 页。

时代的经济关系的产物。"①随着社会历史的发展，阶级的内容与形式不断变化。当然，随着社会历史的进步，阶级终将消亡。马克思以前的资产阶级思想家们虽然发现了阶级和阶级斗争存在的事实，但却看不到阶级产生的历史根源，而将其视为由于"法权"或"意识"作用而导致的一种偶然的社会分化现象。马克思和恩格斯在分析考察了大量历史事实的基础上指出，阶级是由分工决定的，"在分工的范围内，私人关系必然地、不可避免地会发展为阶级关系，并作为这样的关系固定下来"。② 在原始氏族社会，由于生产力水平极端低下，分工是纯粹自然产生的，它只存在于两性之间。"这里没有统治和奴役存在的余地"，"部落和氏族分为不同的阶级也是不可能的"。③ 原始社会后期，人们学会了驯养牲畜，学会了制造和使用金属工具，劳动生产率得到提高，劳动生产逐渐从自然分工演化为社会分工。首先是游牧部落从其余的野蛮人群中分离出来——这是第一次社会大分工，即畜牧业和农业的分工。从第一次社会大分工中，也就产生了第一次社会大分裂，分裂为两个阶级：主人和奴隶、剥削者和被剥削者。人类在生产工具方面进入铁器时代以后，又发生了第二次大分工：手工业和农业分离了。在前一阶段刚刚产生并且是零散现象的奴隶制，现在成为社会制度的一个根本的组成部分了。除了自由民和奴隶的差别以外，社会又有了新的阶级划分，即在自由民中间又出现了富人和穷人的差别，也就是说有了贵族和平民之分。人类社会进入文明时代后，又有了第三次重要分工：它创造了一个不再从事生产而只从事产品交换的阶级——商人。在此以前，阶级形成的一切萌芽，还都只是与生产相联系的，而现在首次出现一个阶级，其根本不参与生产，但完全夺取了生产的领导权，并在经济活动中使生产者服从自己；它成为生产者之间的不可缺少的中间人，从中获取商业利润。恩格斯将其称为"一个寄生阶级，真正的社会寄生虫阶级"。④ 由上述分析可以看出，阶级的划分"具有某种历史的理由"。⑤

　　阶级既是一个历史范畴，也是一个经济范畴。马克思指出："阶级对立是建立在经济基础上的，是建立在迄今存在的物质生产方式和由这种方式所决定的交

---

① 《马克思恩格斯文集》第3卷，人民出版社2009年版，第544页。
② 《马克思恩格斯全集》第3卷，人民出版社1960年版，第513页。
③ 《马克思恩格斯文集》第4卷，人民出版社2009年版，第178页。
④ 《马克思恩格斯文集》第4卷，人民出版社2009年版，第185页。
⑤ 《马克思恩格斯文集》第9卷，人民出版社2009年版，第298页。

换关系之上的。"①恩格斯也说："社会阶级在任何时候都是生产关系和交换关系的产物，一句话，都是自己时代的经济关系的产物。"②"社会分裂为剥削阶级和被剥削阶级、统治阶级和被压迫阶级，是以前生产不大发展的必然结果。只要社会总劳动所提供的产品除了满足社会全体成员最起码的生活需要以外只有少量剩余，就是说，只要劳动还占去社会大多数成员的全部或几乎全部时间，这个社会就必然划分为阶级。"③产生阶级的经济关系是处于历史发展中的经济关系，社会历史阶段不同，经济的发展程度不同，经济关系以及所产生的阶级也就不同。恩格斯分析说："只要生产的规模还没有达到不仅可以满足所有人的需要，而且还有剩余产品去增加社会资本和进一步发展生产力，就总会有支配社会生产力的统治阶级和贫穷的被压迫阶级。至于这些阶级是什么样子，那要看生产的发展阶段。在依赖农业的中世纪，是领主和农奴；在中世纪后期的城市里，是行会师傅、帮工和短工；在 17 世纪是工场手工业主和工场手工业工人；在 19 世纪是大工厂主和无产者。"④这说明，经济关系是阶级产生的根源和存在的基础，经济关系也是划分阶级的依据。所以，马克思指出，各阶级是"以不依自己意志为转移的经济条件做（作）为存在的基础并因这些条件而彼此处于极尖锐的对抗中"。⑤

此外，阶级还是一个政治范畴。任何阶级都不仅仅是指处于某种经济关系的一群人。马克思和恩格斯认为，这群人只有作为一个整体来行动，并且成为政治上独立的社会集团时，才是真正意义上的"阶级"。例如，资产阶级最初在政治上只是第三等级的一部分，还没有形成一个阶级，后来在反对封建专制的斗争中，资产阶级联合起来，由地域的联系发展到全国的联系，为自己的利益而进行夺取政权的斗争，资产阶级才从第三等级中分化出来，成为一个独立的阶级。马克思明确提出，资产阶级的形成经历了从城市自治团体直到构成阶级的各个历史阶段。无产阶级的形成过程也是如此。在初始阶段，工人们还是分散在全国各地并为竞争所分裂的群众，即还是分散的"无产者"，还未结成一个"阶级"整体。所以，马克思和恩格斯在《共产党宣言》中一再强调：共产党人最近的目的就是

① 《马克思恩格斯全集》第 5 卷，人民出版社 1958 年版，第 533 页。
② 《马克思恩格斯文集》第 9 卷，人民出版社 2009 年版，第 29 页。
③ 《马克思恩格斯文集》第 9 卷，人民出版社 2009 年版，第 298 页。
④ 《马克思恩格斯文集》第 1 卷，人民出版社 2009 年版，第 684 页。
⑤ 《马克思恩格斯全集》第 4 卷，人民出版社 1958 年版，第 344 页。

首先"使无产阶级形成为阶级"；①"无产阶级在反对资产阶级的斗争中一定要联合为阶级"。② 可见，马克思主义的阶级概念，不仅指在一定经济关系中处于共同地位的经济集团，而且也指在政治斗争中逐渐联合而形成的政治集团。当然，阶级作为政治集团的存在和发展，仍是以经济关系为基础的。

列宁 1919 年在其著作《伟大的创举》中给阶级下了一个定义："所谓阶级，就是这样一些大的集团，这些集团在历史上一定的社会生产体系中所处的地位不同，同生产资料的关系（这种关系大部分是在法律上明文规定了的）不同，在社会劳动组织中所起的作用不同，因而取得归自己支配的那份社会财富的方式和多寡也不同。所谓阶级，就是这样一些集团，由于它们在一定社会经济结构中所处的地位不同，其中一个集团能够占有另一个集团的劳动。"③阶级的产生、存在和发展是同经济发展过程联系在一起的。

马克思和恩格斯认为，阶级不是从来就有的，也不会永恒地存在下去，它终究是会被消灭的。但阶级的消灭是一个长期发展的历史过程，并不取决于人的主观愿望。恩格斯指出："社会阶级的消灭是以生产高度发展的阶段为前提的，在这个阶段上，某一特殊的社会阶级对生产资料和产品的占有，从而对政治统治、教育垄断和精神领导地位的占有，不仅成为多余的，而且在经济上、政治上和精神上成为发展的障碍。"④只有在这种条件下，才能够消灭阶级。反之，如果没有生产的高度发展，人们就不得不为争夺生活必需品而斗争，社会分裂为阶级的状况就难以避免。

2. 阶级斗争

阶级斗争是阶级社会客观存在的必然现象，并贯穿于阶级社会的全部发展过程。自从阶级产生以后，人类社会便跨入阶级社会，在阶级矛盾与阶级斗争中演化发展。在阶级社会里，基本的阶级关系是一种对立对抗的关系，即压迫与反压迫、剥削与反剥削的关系。马克思和恩格斯指出："在过去的各个历史时代，我

---

① 《马克思恩格斯文集》第 2 卷，人民出版社 2009 年版，第 44 页。
② 《马克思恩格斯文集》第 2 卷，人民出版社 2009 年版，第 53 页。
③ 《列宁专题文集·论社会主义》，人民出版社 2009 年版，第 145 页。
④ 《马克思恩格斯文集》第 9 卷，人民出版社 2009 年版，第 298~299 页。

们几乎到处都可以看到社会完全划分为各个不同的等级，看到社会地位分成多种多样的层次。"①敌对阶级之间不可能有和平，"它们的物质利益和需要使得它们进行你死我活的斗争"。② 恩格斯也说过："资产阶级经济学关于资本和劳动的利益一致、关于自由竞争必将带来普遍和谐和人民的普遍福利的学说完全是撒谎。……旧的、还没有被排除掉的唯心主义历史观不知道任何基于物质利益的阶级斗争，而且根本不知道任何物质利益。"③阶级之间的斗争首先是为了经济利益而进行的。自原始社会解体以后，"至今的一切社会的历史都是在阶级对立中运动的"。④ 尽管在不同的时代这种对立具有不同的形式，但是，"社会上一部分人对另一部分人的剥削却是过去各个世纪所共有的事实"。⑤ 对此，马克思还指出："阶级间的关系的变化就是历史的变化，是整个社会活动的产物，总之，是一定'历史运动'的产物。"⑥

可见，阶级斗争根源于经济关系中，即基于生产资料私有制所产生的在经济关系上和物质利益上的根本对立。历史上剥削阶级凭借其所占有的生产资料和在生产体系中所处的统治地位，对被剥削阶级实行残酷的压榨和掠夺。同时，为了维持和加强其在经济上的统治地位，又必然对被剥削阶级实行政治统治和思想控制。被剥削阶级为了维持自己的生存，摆脱受剥削、受压迫的地位，就不得不起来反抗。

当然，阶级斗争在具体形式上并不局限于经济斗争，还包括政治斗争和思想斗争。其中，政治斗争是阶级斗争的高级形式。在任何阶级对阶级的斗争中，斗争的首要目的都是为了夺取或维护政治权力。马克思和恩格斯说："一切阶级斗争都是政治斗争。"⑦没有政治斗争，革命的阶级就不可能彻底战胜旧统治阶级而获得根本解放；没有政治斗争，新取得政权的阶级也不可能巩固自己的政治统治，确立起实现自身利益所需要的社会政治秩序。不过，政治斗争始终都是在一

---

① 《马克思恩格斯文集》第 2 卷，人民出版社 2009 年版，第 31 页。
② 《马克思恩格斯全集》第 6 卷，人民出版社 1961 年版，第 302 页。
③ 《马克思恩格斯文集》第 3 卷，人民出版社 2009 年版，第 544 页。
④ 《马克思恩格斯文集》第 2 卷，人民出版社 2009 年版，第 51 页。
⑤ 《马克思恩格斯文集》第 2 卷，人民出版社 2009 年版，第 51 页。
⑥ 《马克思恩格斯全集》第 4 卷，人民出版社 1958 年版，第 352 页。
⑦ 《马克思恩格斯文集》第 2 卷，人民出版社 2009 年版，第 40 页。

定的经济状况和经济关系的基础上而进行的。对此，恩格斯指出："马克思最先发现了重大的历史运动规律。根据这个规律，一切历史上的斗争，无论是在政治、宗教、哲学的领域中进行的，还是在其他意识形态领域中进行的，实际上只是或多或少明显地表现了各社会阶级的斗争，而这些阶级的存在以及它们之间的冲突，又为它们的经济状况的发展程度、它们的生产的性质和方式以及由生产所决定的交换的性质和方式所制约。"①他还进一步指出："在现代历史中至少已经证明，一切政治斗争都是阶级斗争，而一切争取解放的阶级斗争，尽管它必然地具有政治的形式（因为一切阶级斗争都是政治斗争），归根到底都是围绕着经济解放进行的。"②

（二）阶级斗争是阶级社会发展的直接动力

在阶级社会中，生产力和生产关系、经济基础和上层建筑的矛盾必然会通过阶级斗争表现出来。社会发展的经济动因与阶级斗争动力是联系在一起的。马克思在批评蒲鲁东的错误观点时指出："当文明一开始的时候，生产就开始建立在级别、等级和阶级的对抗上，最后建立在积累的劳动和直接的劳动的对抗上。没有对抗就没有进步。这是文明直到今天所遵循的规律。"③马克思和恩格斯抨击德国社会主义工人党的某些领导人在德国实行"非常法"初期所表现出的右倾机会主义倾向时明确指出："将近40年来，我们一贯强调阶级斗争，认为它是历史的直接动力，特别是一贯强调资产阶级和无产阶级之间的阶级斗争，认为它是现代社会变革的巨大杠杆。"④后来，恩格斯又强调："自从原始公社解体以来，组成为每个社会的各阶级之间的斗争，总是历史发展的伟大动力。"⑤"用'历史唯物主义'这个名词来表达一种关于历史过程的观点……这种观点认为，一切重要历史事件的终极原因和伟大动力是社会的经济发展，是生产方式和交换方式的改变，是由此产生的社会之划分为不同的阶级，是这些阶级彼此之间的斗争。"⑥如果说

---

① 《马克思恩格斯文集》第 2 卷，人民出版社 2009 年版，第 469 页。
② 《马克思恩格斯文集》第 4 卷，人民出版社 2009 年版，第 306 页。
③ 《马克思恩格斯全集》第 4 卷，人民出版社 1958 年版，第 104 页。
④ 《马克思恩格斯文集》第 3 卷，人民出版社 2009 年版，第 484 页。
⑤ 《马克思恩格斯全集》第 22 卷，人民出版社 1965 年版，第 560 页。
⑥ 《马克思恩格斯文集》第 3 卷，人民出版社 2009 年版，第 508~509 页。

近代以前阶级斗争在历史中的作用还较为隐蔽，那么在近代欧洲伴随封建制度土崩瓦解而来的汹涌澎湃的革命，则非常明显地展示了阶级斗争的作用。法国复辟时期的一些历史学家如梯叶里、基佐、米涅、梯也尔等，在总结法国大革命以来的历史事变时，已提出阶级斗争是理解中世纪以来法国历史的钥匙。19世纪初，英国的土地贵族和资产阶级这两个阶级争夺统治的斗争，是英国全部政治斗争的中心。从1830年起，在英国和法国，工人阶级已被承认是争夺统治的第三个阶级。恩格斯说："这三大阶级的斗争和它们的利益冲突是现代历史的动力，至少是这两个最先进国家的现代历史的动力。"①

阶级斗争对阶级社会发展的推动作用突出地表现在社会形态的更替中。当社会基本矛盾尖锐化时，即当旧的生产关系不适应生产力的发展，变成生产力发展的桎梏时，维护旧的生产关系的反动阶级，必然同代表生产力发展要求的先进阶级形成尖锐的对抗。这时，只有通过先进阶级反对反动阶级的革命斗争，推翻反动阶级的统治，才能建立新的社会形态，以解放和发展生产力，推动社会前进。阶级斗争的作用还表现在同一社会形态的量变过程中。被剥削阶级反对剥削阶级的斗争不同程度地打击了剥削阶级的统治，迫使反动统治阶级做出某些让步，不得不调整某些经济关系和政策，使社会矛盾得到一定程度的缓和，从而或多或少地推动生产力的发展和社会的进步。

阶级斗争及其作用受到一定社会历史条件的制约。对于阶级斗争的历史作用，必须从不同时代生产发展的状况、社会基本矛盾的状况来加以说明。不能脱离客观现实，片面否认或夸大阶级斗争的作用。历史上的一些阶级斗争，如奴隶反对奴隶主、农民反对封建地主的斗争，虽然不同程度地打击和动摇了剥削阶级的统治，促进了生产力的发展，推动了历史的进步，但是，由于这些被剥削阶级并不代表新的生产方式，并且缺乏科学的理论指导和严密的组织，这些斗争往往无法避免最终走向失败。历史上处于上升时期的新兴地主阶级和资产阶级曾经扮演过革命的角色，对生产力发展和社会进步起过重要的推动作用，但由于剥削者固有的阶级局限性，斗争的目的是用一种剥削制度取代另一种剥削制度，因而，此种斗争的革命性和进步性是有限的。无产阶级不同于历史上的其他一切阶级，代表了新的生产方式，是最有前途、最富有革命彻底性的阶级。无产阶级反对资

---

① 《马克思恩格斯文集》第4卷，人民出版社2009年版，第305页。

产阶级的斗争，是以实现社会主义、共产主义、解放全人类为最终目的的斗争，其历史进步作用是其他阶级斗争不可比拟的。

(三)阶级分析方法是认识阶级社会的科学方法

坚持阶级分析方法，就是运用马克思主义的阶级和阶级斗争观点去观察和认识阶级社会的社会历史现象。阶级分析方法为我们透过复杂的阶级社会现象，认识阶级社会的本质和规律提供了科学的指导。正如列宁所说："马克思主义提供了一条指导性的线索，使我们能在这种看来扑朔迷离、一团混乱的状态中发现规律性。这条线索就是阶级斗争的理论。"①阶级分析方法要求全面、动态地分析阶级状况，分析各阶级的经济地位、政治立场和意识形态，准确把握各阶级之间的关系和阶级力量的对比及其变化，把握社会运动和社会生活的脉搏，这是马克思主义政党制定正确路线、方针、政策和策略的重要依据。在认识和处理阶级矛盾时，要严格区分阶级矛盾和非阶级矛盾、对抗阶级之间的矛盾和非对抗阶级之间的矛盾，以及敌我矛盾和人民内部矛盾。

对我国社会主义现阶段的阶级斗争，需要用马克思主义的阶级分析方法，做出符合实际情况的科学判断。我国正处于并将长期处于社会主义初级阶段，在这个阶段，代表最广大人民根本利益的中国共产党成为执政党，人民真正实现了翻身解放，成为国家和社会的主人。由于国内外因素的影响，阶级斗争还将在一定范围内长期存在，在某种条件下还有可能激化，但它已经不是社会的主要矛盾。邓小平指出："社会主义社会中的阶级斗争是一个客观存在，不应该缩小，也不应该夸大。实践证明，无论缩小或者夸大，两者都要犯严重的错误。"②在社会主义初级阶段，既要注意区分不同性质的社会矛盾，正确处理人民内部矛盾，注意保持安定团结，防止把阶级斗争扩大化，又要对阶级斗争保持警惕，不能掉以轻心、麻痹大意，防止和纠正阶级斗争熄灭论。必须坚定不移地坚持中国共产党的基本理论、基本路线、基本方略，正确认识和处理阶级斗争问题。

(四)社会革命的实质和作用

社会革命有广义和狭义之分。广义的社会革命是指在社会基本矛盾运动基础

---

① 《列宁专题文集·论马克思主义》，人民出版社2009年版，第15页。
② 《邓小平文选》第2卷，人民出版社1994年版，第182页。

上的社会生活的全面变革，包括人与自然的关系、人与人的社会关系及思维方式、思想观念的重大变革。狭义的社会革命主要是指社会形态的变更，即新的社会形态取代旧的社会形态。马克思在《〈政治经济学批判〉序言》中对社会革命作了精辟的论述。他指出，随着生产力与生产关系、经济基础与上层建筑矛盾的发展，必然会导致"社会革命"时代的到来，即导致经济基础的变更，进而导致全部庞大的上层建筑也或慢或快地发生变革。社会革命既是社会基本矛盾运动的结果，又是推动社会发展特别是社会形态更替的重要动力。社会革命的实质是革命阶级推翻反动阶级的统治，用新的社会制度代替旧的社会制度，解放生产力，推动社会发展。国家政权从反动阶级手里转移到革命阶级手里，是实现社会形态变革的首要的、基本的标志。历史上曾经出现过推翻奴隶制的地主阶级革命，推翻封建制的资产阶级革命，以及推翻资本主义制度的无产阶级社会主义革命。

社会革命根源于社会基本矛盾的尖锐化。生产力的发展和旧的生产关系、经济基础的发展和旧的上层建筑之间出现矛盾冲突，是社会革命爆发的根本原因。当生产力发展到一定程度、一定阶段，旧的生产关系就由原先推动生产力发展的力量变成阻碍生产力发展的桎梏，这时，就要改变原有的生产关系；而经济基础的变革，又必然导致上层建筑的变革。社会革命是在一定形势和条件下发生的。它的爆发既要具备一定的客观条件，如经济条件和政治条件，又要具备一定的主观条件，如革命阶级的觉悟程度、组织程度和群众的发动程度等。

革命对社会发展起着巨大作用。"革命是历史的火车头"，① 是"社会进步和政治进步的强大推动力"。② 社会革命在社会发展中的重要作用表现在：首先，社会革命是实现社会形态更替的重要手段和决定性环节。当旧的生产关系严重阻碍生产力，旧的上层建筑又极力维护旧的经济基础时，必须通过社会革命这一手段来摧毁或扫除历史前进的障碍。其次，社会革命能充分发挥人民群众创造历史的积极性。由于社会革命代表了广大人民群众的根本利益，所以能够充分激发他们的革命热情和聪明才智。"革命是被压迫者和被剥削者的盛大节日。人民群众

---

① 《马克思恩格斯文集》第 2 卷，人民出版社 2009 年版，第 161 页。
② 《马克思恩格斯文集》第 2 卷，人民出版社 2009 年版，第 383 页。

在任何时候都不能像在革命时期这样以新社会制度的积极创造者的身份出现"，①
而且，社会革命还能够极大地教育和锻炼包括革命阶级在内的广大人民群众。最
后，无产阶级革命将为消除阶级对抗，并充分利用全人类的文明成果促进社会全
面进步创造条件。正如马克思所预言的那样："只有在伟大的社会革命支配了资
产阶级时代的成果，支配了世界市场和现代生产力，并且使这一切都服从于最先
进的民族的共同监督的时候，人类的进步才会不再像可怕的异教神怪那样，只有
用被杀害者的头颅做酒杯才能喝下甜美的酒浆。"②

马克思主义重视社会革命的伟大作用，同时也不否认在阶级社会中改良作为
革命的一种补充手段为争取劳动者境况的改善所起的作用。马克思主义不拒绝改
良，但反对改良主义。因为在阶级尖锐对立的情况下，改良主义主张用改良代替
社会革命，不触及深层次社会矛盾，因而不可能根本扫除社会发展的障碍，甚至
可能走向革命的反面，成为阻碍革命的绊脚石。

三、改革在社会发展中的推动作用

社会基本矛盾运动的结果，不仅表现为通过革命实现一种新的社会制度取代
旧的社会制度，而且表现为通过改革实现社会制度的自我调整和完善。改革是同
一种社会形态发展过程中的量变和部分质变，是推动社会发展的又一重要动力。
我国自 20 世纪 70 年代末以来进行的改革，是社会主义制度的自我完善和发展。
当前，我国已经进入了全面深化改革的历史新阶段。

改革在社会历史发展中的重要作用集中表现在：它是在一定程度上解决社会
基本矛盾、促进生产力发展、推动社会进步的有效途径和手段。在一定社会形
态总的量变过程中，当社会基本矛盾发展到一定程度但又尚未激化到引起社会
革命的程度时，就需要依靠改革的途径或手段，来改变与生产力不相适应的生
产关系和与经济基础不相适应的上层建筑。改革所涉及的领域是多方面的，包
括经济改革、政治改革、文化改革等。如果说社会革命适用于解决现存的社会
基本制度问题，把生产力从已不能容纳它的旧的生产关系中解放出来，那么，

---

① 《列宁选集》第 1 卷，人民出版社 2012 年版，第 616 页。
② 《马克思恩格斯文集》第 2 卷，人民出版社 2009 年版，第 691 页。

改革则适用于解决现存的社会体制存在的问题，在不改变社会基本制度的前提下，对生产关系和上层建筑的某些方面和环节进行变革，从而促进生产力发展和社会进步。

从历史上看，改革有范围和程度上的不同。有的是局部性的、浅层次的改革，有的则是全局性的、深层次的改革。由于后者对社会的生产关系和上层建筑有深层的触动和调整，因而能对社会生活产生广泛而深远的影响，甚至会影响到一定社会的发展方向。对于这样的改革，人们有时也会称其为"革命"或"社会革命"。这种概念的用法，不是从社会形态更替的本来含义上讲的，而是就这种改革的深刻性和对社会的深远影响而言的。

社会主义社会也是一个需要改革并经常进行改革的社会，社会主义社会的改革也有范围和程度上的不同。中国的社会主义改革是一场广泛深刻的伟大变革，从性质上看，它是社会主义制度的自我完善和自我发展，但从其广泛性和深刻性而言，从对我国社会生活的深远影响而言，则可以说是一场伟大的革命。习近平将党领导人民奋斗的全部历程统称为一场伟大的社会革命。新时代中国特色社会主义是我们党领导人民进行伟大社会革命的成果，也是我们党领导人民进行伟大社会革命的继续，是一场具有许多新的历史特点的伟大社会革命，必须一以贯之进行下去。

四、科学技术在社会发展中的推动作用

科学技术作为先进生产力的重要标志，对于推动社会发展有着非常重要的作用。科学技术是一个复合概念。科学是指对客观世界的认识，是反映客观事实和客观规律的知识体系及其相关的活动。科学主要分为自然科学、社会科学和思维科学。技术有广义和狭义之分。广义的技术包括生产技术和非生产技术。狭义的技术是指生产技术，即人类优化自然、进行生产的方法与手段。科学和技术是辩证统一的整体。当今时代，科学活动与技术活动的联系越来越紧密，出现了科学技术化和技术科学化的趋势，科学和技术日益融为一体。

(一) 科技革命是推动经济和社会发展的强大杠杆

马克思对科学技术的伟大历史作用作过精辟而形象的概括，认为科学是"历史的有力的杠杆"，是"最高意义上的革命力量"。①

近代以来，科技革命极大地推动了社会历史的进步。发生在 18 世纪 70 年代、以蒸汽机的发明为主要标志的科技革命，推动西欧国家相继完成了第一次产业革命，使资本主义生产迅速过渡到机器大工业，为资本主义生产方式的确立奠定了物质基础。发生在 19 世纪末 20 世纪初、以电力的发明为标志的科技革命，使电力取代蒸汽机成为新的动力，社会生产力又一次得到迅猛发展。20 世纪中期以后出现的以原子能的利用、电子计算机和空间技术的发展为主要标志，特别是以信息技术、新材料、新能源、生物工程、海洋工程等高科技的出现为主要标志的科技革命，使人类进入了互联网、智能化、数字化的时代，推动了由工业经济形态向信息社会或知识经济形态的过渡。

每一次科技革命，都不同程度地引起了生产方式、生活方式和思维方式的深刻变化和社会的巨大进步。

首先，对生产方式产生了深刻影响。其一，改变了社会生产力的构成要素。科技发展使生产自动化程度提高，大大改变了脑力劳动与体力劳动的比例，使劳动力结构向着智能化趋势发展。其二，改变了人们的劳动形式。微电子技术的出现和广泛应用，使智能机器代替了人的部分脑力劳动，使人们的劳动方式经历了由机械自动化走向智能自动化、由局部自动化走向大系统管理和控制的自动化。其三，改变了社会经济结构，特别是导致产业结构发生变革。新的技术革命在推动传统产业现代化的同时，使第三产业在国民经济中所占的比重日益提高。产业结构的变化又导致就业结构的变化，从事第三产业的人数比例迅速增长，科技人员和管理人员的比例日益增长。科技革命推动了生产规模的扩大，进而推动了生产的分工和协作的广泛发展，并使生产社会化的程度进一步提高，最终必然导致生产关系的变革。

其次，对生活方式产生了巨大影响。现代科技革命把人们带入了信息时代，要求人们不断更新和充实知识，以适应时代发展的需要。学习已日益成为生活中的一项重要内容。现代信息技术为人们提供了处理、存储和传递信息的手段，给学习、工作带来了极大便利。现代化的交通、通信等手段，为人们的交往提供了方便。劳动生产率的提高，使人们自由支配的闲暇时间增多，为人的自由而全面

---

① 《马克思恩格斯全集》第 19 卷，人民出版社 1963 年版，第 372 页。

的发展创造了更多条件。

最后，促进了思维方式的变革。现代科技革命对人的思维方式产生了重要影响，主要表现为新的科学理论和技术手段通过影响思维主体、思维客体和思维工具，引起了思维方式的变革。在现代科技革命条件下，人们获得了新的知识结构，能够运用新的理论工具和现代化技术手段去研究一系列新现象、新领域、新课题。

总之，科学技术是社会发展的重要动力。当今世界科学技术突飞猛进，一个国家、一个民族若能在科学技术上不断进取，就有可能实现社会经济的跨越式发展。为了迎接新一轮科技革命的挑战，我国应加强前瞻布局，加快产业结构调整升级和创新驱动发展，构筑一个具有先进技术基础的现代产业体系。

（二）正确把握科学技术的社会作用

科学技术能够通过促进经济和社会发展造福于人类，科学技术的作用既受到一定客观条件如社会制度、利益关系的影响，也受到一定主观条件如人们的观念和认识水平的影响。

科学技术的发展标志着人类优化自然能力的增强，意味着人们能够创造出更多的物质财富，对社会发展有巨大的推动作用。但是，科学技术在运用于社会时所遇到的问题也越来越突出，一种情形是对自然规律和人与自然的关系认识不够，或缺乏对科学技术消极后果的强有力的控制手段。例如，工业的发展带来水体和空气的污染，大规模的开垦和过度放牧造成森林和草原的生态破坏；生命科学的发展，提出了涉及人自身尊严、健康、遗传以及生态安全和环境保护等方面的伦理问题；互联网可以迅速、广泛地传播大量有用的信息，但也存在大量垃圾信息和虚假信息，并可能会侵害国家安全、企业经营秘密以及个人隐私权。

还有一种情形与一定的社会制度有关。在资本主义条件下，科学技术常常被资产阶级用作剥削压迫人民的工具，并非都能使人摆脱贫困，促进人的身心健康发展，因而，科学技术有时"表现为异己的、敌对的和统治的权力"。① 世界上的霸权主义者凭借科技优势，迫使他国接受国际贸易中不公平的规则，转嫁自身经济危机，甚至入侵他国，造成大量生命财产的损失就是例证。对此，爱因斯坦认

---

① 《马克思恩格斯文集》第8卷，人民出版社2009年版，第358页。

为："科学是一种强有力的工具。怎样用它，究竟是给人带来幸福还是带来灾难，全取决于人自己，而不取决于工具。刀子在人类生活上是有用的，但它也能用来杀人。""关心人的本身，应当始终成为一切技术上奋斗的主要目标；关心怎样组织人的劳动和产品分配这样一些尚未解决的重大问题，用以保证我们科学思想的成果会造福于人类，而不致成为祸害。"①

正确认识和运用科学技术，首要的就是有合理的社会制度保障科学技术的正确运用，始终坚持使科学技术为人类社会的健康发展服务，让科技为人类造福。

五、人民群众在创造历史过程中的决定作用

谁是历史的创造者？怎样看待人民群众和个人的历史作用？这是在社会认识史上长期困扰人们的难题。唯物史观第一次科学地回答了这些问题。

(一)英雄史观与群众史观

唯物史观与唯心史观的对立，在历史创造者问题上表现为群众史观与英雄史观的对立。马克思主义哲学产生以前，占统治地位的历史观是英雄史观。这种历史观从社会意识决定社会存在的基本前提出发，否认物质资料的生产方式是社会发展的决定力量，抹杀人民群众的历史作用，宣扬少数英雄人物创造历史。

英雄史观的产生有其深刻的认识根源、社会历史根源和阶级根源。从认识根源看，英雄史观之所以产生，主要是因为人们的认识停留在历史现象的表面，把活跃在历史前台的少数英雄人物的作用尤其是他们的意识的作用加以夸大并绝对化，而无视广大人民群众及其历史活动的作用。从社会历史根源看，英雄史观的产生同社会生产力水平较低，大多数人从事物质资料的生产活动，少数人从事政治统治、垄断精神文化生活有关。广大人民群众在私有制社会处于被支配的地位，受剥削、受压迫，其历史创造性得不到充分发挥和社会应有的承认，而少数剥削阶级则掌握经济、政治权力，高高在上、独断专行，似乎可以随心所欲地主宰历史。这就为英雄史观的产生提供了社会土壤。从阶级根源看，剥削阶级的思想家为了维护本阶级的利益，需要宣扬唯心史观，抹杀广大人民群众的历史作

---

① 《爱因斯坦文集》第 3 卷，商务印书馆 1979 年版，第 349 页。

用。这是英雄史观得以产生并长期占据统治地位的重要原因。

与英雄史观相反，群众史观认为历史的创造者不是个别英雄，而是人民群众。之所以得出这样的结论，是因为有着深刻的理论依据，体现了唯物史观在考察历史创造者问题上的方法论原则。

唯物史观在考察谁是历史的创造者时坚持了如下原则：

首先，唯物史观立足于现实的人及其本质来把握历史的创造者。历史当然是人创造的，不能脱离人去探索历史的创造者。但唯物史观认为，人不是抽象的而是现实的，现实的人及其活动是社会历史存在和发展的前提。所谓现实的人，"不是处在某种虚幻的离群索居和固定不变状态中的人，而是处在现实的、可以通过经验观察到的、在一定条件下进行的发展过程中的人"。① 这种现实的人，是基于自身需要和社会需要而从事一定实践活动、处于一定社会关系中、具有能动性的人。只有把人看做现实的人，才能正确把握人的本质，把握人与社会历史的关系。马克思指出："人的本质不是单个人所固有的抽象物，在其现实性上，它是一切社会关系的总和。"②这就告诉我们，人的本质属性是社会属性，而不是自然属性；人的本质属性表现在各种社会关系中；人的本质是变化、发展的，而不是永恒不变的。这一观点强调了个人与社会的统一，要求人们从一定的社会关系包括阶级关系中去认识和把握一定群体和个人的本质及作用。

其次，唯物史观立足于整体的社会历史过程来探究谁是历史的创造者。社会历史发展过程虽然离不开个体的人的活动，但整体的社会历史并非个体的历史的简单堆砌。"无论历史的结局如何，人们总是通过每一个人追求他自己的、自觉预期的目的来创造他们的历史，而这许多按不同方向活动的愿望及其对外部世界的各种各样作用的合力，就是历史。"③就每一个人而言，他在一定意义上"创造"了自己的"历史"，即通过自己的人生谱写了自身个体的"历史"，但这并不能与创造社会历史画等号。社会历史就其整体而言，是一定的群体（集体、阶级、民族乃至全人类）的认识活动和实践活动的演进过程，是以一定的物质生产方式为基础的社会形成和演进过程。

---

① 《马克思恩格斯文集》第 1 卷，人民出版社 2009 年版，第 525 页。
② 《马克思恩格斯文集》第 1 卷，人民出版社 2009 年版，第 501 页。
③ 《马克思恩格斯文集》第 4 卷，人民出版社 2009 年版，第 302 页。

再次，唯物史观从社会历史发展的必然性入手来考察和说明谁是历史的创造者。顺应历史发展趋势、符合历史发展必然性的历史主体是创造历史的决定力量。历史发展的必然性体现在一定的历史主体的活动之中。社会历史的变化发展是社会领域中各种力量交互作用的结果。在这些纵横交错的力量中，既存在符合经济运动的必然性乃至整个社会历史发展的必然性、推动和促进社会历史向前发展的力量，也存在违反经济运动的必然性乃至整个社会历史发展的必然性、阻碍历史前进的力量。只有代表前一种力量的人才属于历史的创造者。

最后，唯物史观从人与历史关系的不同层次上考察谁是历史的创造者。它不是对历史表象的经验描述，而是对历史本质的逻辑把握。人与历史的关系具有类与历史、群体与历史、个体与历史三层关系。当把历史主体当做类来看待，从最抽象的形式上考察历史主体的活动时，无疑应该肯定总体的人在总体的历史过程中的主体地位。正是在这个意义上，马克思主义经典作家提出了"人们自己创造自己的历史"的观点，并借此同神创造历史、观念创造历史和超人创造历史等唯心史观划清界限。但是，唯物史观并没有停留在一般地承认"人"创造历史这一点上，而是更深入地考察群体与个体的历史作用，区分了创造历史过程中的决定力量与非决定力量、主导力量与非主导力量，从而科学地解决了谁是历史创造者的问题。

(二) 人民群众在创造历史过程中的决定作用

人民群众是社会历史的主体，是历史的创造者，这是马克思主义最基本的观点之一。人民群众是一个历史范畴。从质上看，人民群众是指一切对社会历史发展起推动作用的人；从量上看，人民群众是指社会人口中的绝大多数。在不同的历史时期，人民群众有着不同的内容，包含着不同的阶级、阶层和集团，但其中最稳定的主体部分始终是从事物质资料生产的劳动群众。在当代中国，凡是拥护、参加和推动中国特色社会主义事业前进的人都属于人民群众的范畴。

在社会历史发展过程中，人民群众起着决定性的作用。人民群众是社会历史实践的主体，在创造历史中起决定性的作用。人民群众创造历史的作用是同社会基本矛盾运动推动社会前进的过程相一致的。在社会基本矛盾的解决过程中，人民群众是顺应生产力发展要求的社会力量，是具有变革旧的生产关系愿望的社会力量，是主张变革旧的社会制度和旧的思想观念的社会力量。人民群众的总体意愿和行动代表了历史发展的方向，人民群众的社会实践最终决定历史发展的结局。

人民群众是社会物质财富的创造者。人类社会赖以存在和发展的基础是物质资料的生产方式。广大的劳动群众是物质资料生产活动的主体，创造了人们吃穿住行等必需的生活资料以及从事政治、科学、文化艺术等活动所必需的物质前提。包括知识分子在内的劳动群众在生产过程中不断积累和传播生产经验，不断改进和发明生产工具，促进了社会生产力的发展。随着生产过程的现代化和繁重体力劳动的逐渐减少，知识分子的脑力劳动在生产活动中将变得更为重要。在当代，科学技术在生产力发展中的地位越来越重要，知识分子在推动社会生产力进步、创造社会物质财富过程中所起的作用将更加突出。

人民群众是社会精神财富的创造者。物质生产活动的主体是人民群众，精神生产活动的主体也是人民群众。人民群众通过物质生产实践为创造精神财富提供了必要的物质条件和设施。人民群众的生活、实践活动是一切精神财富、精神产品形成和发展的源泉。人民群众还直接参与了社会精神财富的创造，尤其是人民群众中的知识分子在精神生产过程和社会精神财富的创造中起到了非常重要的作用，他们中产生了不少伟大的科学家、思想家和艺术家。

人民群众是社会变革的决定力量。人民群众在创造社会财富的同时，也创造并优化着社会关系。生产关系的变革，社会制度的更替，最终取决于生产力的发展，但不会随着生产力的发展自发地实现和完成，而必须借助人民群众的力量。在特定的社会环境中，人民群众通过推动生产力的发展而不断要求改进生产关系。人民群众是社会革命的主力军，他们在社会形态更替的过程中发挥了巨大作用。"人民，只有人民，才是创造世界历史的动力。"①

人民群众创造历史的活动受到一定社会历史条件的制约。经济条件对于人民群众创造历史的活动有着首要的、决定性的影响。一定历史阶段所达到的生产力水平是人民群众创造历史的物质基础和前提。在不同的生产关系或经济制度中，人民群众的经济地位、经济利益及其在生产过程中的作用是不同的。政治条件对人民群众创造历史的活动也具有直接的影响。在不同的政治制度下，人民群众的

---

① 《毛泽东选集》第 3 卷，人民出版社 1991 年版，第 1031 页。

政治地位和享受到的政治权利不同，在政治以及其他领域中创造作用的发挥也不同。精神文化条件也是制约人民群众创造历史活动的重要因素。一定历史时期的人们总是自觉或不自觉地受着一定社会的思想文化传统和意识形态的影响。消极落后的文化意识会削弱人民群众创造历史的作用，而先进的科学文化和思想道德则对人民群众创造历史的活动具有积极的促进作用。

我国的社会主义制度为人民群众创造历史的活动提供了极为有利的经济、政治和精神文化等方面的条件，但也存在有待完善和改进的地方。当前，我国正处于并将长期处于社会主义初级阶段，还存在发展不平衡不充分的问题。这就要求我们必须坚持社会主义改革，加强经济建设、政治建设、文化建设、社会建设、生态文明建设，进一步调动和发挥人民群众的积极性和创造性。

中国特色社会主义是中国人民开创和推进的伟大事业。以习近平同志为核心的党中央提出坚持以人民为中心的思想，创造性运用和发展了唯物史观关于人民群众创造历史的基本原理。坚持以人民为中心的思想，鲜明地体现了马克思主义政党的政治立场和执政理念，体现了共产党人的价值取向和工作导向。坚持以人民为中心的思想，站在时代和历史的高度，总结和概括了人民群众在中国特色社会主义实践中的伟大创造作用和主体地位，充分反映和顺应了人民群众的根本利益诉求，深刻阐明了中国共产党作为执政党的历史使命，进一步明确了实现人民对美好生活向往的奋斗目标。

专题十 劳动价值论

对于财富的形式，亚当·斯密指出，财富是"一国国民……每年消费的一切生活必需品和便利品"。① 马克思在《资本论》开篇指出："资本主义生产方式占统治地位的社会的财富，表现为'庞大的商品堆积'，单个的商品表现为这种财富的元素形式。"②对于财富的来源，威廉·配第指出："土地为财富之母，而劳动则为财富之父和能动的要素。"③亚当·斯密指出："一国国民每年的劳动，本来就是供给他们每年消费的一切生活必需品和便利品的源泉。构成这种必需品和便利品的，或是本国劳动的直接产物，或是用这类产物从国外购进来的物品。"④恩格斯指出："劳动和自然界在一起才是一切财富的源泉，自然界为劳动提供材料，劳动把材料转变为财富。"⑤

仅仅分析财富，不能把握资本主义的经济实质。这是因为财富被资产阶级所占有，乍看与劳动者阶级无关。所以马克思揭示资本主义经济本质的切入点不是财富，而是商品。当然，马克思明确自己"研究的不是物，而是人和人之间的关系，归根到底是阶级和阶级之间的关系；可是这些关系总是同物结合着，并且作为物出现"。⑥ 这是因为"根据小麦的味道，我们尝不出它是谁种的，同样，根据劳动过程，我们看不出它是在什么条件下进行的：是在奴隶监工的残酷的鞭子

---

① ［英］亚当·斯密：《国民财富的性质和原因的研究》，郭大力、王亚南译，商务印书馆1972年版，第1页。

② 《马克思恩格斯文集》第5卷，人民出版社2009年版，第47页。

③ ［英］威廉·配第：《赋税论》，商务印书馆1963年版，第66页。

④ ［英］亚当·斯密：《国民财富的性质和原因的研究》，郭大力、王亚南译，商务印书馆1972年版，第1页。

⑤ 《马克思恩格斯文集》第9卷，人民出版社2009年版，第550页。

⑥ 《马克思恩格斯文集》第2卷，人民出版社2009年版，第604页。

下，还是在资本家的严酷的目光下；是在辛辛纳图斯①耕种自己的几亩土地的情况下，还是在野蛮人用石头击杀野兽的情况下"。②

在商品经济条件下，物质资料生产采取了商品生产的形式。体现在商品生产和商品交换中的物与物的关系表现为人与人的关系。在商品交换中，物与物的关系首先表现出生产者与消费者的关系，然后表现出资本主义的有产者与无产者的关系。对此，马克思举例说明："黑人就是黑人。只有在一定的关系下，他才成为奴隶。纺纱机是纺棉花的机器。只有在一定的关系下，它才成为资本。脱离了这种关系，它也就不是资本了，就像黄金本身并不是货币，砂糖并不是砂糖的价格一样。"③"一个物可以有用，而且是人类劳动产品，但不是商品。谁用自己的产品来满足自己的需要，他生产的虽然是使用价值，但不是商品。要生产商品，他不仅要生产使用价值，而且要为别人生产使用价值，即生产社会的使用价值。"④

分析商品的理论基础是劳动价值论。从一般意义上来说，"劳动创造了人本身"，⑤ "任何一个民族，如果停止劳动，不用说一年，就是几个星期，也要灭亡"。⑥ 不仅如此，劳动是商品价值的唯一源泉。

一、劳动价值论的产生脉络

科学上任何突破看似一蹴而就，实际上有一个艰辛的孕育过程。马克思劳动价值论的产生经过了一个艰辛孕育过程，这一点从其产生脉络可以窥见端倪。当然，分析马克思劳动价值论的产生脉络主要是为了揭示其产生过程，是从历史维度理解马克思劳动价值论。

---

① 辛辛纳图斯(公元前519年—前430年)，古罗马政治家。公元前458年被推举为独裁官，受命援救被埃奎人围困于阿尔基多斯山的罗马军队。接到此项任命时，他正在自己的小农庄上耕作。危机刚一解除，便辞职返回农庄。——引者注
② 《马克思恩格斯文集》第5卷，人民出版社2009年版，第215页。
③ 《马克思恩格斯文集》第1卷，人民出版社2009年版，第723页。
④ 《马克思恩格斯文集》第5卷，人民出版社2009年版，第54页。
⑤ 《马克思恩格斯文集》第9卷，人民出版社2009年版，第550页。
⑥ 《马克思恩格斯文集》第10卷，人民出版社2009年版，第289页。

我们一般的表述是，马克思主义政治经济学直接的理论来源是英国古典主义政治经济学。英国古典主义政治经济学由威廉·配第（William Petty，1623—1687）所创始、亚当·斯密（Adam Smith，1723—1790）所发展、大卫·李嘉图（David Ricardo，1772—1823）所完善。这些英国古典主义政治经济学学者，一反经济研究的重商主义思想路径，将经济学研究由流通领域转向生产领域，实现了科学史上的革命性变革。

回顾西方经济思想史，我们知道，政治经济学提出于古希腊。只不过，当时政治经济学研究内容主要是关于奴隶主家庭的事务管理。重商主义是经济学发展的一个环节，基本主张是货币即财富，获取货币的基本方法是国际贸易中多卖少买。

英国古典主义政治经济学的萌芽者配第提出："土地是财富之母，劳动是财富之父。"我们知道，土地是财富的形成条件，但不是财富的根本来源，但这一观点有惊人的科学意义，一改重商主义从流通中探求财富的源泉，开启财富源泉探求转向生产过程的突破。英国古典主义政治经济学的创立者是斯密，其代表作是《国民财富的性质和原因的研究》（简称《国富论》）。在这一划时代的著作中，开篇就回答经济史的重要问题：什么是财富？财富是生活必需品和便利品。所谓生活必需品是指人们基本生活物品，而生活便利品是指改善基本生活的便利品。相比斯密，李嘉图的贡献是完善了英国古典主义政治经济学。

英国古典主义政治经济学沿着两条道路在发展。一条是远离或抛弃深层次本质联系分析，而只在价格形式表面现象上做文章。其结果，由古典主义的价值理论发展为均衡价值理论。这条路径是这样发展的：19世纪20年代都以斯密学说继承者自居的李嘉图和马尔萨斯在对待斯密的价值理论上产生了分歧，相互展开争论。李嘉图继承和发展了斯密价值论中的科学成分，反对其中的非科学成分。但遇到了劳动和资本交换的矛盾，即资本和劳动是等价交换，但购得的劳动却又等于工资加利润。马尔萨斯则支持斯密的购得劳动决定价值和三种收入决定价值的观点，认为购买劳动理应包括耗费的劳动加预付资本的利润，即生产费用。李嘉图追随者穆勒、麦克库洛赫倒向马尔萨斯，李嘉图学说最终遭到解体。法国萨伊认为商品价值是由劳动、资本和土地三个要素提供的，由此提出效用价值论和供求价值论。19 世纪 70 年代，英国杰文斯、法国瓦尔拉、奥地利门格尔提出边际效用价值论。1890 年马歇尔把生产费用论、供求论、边际效用论综合起来，创立了供求均衡产品价格理论和均衡生产要素价格理论。对此，马克思、恩格斯以庸俗政治经济学为名对其进行了批判。

　　另一条是马克思和恩格斯在批判地继承古典主义政治经济学和价值理论的基础上，创立了马克思主义政治经济学和科学的、以彻底的劳动价值论为核心的价值理论。这是一条科学地考察商品流通当中深层次的内在联系的途径。恩格斯曾指出："当经济学作为科学出现的时候，它的首要任务之一就是要找出隐藏在这种表面支配着商品价格的偶然情况后面，而实际上却在支配着这种偶然情况本身的规律。在商品价格不断地时而上涨、时而下降的变动和波动中，经济学要找出这种变动和波动所围绕的稳定的轴心。一句话，它要从商品价格出发，找出作为调节价格的规律的商品价值，价格的一切变动都可以根据价值来加以说明，而且归根到底都以价值为依归。"①

　　至于斯拉法 1960 年提出一种新的所谓客观的、物质的，以边际效用论为基础的价格理论和以边际生产力论为基础的分配论，这里只简单提及一下。斯拉法价格理论构造了一套联立方程式，其理论别称联立方程式价格理论。其影响力在西方经济学越来越大，有人企图以此取代马克思的价值理论。

二、劳动价值论的基本内容

　　马克思劳动价值论是马克思主义的基本观点。唯物主义辩证法阐明，事物包括质、量、度三方面的规定性。质是一事物区别于其他事物的内在规定性，量是事物的规模、程度、速度等可以用数量关系表示的规定性。事物的量和质是统一的，量和质的统一在度中得到体现。度是保持事物质的稳定性的数量界限，即事物的限度、幅度和范围，度的两端叫关节点或临界点，超出度的范围，此物就转化为他物。在此方法论指导下，我们来分析马克思劳动价值论的基本内容。

---

　　①　《马克思恩格斯文集》第 1 卷，人民出版社 2009 年版，第 703 页。

（一）劳动价值论的价值的质

马克思的劳动价值论是围绕最简单的商品展开的。商品是用来交换、能满足人的某种需要的劳动产品，具有使用价值和价值两个因素或两种属性，是使用价值和价值的矛盾统一体。在商品交换中，不同商品的交换总是按照一定量的比例关系进行的，例如1张羊皮换2斗米，或者2斗米换1张羊皮，用等式表示即1张羊皮＝2斗米，或者2斗米＝1张羊皮，如此等等。这种交换比例可以因供求的不同而不同，但不是任意的，而是有某种制约、某种原则可循的。这种制约必须是不同商品所具有的某种共同的东西，原则必须是这种共同的东西在量上相等。这种共同的东西不可能是生产商品所必需的各种物质资料，因为生产不同的商品所必需的物质资料是不同的。生产商品除去所必需的物质资料以外，就是必需劳动。而生产不同商品的劳动的方式、形式和使用的工具等都有所不同，也即具体劳动不同，但却又有一个共同点，即都是人的体力和脑力的耗费，也即都是一般人类劳动的耗费。这种抽象掉了具体劳动的不同形式而还原成的无差别的人类劳动即抽象劳动。这种抽象劳动形成商品的价值，成为商品价值的实体。价值是商品交换的基础，价值制约着商品交换的量的比例关系。1张羊皮与2斗米进行交换，用1张羊皮＝2斗米表示。正是因为它们的价值相等，因为生产它们的各自的无差别的劳动耗费相同。这是马克思的劳动价值论的最基本的内涵，也就是说，剥离开商品的自然属性，商品"剩下的只是同一的幽灵般的对象性"。① 这种"抽象人类劳动对象化或物化"，② 就是凝结在商品中无差别的人类劳动。这也是价值概念的一般表述。由此，我们可得出商品是自然属性与社会属性统一的结论。

（二）劳动价值论的价值的量

劳动量的自然尺度是劳动时间，价值量也就自然由劳动时间来度量。问题在于，同一种商品的生产者一般都有许多，他们的生产条件不尽相同，生产单位产品的劳动耗费也就不尽一致。那么，该种商品的价值由哪个生产者的劳动耗费来

---

① 《马克思恩格斯文集》第5卷，人民出版社2009年版，第51页。
② 《马克思恩格斯文集》第5卷，人民出版社2009年版，第51页。

决定？由于商品价值是无差别的人类劳动凝结，也就是马克思所说的商品价值是商品"共有的这个社会实体的结晶"，① 因而价值量的规定不能是千差万别的个别劳动耗费。市场上用不同单位劳动时间生产同种商品，其价值只能由统一的平均必要劳动时间或社会必要劳动时间来决定。这个共识的形成是大量商品交换实践的结果，其机制自然是市场竞争。这也就是说，商品价值是社会价值和市场价值，而不是个别价值。

什么是社会必要劳动时间或社会必要劳动量呢？按照马克思从不同角度的界定，社会必要劳动量有二重含义。我们这里只分析第一重含义，第一重含义是从生产同一种商品的生产者或者生产部门来看，它指在一定时间内，在一般条件或者平均条件或者大多数生产者的生产条件下，生产一个单位产品的劳动量。马克思界定说："社会必要劳动时间是在现有的社会正常的生产条件下，在社会平均的劳动熟练程度和劳动强度下制造某种使用价值所需要的劳动时间。"②他又写道："必须始终把市场价值……与不同生产者所生产的个别商品的个别价值区别开来。……市场价值，一方面，应看做一个部门所生产的商品的平均价值，另一方面，又应看做是在这个部门的平均条件下生产的并构成该部门的产品很大数量的那种商品的个别价值。"③根据马克思的这种界定，需要明确的是，商品价值虽然是不同于个别价值的社会价值或市场价值，但也不是与个别价值毫无关系的。实际上，商品价值是以个别价值为基础的。社会价值或市场价值的实质是某种个别价值社会地规定为社会价值或市场价值。在工业部门，在生产条件不存在垄断或者容易平均化的情况下，一般都是平均条件下生产的商品的个别价值或者占大量生产的商品个别价值由社会规定为社会价值或市场价值。

以上是某一种商品的价值量的规定。不同商品相交换的价值量如何规定呢？马克思为了解决这个问题，把劳动区分为简单劳动和复杂劳动。有的商品生产的社会必要劳动是属于简单劳动，有的则属于复杂劳动。为了贯彻等价值的交换的原则，把复杂劳动折合成若干倍加的简单劳动。

---

① 《马克思恩格斯文集》第 5 卷，人民出版社 2009 年版，第 51 页。
② 《马克思恩格斯文集》第 5 卷，人民出版社 2009 年版，第 52 页。
③ 《马克思恩格斯文集》第 7 卷，人民出版社 2009 年版，第 199 页。

(三) 劳动价值论的价值形式

交换价值是价值的表现形式，价值是交换价值的基础。价值是无差别人类劳动的凝结，但它自身却不能直接表现出来，需要在交换中发生价值关系时才能表现出来。为了深入分析商品的价值形式，马克思展示了辩证法的魅力，"卖弄起黑格尔特有的表达方式"。[①] 在商品经济发展历史上，商品的价值形式先后经过了简单的或偶然的价值形式、扩大的价值形式、一般的价值形式和货币几种形式。

1. 简单的或偶然的价值形式

简单的或偶然的价值形式是指商品价值只是偶然地、简单地通过另一个商品表现出来。用公式表示如，1 只羊 = 3 把斧子。

这个等式表明了一只羊的价值通过三把斧子表现出来。所以说它是简单价值形式，因为在这种价值形式中，一个商品的价值只简单地表现在另一商品上。所谓偶然的价值形式，因为这一价值形式反映了古代原始社会偶然的交换关系。那时人们还不是为交换而生产，而只是把偶然多余的羊拿去和石斧交换。理解这一价值形式要注意三点：(1)等式两极的商品处于不同的地位，起着不同的作用。(2)简单价值形式使商品内部的矛盾表现为两个商品之间的外部对立，而相对价值形式的商品，只表现为使用价值，表现为具体劳动的产物，它的价值在处于等价形式地位的商品中表现出来；处于等价形式地位的商品只是用于价值、抽象劳动的体现，它的使用价值已是另一种商品价值的表现材料了。(3)在简单价值形式中，商品价值的表现是不充分的。其还只是一种商品偶然地同另一种商品交换，它在质上是否同所有的商品都一样，都是无差别的人类劳动，还未充分表现出来，在量上也不能准确地反映生产羊的实际劳动耗费。

2. 扩大的价值形式

随着生产力的发展，交换成为一种经常现象。这时一种商品已经不是偶然地同一种商品相交换，而是经常地和许多商品相交换了。这样，价值形式便发展到

---

① 《马克思恩格斯文集》第 5 卷，人民出版社 2009 年版，第 22 页。

第二阶段，这就是扩大的价值形式。扩大的价值形式是指商品的价值通过许多商品表现出来。用公式表示为：

$$1\text{ 只羊} \begin{cases} =3\text{ 把斧子} \\ =5\text{ 斤盐} \\ =1\text{ 担米} \\ =10\text{ 斤茶叶} \\ =100\text{ 两白银} \\ =1\text{ 两黄金} \\ =\text{其他} \end{cases}$$

理解这一价值形式要把握两点：（1）这一价值形式较简单的或偶然的价值形式更能充分地反映价值的性质，即无差别的人类劳动的凝结。因为现在一种商品如羊的价值，已经不是偶然地反映在某一种商品上，而是扩大了范围，反映在一系列商品中，每一种其他商品都成为反映羊的价值的镜子。（2）在这种价值形式中，由于充当等价物的有许多不同的商品，仍然是物物交换，所以会使交换经常发生困难。比如，牵羊的人要换石斧，可是有石斧的人不要羊而要盐，可是有盐的人只要大米，有大米的人只要茶，有茶的人只要黄金。这样，如果有黄金的人要羊，那么有羊的人就可以先以羊换金，再以金换茶、以茶换米、以米换盐，最后以盐换斧；假定有黄金的人也不要羊，羊的价值就很难体现。怎么办呢？既然一种商品的价值可以表现在一系列的商品上，为何不可以倒过来，一系列商品的价值表现在一种商品上呢？

3. 一般的价值形式

人们从无数次的交换中认识到，在某地区市场上，什么商品是大家愿意接受的。人们只要用自己的商品先换到这种大家比较乐意接受的商品，然后用这种商品再去换自己需要的东西，交换不仅成功，而且省事了。这样就有一种商品（假定羊）会自然而然地从许多商品中分离出来，变成一切商品的等价物。价值都通过这种商品表现出来。这种价值形式便称为一般价值形式。简言之，一般价值形式是指一切商品的价值都通过一种商品表现出来，用公式表示：

$$
\left.\begin{array}{l}
3\ 把斧子 \\
5\ 斤盐 \\
一担米 \\
10\ 斤茶叶 \\
100\ 两白银 \\
1\ 两黄金 \\
或其他商品
\end{array}\right\} = 1\ 只羊
$$

等式右边的羊这时已成为其他商品的等价物，这就是一般等价物。所谓一般等价物就是充当一切商品统一的价值表现材料的特殊商品。理解这一价值形式要注意两点：(1)不能把一般价值形式误认为是扩大的价值形式等式的简单颠倒，它的出现是价值形式发展的一个质的飞跃，它意味着一般等价物为媒介的商品交换代替了物与物的直接交换。(2)一般价值形式克服了物物交换的困难，但充当一般等价物的商品还是不固定的，不利于商品交换的进一步发展。这就要求把一般等价物固定在某一商品上，于是发展到货币形式。

4. 货币形式

一般等价物固定到哪一种商品上呢？交换的发展，使一般等价物固定地由金银来承担。金或银之所以能够固定地担当这个重任，首先是因为它本身也是商品，也有价值；其次，是因为金银具有体积小、价值大、便于携带、不易变质损坏、质地均匀、易于分割等方面的特性，最适合充当货币材料。因此，马克思指出："金银天然不是货币，但货币天然是金银。"①所以金银最终取得了这种显赫的地位。当金银从商品世界分离出来固定地独占一般等价物地位时，就成为货币。也就是说，货币形式是指一般等价物固定在黄金或白银上，一切商品的价值都通过金或银来表示。货币形式的公式是：

---

① 《马克思恩格斯文集》第 5 卷，人民出版社 2009 年版，第 108 页。

$$
\left.
\begin{array}{l}
\text{1 只羊} = \\
\text{3 把斧} = \\
\text{5 斤盐} = \\
\text{一担米} = \\
\text{其他商品} =
\end{array}
\right\}
\left\{
\begin{array}{l}
\text{100 两白银} \\
\text{1 两黄金}
\end{array}
\right.
$$

货币无非是固定充当一般等价物的特殊商品，体现了商品生产者之间的生产关系。说货币是特殊商品，因为同一般商品相比，它特殊在：（1）货币是以直接的价值体现物出现的，是价值的一般代表。其他商品虽然也有价值，但只有通过交换才能表现出来。(2)货币有双重使用价值，它除了和其他商品具有由它的自然性质决定的使用价值外，还具有由它的社会职能所产生的使用价值，即可以购买其他一切商品。说它体现了商品生产者之间的生产关系，是因为自出现货币后，一切商品的具体劳动，都必须通过货币才能还原为抽象劳动；商品生产者的私人劳动都必须通过货币才能转化为社会劳动；商品生产者必须通过货币来实现相互之间的社会联系，因而货币就成为一定的社会生产关系的体现。

（四）劳动价值论的价值规律

劳动价值论的价值规律是商品生产和商品交换的基本规律，它的主要内容和基本要求是：商品的价值量由生产商品的社会必要劳动时间决定，商品交换以价值量为基础，按照等价交换的原则进行。

首先，在微观上，价值规律支配着商品生产和商品交换。从商品生产来看，商品的价值量表现着一种必然的、商品形成过程内在的同社会劳动时间的关系。从商品交换来看，只有按照社会必要劳动量决定的价值量进行等价交换，才能使商品生产者和交换者在相互交换它的劳动关系中平等互利；只有按照社会必要劳动量决定的价值量进行等价交换，才能使多数商品生产者的劳动耗费得到补偿，从而使商品生产得以维持；由此可见，社会必要劳动量决定商品的价值量，并按此价值量进行等价交换。马克思指出："作为自然形成的社会分工部分而互相全面依赖的私人劳动，不断地被化为它们的社会的比例尺度，这是因为在私人劳动产品的偶然的不断变动的交换比例中，生产这些产品的社会必要劳动时间作为起调节作用的自然规律强制地为自己开辟道路，就像房屋倒在人的头上时重力定律强制地为自己开辟道路一样。"①

其次，在宏观上，价值规律如同一只"看不见的手"，自发地调节着社会生产，起着配置社会资源的作用。这是由价值规律的表现形式和市场价格机制的作用实现的。价格虽然是商品价值的货币表现，是以价值为基础的，但它不是总与价值相一致，而是在供求规律、竞争规律、货币流通量规律的作用下，不断脱离价值而变化，但又不能离开价值过远，而是围绕价值这个中心上下波动，如同钟摆围绕重力这个中心左右摆动一样。马克思曾指出，随着价值转化为价格，商品价值量"就表现为商品同在它之外存在的货币商品的交换比例。这种交换比例既可以表现商品的价值量，也可以表现比它大或小的量，在一定条件下，商品就是按这种较大或较小的量来让渡的。可见，价格和价值量之间的量的不一致的可能性，或者价格偏离价值量的可能性，已经包含在价格形式本身中。但这并不是这种形式的缺点，相反地，却使这种形式成为这样一种生产方式的适当形式，在这种生产方式下，规则只能作为没有规则性的盲目起作用的平均数规律来为自己开辟道路"。②

价值规律通过它的表现形式或者市场价格机制，首先起着自发地调节社会生产和资源配置的作用。商品市场价格的变化，对于每一个商品生产者来说，就如同一个"晴雨表"和"指挥棒"，它不仅传递、反馈经济信息，而且直接关系到他们的切身经济利益。当某种商品供不应求价格上涨到价值以上时，商品生产者们由于有利可图而纷纷增加生产，并吸引别种商品的生产者也转向来生产该种商品；反之，当某种商品由于供大于求价格下落到价值以下时，商品生产者们由于无利可图甚至亏本而纷纷减产，并转向别种商品的生产。其次有利于改进生产技术，推动社会生产力的发展。因为商品价值量是由平均条件下的社会必要劳动量决定的，生产技术和生产条件高于平均条件的商品生产者其商品生产的个别劳动耗费或个别价值低于社会劳动耗费或社会价值，而按社会价值出售，从而得到社会价值高于个别价值之差额的更多收益，这样就刺激或推动着生产技术的改进和社会生产力的发展。最后，在这个过程中，生产条件好的商品生产者由于能得到

---

① 《马克思恩格斯文集》第 5 卷，人民出版社 2009 年版，第 92 页。
② 《马克思恩格斯文集》第 5 卷，人民出版社 2009 年版，第 122~123 页。

更多收益而慢慢富裕起来，生产条件差的商品生产者其商品的个别价值高于社会价值而按社会价值出售，结果不仅得不到劳动耗资的补偿，而且还会亏损，久之会贫困下去甚至破产。由此价值规律还起着促使商品生产者发生两极分化的作用。

三、劳动价值论的意义及其在新时代的发展

马克思劳动价值论扬弃了古典政治经济学的观点，马克思创新提出了劳动二重性学说，即具体劳动创造商品的使用价值，抽象劳动创造商品的价值。劳动二重性学说成为理解马克思劳动价值论的枢纽，并为剩余价值论的创立奠定了理论基础。

(一) 劳动价值论的意义

马克思劳动价值论有重大的理论和实践意义，具体表现在：第一，马克思劳动价值论扬弃了英国古典政治经济学的观点，为剩余价值论的创立奠定了基础。在马克思之前，英国古典政治经济学的代表人物亚当·斯密已经认识到了商品的二因素，提出了劳动创造价值的观点；大卫·李嘉图甚至已经认识到决定商品价值量的是社会必要劳动量，而不是生产商品实际耗费的劳动量。但是由于他们没有区分劳动的二重性，所以不能回答什么劳动创造价值，不能明确区分价值和交换价值，不是通过生产商品中所耗费的劳动来解释价值，而是通过该商品所换来的另一种商品包含的劳动量来解释该商品的价值；不理解社会必要劳动量是如何决定的。结果，在价值的形式、价值的本质、价值的源泉和价值量的决定等重大理论问题的认识上出现了混乱和错误。马克思在继承英国古典政治经济学劳动创造价值理论的同时，创立了劳动二重性理论，第一次确定了什么样的劳动形成价值、为什么形成价值以及怎样形成价值，阐明了具体劳动和抽象劳动在商品价值形成中的不同作用，从而为揭示剩余价值的真正来源、创立剩余价值理论奠定了基础。此外，马克思的资本有机构成理论、资本积累理论、社会资本再生产理论等政治经济学的一系列重要理论的创立也都同劳动二重性理论有关。因此，劳动二重性理论成为"理解政治经济学的枢纽"。①

---

① 《马克思恩格斯文集》第 5 卷，人民出版社 2009 年版，第 55 页。

第二，马克思劳动价值论揭示了私有制条件下商品经济的基本矛盾，为从物与物的关系背后揭示人与人的关系提供了理论依据。私有制商品经济条件下私人劳动与社会劳动之间的矛盾意味着每个商品生产者的私人劳动都是社会总劳动的一个组成部分，由于私人劳动的社会性质不能直接表现出来，只能通过商品交换间接地表现出来，而当商品生产者通过交换来表现自己劳动的社会性质时，其劳动的社会性质就表现为他们与物的关系和物与物之间的关系，具有了拜物教性质。资产阶级经济学家不懂得商品、价值、货币等本质上是一定生产关系的体现，具有历史暂时性，而把它们看做物的自然属性，从而把商品经济形式永恒化。马克思劳动价值论通过对私有制商品经济条件下生产商品的劳动所特有的社会性质及其表现形式的分析，揭示了商品经济的内在矛盾及其运动规律，揭露和批判了商品拜物教、货币拜物教观念，从物与物的关系背后揭示了人与人的关系，对我们科学认识商品经济的本质，正确理解商品经济的运动规律及其影响，清除商品拜物教和货币拜物教观念，具有十分重要的理论意义和现实意义。

第三，马克思劳动价值论揭示了商品经济的一般规律，对理解社会主义市场经济具有指导意义。马克思劳动价值论是在对私有制商品经济进行深入系统分析的基础上提出来的，撇开其中的制度因素，它所包含的关于价值的本质和价值量的规定的理论，关于价值形式的演变和货币的产生及其本质的理论，关于价值规律的理论等，都是对商品生产、商品交换和市场经济发展一般规律的揭示。我国正在建立和完善社会主义市场经济体制，在发展社会主义市场经济的过程中，马克思在劳动价值论中所揭示的关于商品生产和商品交换的一般理论，对于我国深化经济体制改革，完善社会主义市场经济体制，实现社会主义现代化建设的宏伟目标，具有重要的现实指导意义。

(二) 深化对劳动价值论的认识

马克思创立劳动价值论的时代，是工业化初期的蒸汽机时代。随着时代和实践的发展，马克思劳动价值论也要发展。中国特色社会主义进入了新时代，新时代的变化和特征为：第一，经济增长的知识化；第二，产业结构服务化；第三，管理科学化、知识化；第四，生产方式自动化。面对新的情况，必须深化对马克思劳动价值论的认识，在实践的基础上有所创新、有所前进。

第一，深化对创造价值的劳动的认识，对生产性劳动做出新的界定。马克思在《资本论》等著作中，从自然属性和社会属性两个角度对生产性劳动进行了分析。从自然属性角度，认为劳动是人与自然之间的物质变换过程，劳动产品是该过程的结果，劳动资料和劳动对象表现为生产资料，劳动本身则表现为生产劳动；从社会属性角度，认为劳动总是在一定的生产关系下进行的。在简单商品生产条件下，它是私人劳动和社会劳动的对立统一；在资本主义商品生产条件下，劳动是否是生产性的，并不取决于劳动是生产物质产品还是提供服务，而取决于劳动能否为资本家带来剩余价值，只有创造剩余价值的劳动才是生产性劳动。

劳动的社会属性是最根本的，是一个永恒的命题。然而，劳动的社会属性也有着不同的层次和内涵。首先一个层次指的是直接从事物质产品生产的劳动。其次指的是随着生产力、生产社会化和企业内部分工的发展，有些劳动不一定是直接从事物质产品生产的，而是间接地参加但也是物质产品生产所必要的，因而也属于生产劳动和创造价值的劳动。这就是说，生产劳动或创造价值的劳动的内涵扩大了。马克思在《资本论》中关于"总体工人"的论述，对脑力劳动(包括科技人员和管理者的劳动)给予了肯定，认为这些劳动也是创造价值的劳动，但他重点研究的是物质生产领域的体力劳动。

在社会主义市场经济条件下，生产资料所有制关系发生了变化，社会生产的根本目的也发生了变化，因此，对于社会主义市场经济条件下的生产性劳动也需要做出新的界定。

第二，深化对科技人员、经营管理人员在社会生产和价值创造中所起作用的认识。前面已说明，劳动有自然属性与社会属性之分，劳动的社会属性也有着不同的层次和内涵。针对这种情况，马克思提出了一个"总体工人"的概念。他写道："随着劳动过程的协作性质本身的发展，生产劳动和它的承担者即生产工人的概念也就必然扩大。为了从事生产劳动，现在不一定要亲自动手；只要成为总体工人的一个器官，完成他所属的某一种职能就够了。"①其中，有的人多从事体力劳动，有的人多从事脑力劳动；有的人当工人，有的人当监工；有的人当管理人员，有的人当科技人员、工程师、工艺师；有的是直接生产产品的，有的是为产品生产服务的；有的离物质生产过程近一些，有的离物质生产过程远一些，

① 《马克思恩格斯文集》第5卷，人民出版社2009年版，第582页。

等等。

第二次世界大战以来，随着新的科技革命的兴起，社会生产力和生产社会化的极大提高，水平的和垂直的社会分工的扩大，信息学、行为学、管理学、系统工程学等新兴科学的发展，一批批新的高科技和知识密集型的产业产生和发展起来了，原在企业内部为物质产品生产服务的科研与开发等职能脱离企业而独立化为新的产业了，它们以智力劳动为内容，以无形的、非物质的意识形态为存在形式的产品商品化了，也具有价值和价格了。这种产品和一般物质商品不同，它们像是灯塔、公路一样的公共产品，它们具有渗透性和重复使用的特点。所谓渗透性，是指可以渗透到机器设备、原材料和活的劳动中；所谓重复使用，是指在一定生命周期内可以重复发挥作用。它们作为产品在新的生产过程中起着生产力的作用。它们的价值和价格也与一般商品不同，主要区别在于，它们的价值除去包括 C（科技产品生产消耗的仪器、设备的价值）和 V（以工资形式支付给劳动者的报酬）+M（智力劳动者的活劳动创造的新价值）以外，还包括知识非劳动结晶。科技产品或知识产品这种非物质产品或精神产品之所以成为商品，也有价值，这是劳动价值论深化的一种表现。

在当今社会，在科技创新和知识创新越来越重要的条件下，科技劳动和管理劳动等脑力劳动，不仅作为一般劳动在价值创造中起着重要的作用，而且作为更高层次的复杂劳动，创造的价值要大大高于简单劳动。因此，应充分肯定科技人员、经营管理人员在创造价值中付出的劳动，在收入分配方面使他们的劳动报酬与其劳动贡献相匹配，以充分调动和发挥他们的积极性和创造性。科学技术本身并不能创造价值，但科学技术在生产中的应用可以使劳动对象的范围更广、性能更好，从而有利于劳动生产率的提高。科学技术还可以为人所掌握，而掌握了科学技术的人可以提高劳动效率，创造出更多的使用价值和价值。所以，应充分认识科学技术的作用，把大力发展科学技术摆到重要的位置。

第三，深化对价值创造与价值分配关系的认识。价值创造与价值分配是既有联系又有区别的范畴。价值创造属于生产领域的问题，而价值分配属于分配领域的问题。价值创造是价值分配的前提和基础，没有价值创造也就没有价值分配，但价值分配又不仅仅取决于价值创造。在实际经济生活中，价值分配首先是由生产资料所有制关系决定的，体现一定的生产关系。有什么样的生产资料所有制关系，就有什么样的分配关系。

第四，劳动价值论在国际价值上的深化。关于国际价值，马克思曾有所论述，例如，他写道："国家不同，劳动的中等强度也就不同；有的国家高些，有的国家低些。于是各国的平均数形成一个阶梯，它的计量单位是世界劳动的平均单位。因此，强度较大的国民劳动比强度较小的国民劳动，会在同一时间内生产出更多的价值"，"一个国家的资本主义生产越发达，那里的国民劳动的强度和生产率，就越超过国际水平。因此，不同国家在同一劳动时间内所生产的同种商品的不同量，有不同的国际价值，从而表现为不同的价格，即表现为按各自的国际价值而不同的货币额"。① 当代世界经济日趋全球化，知识经济又是当前时代的一个特征。因此，国际价值的形成及其运动规律和作用，比起马克思所处的那个时代，更是复杂和深化，是个值得研究的新课题。

第五，关于第三产业和物化劳动也能创造价值的问题。第二次世界大战以来，在科技革命的推动下，以服务劳动为特征的第三产业在发达资本主义国家得到了迅速发展，在国民经济中占据了 70% 左右的比重。于是兴起了第三产业的劳动也是生产劳动、创造价值的劳动的说法。这种笼统的、不加分析的说法不是深化劳动价值论，而是违背劳动价值论。第三产业的内涵是比较复杂的，但可以区分为两大类：一是为物质生产服务的部门，二是为非物质生产服务的部门。前者又可以分为三类：一是直接生产物质产品的，如饮食、洗染等；二是为直接生产过程服务的，如电气、煤气、邮电和运输等；三是与物质产品生产直接相关的，如技术情报咨询、生产信息提供、各种设备维修等。第一、二类是生产性的，是创造价值的；第三类虽然在时间和空间上独立于直接生产过程，但实际上却是以不同的方式参与了物质产品的生产，因而也是生产性的，创造价值的。至于非物质生产的服务部门，典型的如商业部门，也需要具体分析。商业部门也分为两大类：一是与运输、保管、包装、储藏等有关的活动，是生产过程在流通领域中的继续，是生产性的，创造价值的；二是与单纯从事商品的买卖有关的，如商业店员的活动、广告等，是纯粹流通活动，是非生产性的，不创造价值，在资本主义条件下，纯粹流通费用由剩余价值来扣除，来补偿。马克思指出："一般的规律是：一切只是由商品的形式转化而产生的流通费用，都不会把价值追加到商品

① 《马克思恩格斯文集》第 5 卷，人民出版社 2009 年版，第 645 页。

上。这仅仅是实现价值或价值由一种形式转变为另一种形式所需的费用。投在这种费用上的资本（包括它所支配的劳动），属于资本主义生产上的非生产费用。这种费用必须从剩余产品中得到补偿，对整个资本家阶级来说，是剩余价值或剩余产品的一种扣除。"①扣除或补偿的方式是：假定整个社会年总产品的价值为1080（720C＋180V＋180M），产业资本为900（720C＋180V）；再假定商业资本为150，其中纯粹流通费用为50，50中的40用于置备经营商业场所所必需的物质资料，10用于商业店员的工资。这样，平均利润率为（180－50）/（900＋150）＝12.38%，产业利润为900×12.38%＝111.42；商业利润为150×12.38%＝18.57；产业资本向商业资本出售商品的价格为900＋111.43＝1011.43，商业资本的消费者出售商品的价格为1011.43＋18.57＋50＝1080。

至于物化劳动也即生产资料，由于在科技革命的推动下，它在直接生产过程中的比重、地位和作用，相对于活劳动来说，越来越大，更由于生产自动化的发展，如机器人的使用，因而宣扬劳动价值论"过时"了，物化劳动已成为新价值的源泉；生产资料之所以有剩余索取权，也参与分配，是因为它们有贡献，它们各自分配到的那部分价值是由它们各自制造的。例如，德国法兰克福学派的哈伯尔梅即宣称（大意）：技术和科学已成为主要的生产力，马克思劳动价值论的应用前提不存在了。因为，科学的进步已成为独立的剩余价值源泉，直接生产者的劳动越来越不重要了。又如，英国的安乐尼·卡特勒等在他们合著的《马克思的〈资本论〉和今天的资本主义》一书中写道：马克思在《政治经济学批判大纲》中已看到科学技术的发展会消灭价值形成的条件。现在，直接劳动者已不是生产过程的主体了，劳动价值论的基础已不复存在了。其实，马克思在《政治经济学批判大纲》里曾对当时美国资产阶级经济学家詹姆斯·罗德戴尔的与此类似的思想进行过批判，马克思写道："罗德戴尔之流认为资本本身离开劳动可以创造价值，因而也可以创造剩余价值（或利润），对这种观点来说，固定资本……是最能使他们的肤浅诡辩貌似有理的形式。"②然而，固定资本的价值在直接生产过程中只是被转移或再现在产品上，而不会创造新价值，至于所谓固定资本能够创造剩余价值，也只是指"由于固定资本通过提高劳动的生产力，使劳动能在较短的时间

① 《马克思恩格斯文集》第6卷，人民出版社2009年版，第167页。
② 《马克思恩格斯全集》第46卷（下），人民出版社1980年版，第216页。

内生产出更大量的维持活劳动能力所必需的产品，从而提高剩余劳动对必要劳动的比例"，① "罗德戴尔把固定资本说成是和劳动时间无关的、独立的价值源泉，是何等荒谬"。② 所以，不能说生产资料的贡献在于它们能创造价值，它们所分配的那部分价值是它们创造的。这里的关键在于，要严格区分开一般劳动过程、价值形成过程与价值创造和价值增值过程。生产资料是劳动过程的物质要素，也是价值形成的物质要素，因为劳动对象是劳动的吸收器，劳动手段是劳动的传导体，没有劳动的吸收器和劳动的传导体，劳动是不会创造价值的。但是，生产资料本身不是新价值的源泉，当然也就不会是剩余价值的源泉，只有活劳动才是新价值的源泉。而如果物化劳动也是新价值的源泉，那就是二元价值论，是不能成立的。因此，理论的深化应是在劳动价值论前提下的深化。

---

① 《马克思恩格斯全集》第 46 卷(下)，人民出版社 1980 年版，第 214 页。
② 《马克思恩格斯全集》第 46 卷(下)，人民出版社 1980 年版，第 214 页。

专题十一　剩余价值论

如果撇开人们之间的相互关系不予考虑，除了自然界的恩赐(如土地、阳光、雨水等)以外，社会财富的增加主要依靠人们或使用或不使用工具的劳动生产。只要人们优化自然的生产能力足以生产出超过人们的必要生活需要的产品，就会有经济剩余出现。如果人们是自己的和社会的主人，劳动者当然有权占有和享有这些剩余。但在人类历史的复杂关系里，由于被压迫的劳动者已不再是自己和社会的主人，他们所生产的经济剩余大多数时候被他人无偿占有了。

马克思发现了"现代资本主义生产方式和它所产生的资产阶级社会的特殊的运动规律。由于剩余价值的发现，这里就豁然开朗了，而先前无论资产阶级经济学家或者社会主义批评家所做的一切研究都只是在黑暗中摸索"。① 马克思的剩余价值理论，指出了资本主义社会中劳动力市场平等交换掩盖下的资本家和工人之间权利不平等的实际情况，科学论证了拥有大量资本的雇主凭借自己在政治、经济方面的优势，总是可以无偿占有社会地位低下的贫穷劳动者的剩余劳动的事实。这一理论产生后，很快就深入人心，成为社会地位低下的贫穷劳动者们争取分享经济剩余的平等权利的锐利武器。

但是，马克思的剩余价值理论并不是人人都赞成的。它自诞生以来一直受到很多人的百般抵制和歪曲攻击。出现这种情况的一个原因是显而易见的：拥有大量资本的雇主阶级不愿意承认这个理论所揭示的事实。现在，随着市场经济的发展和人们利益关系多元化格局的形成，马克思的剩余价值理论在中国也受到很多人的非难。一些经济学家在研究收入分配和范式转换等问题的时候，以马克思范式不属于现代经济学为由，实际上用一些国外其他经济学家的利润理论，以致完全否定了剩余价值理论。在他们的理论里，利润是资本的自然果实或企业家个人

---

① 《马克思恩格斯文集》第 3 卷，人民出版社 2009 年版，第 601 页。

创新冒险等活动的结果，工资是同机器和原料费用一样需要尽力压低的生产成本，工人是不可能生产出超过相当于其所得工资的产值的普通生产要素。由于这种为企业家单方赚钱效率辩护的理论在我国越来越有影响力，雇员阶级的平等权利有越来越多地被侵犯的危险。可见，研究现实社会生活中存在的新问题，发展马克思创立的剩余价值理论，已成为直接关系到如何促进我国社会经济进步和公平的重要课题。

发展剩余价值理论需要借鉴一切已有的这方面的优秀成果。尽管国外经济学家质疑马克思剩余价值理论有一定的市场，但越来越多的经济学家认同马克思剩余价值理论。尤其难得的是，这些经济学家试图发展剩余价值理论，欲推论出工人参与分享企业利润的合理性和重要意义。只有坚定地置身于劳动者的立场，才能充分理解与完整发展马克思剩余价值理论。

一、剩余价值论的产生和内容概要

正如列宁所说："马克思主义同'宗派主义'毫无相似之处，它绝不是离开世界文明发展大道而产生的一种故步自封、僵化不变的学说。"①剩余价值论虽然是马克思首创的，但是在马克思之前已经有许多经济学家，从利润、利息、地租等剩余价值的现象形态作过研究，承认它来自劳动者的剩余劳动。恩格斯在整理出版《资本论》第二卷时说："资本主义下的人，生产剩余价值已经有几百年了，他们渐渐想到剩余价值起源的问题。"②马克思说："在资产阶级经济学中，剩余价值的存在本来是不言而喻的。"③"古典经济学把利息归结为利润的一部分，把地租归结为超过平均利润的余额，使这二者以剩余价值的形式一致起来；此外，把流通过程当做单纯的形式变化来说明；最后，在直接生产过程中把商品的价值和剩余价值归结为劳动；这样，它就把上面那些虚伪的假象和错觉，把财富的不同社会要素互相间的这种独立化和硬化，把这种物的人格化和生产关系的物化，把日常生活中的这个宗教揭穿了。这是古典经济学的伟大功绩。"④

---

① 《列宁专题文集·论马克思主义》，人民出版社 2009 年版，第 66 页。
② 《马克思恩格斯文集》第 6 卷，人民出版社 2009 年版，第 13 页。
③ 《马克思恩格斯文集》第 6 卷，人民出版社 2009 年版，第 365 页。
④ 《马克思恩格斯文集》第 7 卷，人民出版社 2009 年版，第 940 页。

（一）剩余价值论的产生

最先考察剩余价值的应该算重商主义者。他们从流通领域寻求财富和剩余价值的起源，从事物的表面现象观察问题，因而在剩余价值来源问题上未能做出有价值的科学贡献。后来，重农学派提出"纯产品"理论，明确认为"剩余价值不能从流通中产生出来"。

英国古典政治经济学对剩余价值的考察由流通领域转到生产领域，由描述经济活动的表面现象转到探求经济现象的内部联系，因而对剩余价值的起源、实质及其运动规律都提出了一些有价值的科学见解。

英国古典政治经济学的萌芽者威廉·配第最早从地租形态上认识剩余价值，但利润也是剩余价值一种形态，因此无法科学地认识剩余价值。

英国古典政治经济学的形成者亚当·斯密批判了重农学派的片面认识，把剩余价值的研究扩大到社会生产的各个方面，认为一切生产部门（包括农业、工业）的劳动都是利润的源泉，而地租和利润源于工人的剩余劳动。从这个意义上讲，"斯密认识到了剩余价值的真正起源"。① 但是，亚当·斯密把剩余价值与利润混在一起，并且其利润理论包含不少错误和庸俗成分。

英国古典政治经济学的完善者李嘉图把利润看成工人劳动的结果。工资是劳动创造的价值一部分，另一部分则为资本家所占有，但他还是没区分剩余价值与利润、地租、利息的关系。

马克思继承了英国古典政治经济学的科学成果，扬弃了他们在剩余价值问题上的错误，经过长期的反复研究，创立了系统的剩余价值论。马克思在 19 世纪 40 年代初期撰写的《1844 年经济学哲学手稿》，恩格斯在《政治经济学批判大纲》中还没论及剩余价值的起源和本质问题，40 年代后期，则取得了决定性进展。1847 年发表的《哲学的贫困》，1849 年发表的《雇佣劳动与资本》，虽然没有提出剩余价值的概念，没有创立完整的剩余价值论，但是已经开始说明资本家对工人的剥削。特别是在《雇佣劳动与资本》中，马克思已经事实上区分了劳动与劳动力（文字上的区分还没有），阐明工人劳动所创造的价值大于劳动力的价值，其附加价值（剩余价值）则被资本家无偿占有。

---

① 《马克思恩格斯全集》第 26 卷，人民出版社 1972 年版，第 58 页。

19 世纪 50 年代《资本论》的诞生标志着剩余价值论基本形成。马克思在《资本论》第一稿和在此基础上整理发表的《政治经济学批判》(第一分册)中，明确提出了劳动二重性的原理，将劳动力(或称劳动能力)与劳动清晰地区分开来，进而创立了劳动力商品学说。在第一稿中，马克思还把资本划分为不变部分和可变部分，考察了剩余价值生产的两种方法。马克思考察了剩余价值到利润的转化，利润到平均利润的转化，从而把剩余价值这个抽象范畴上升到利润等具体范畴，把剩余价值的纯粹形式、一般形式同特殊形式、具体形式区分开来。手稿中把剩余价值的起源、实质、生产、实现、分配等基本原理都提出来了，而且作了不同程度的阐述。

不过，马克思的剩余价值论在 19 世纪 50 年代还不能算最后完成，剩余价值概念与其现象形态的关系此时还有待进一步论述。在第一稿中，生产价格理论还没有得到完整的阐述，地租问题特别是绝对地租问题尚未作深入的探讨，某些重要经济概念和经济范畴在使用时还没有固定下来，整个理论阐述还不够系统、严格等。

剩余价值论的创立是在 19 世纪 60 年代最后完成的。自 60 年代初开始，马克思又先后写了《资本论》第二稿和第三稿。在第二稿中，马克思完整地建立了生产价格理论，以及与生产价格理论紧密联系的地租理论。1867 年具有划时代意义的《资本论》第一卷问世。此后马克思又继续改写和补写了大量关于《资本论》第二卷的手稿。马克思逝世后，恩格斯编辑出版了《资本论》第二卷和第三卷。在这一系列手稿和著作中，可以看出马克思在恩格斯的协助下才建立了比较完整的剩余价值论。

从广义上讲，整部《资本论》讲的都是关于剩余价值的理论，剩余价值的生产、流通和分配。从狭义上讲，剩余价值论主要是指《资本论》阐明剩余价值概念的那些章节的理论，它们与《资本论》的第一篇"商品和货币"共同构成了《资本论》的基础，也可以说是马克思整个政治经济学体系的基础。这个部分是确立马克思剩余价值论的部分。在这些章节中，马克思采取先研究货币再研究资本的方法，确立了剩余价值的概念，通篇揭示的都是资本主义经济的内在矛盾和本质规律。

(二) 马克思关于生产过程的二重性理论

马克思关于生产过程的二重性理论，主要指马克思认为资本主义的生产过程既是劳动过程，又是价值增值过程。从人与自然的关系角度，马克思研究了劳动过程。马克思承认在这种生产使用价值（即西方主流经济学所说的效用）的过程中，需要有劳动、劳动对象和劳动资料三要素。这种考察劳动过程的做法，抛开了劳动的具体要素，是一切社会形态都有的一般形态。这种对于劳动过程的纯粹研究，涉及的只是生产过程简单的、一般的、抽象的（把各个时期中所特有的具体条件抛开）各要素，"是人和自然之间的物质变换的一般条件，是人类生活的永恒的自然条件，因此，它不以人类生活的任何形式为转移，倒不如说，它为人类生活的一切社会形式所共有。因此，我们不必来叙述一个劳动者与其他劳动者的关系"。① 但是，生产过程"一边是人及其劳动，另一边是自然及其物质"。②

一切生产阶段所共同的、被思维当做一般规定而确定下来的规定，是现实存在的。但是一切生产的一般条件都是抽象的，用抽象要素不可能理解任何一个现实的历史的生产阶段。所以，马克思认为，政治经济学不能仅仅研究存在三要素相互关系的劳动过程，还要研究为资本家服务的劳动过程的特殊性，即价值增值过程。

资本主义劳动过程的特殊性在于，它不仅是使用价值的生产，而且是价值和剩余价值的生产。价值增值的关键在于，存在劳动力这种特殊商品。劳动力的价值和劳动力的使用即劳动在劳动过程中创造的价值是两个不同的量。超过劳动力价值的部分就是价值的增值部分，也就是被资本家白白占有的剩余价值。

恩格斯对马克思的分析评论道："这种剩余价值是从什么地方来的？这个问题必须解决，而且要排除任何欺骗，排除任何暴力的任何干涉，用纯粹经济的方法来解决，于是问题就是：即使假定相等的价值不断地和相等的价值交换，怎样才能不断地做到贱买贵卖呢？这个问题的解决是马克思著作的划时代的功绩。这个问题的解决使明亮的阳光照进了经济学的各个领域，而在这些领域中，从前社会主义者也曾像资产阶级经济学家一样在深沉的黑暗中摸索。科学社会主义就是以这个问题的解决为起点，并以此为中心的。"③

---

① 《马克思恩格斯文集》第 5 卷，人民出版社 2009 年版，第 215 页。
② 《马克思恩格斯文集》第 5 卷，人民出版社 2009 年版，第 215 页。
③ 《马克思恩格斯文集》第 9 卷，人民出版社 2009 年版，第 212 页。

(三)绝对剩余价值论

马克思揭示资本主义的剩余价值生产有两种基本方式，形成了绝对剩余价值论，并在创立绝对剩余价值论时诞生了一系列成果。在创建绝对剩余价值论的过程中，不变资本和可变资本的区别，也是最先由马克思提出的。资本家投入生产的资本中，"转变为劳动力的那部分资本，在生产过程中改变自己的价值。它再生产自身的等价物和一个超过这个等价物而形成的余额，剩余价值。这个剩余价值本身是可以变化的，是可大可小的。这部分资本从不变量不断转化为可变量。因此，我把它称为可变资本部分，或简称为可变资本"。① 这样，"资本的这两个组成部分，从劳动过程的角度看，是作为客观因素和主观因素，作为生产资料和劳动力相区别的；从价值增殖(值)过程的角度看，则是作为不变资本和可变资本相区别的"。②

马克思在区分不变资本和可变资本的基础上，建立了绝对剩余价值论。"资本起初是在历史上既有的技术条件下使劳动服从自己的。因此，它并没有直接改变生产方式。"③在这种情况下，资本家只能靠延长劳动时间来剥削剩余价值。

在创建绝对剩余价值论的过程中，马克思提出绝对剩余价值论中的"二律背反"学说(即，资本家力求延长工作日，劳动者要求标准长度的工作日)："权利同权利相对抗，而这两种权利都同样是商品交换规律所承认的。在平等的权利之间，力量就起决定作用。所以，在资本主义生产的历史上，工作日的正常化过程表现为规定工作日界限的斗争，这是全体资本家即资本家阶级和全体工人即工人阶级之间的斗争。"④英国工人阶级在 15 世纪中叶争到了十小时工作日胜利，在当时，"英国的工厂工人不仅是英国工人阶级的先进战士，而且是整个现代工人阶级的先进战士，最先向资本的理论挑战的也正是他们的理论家"。⑤

马克思充分肯定了工人阶级斗争的进步意义。他认为，不顾工人利益的资本主义生产，存在着"生产与生产者相对立，生产对生产者漠不关心。实际的生产

---

① 《马克思恩格斯文集》第 5 卷，人民出版社 2009 年版，第 243 页。
② 《马克思恩格斯文集》第 5 卷，人民出版社 2009 年版，第 243 页。
③ 《马克思恩格斯文集》第 5 卷，人民出版社 2009 年版，第 359 页。
④ 《马克思恩格斯文集》第 5 卷，人民出版社 2009 年版，第 272 页。
⑤ 《马克思恩格斯文集》第 5 卷，人民出版社 2009 年版，第 346 页。

者表现为单纯的生产手段，物质财富表现为目的本身"。① 尽管这些对立导致工人劳动的异化过程，但"工人在这里所以从一开始就站得比资本家高，是因为资本家的根就扎在这个异化过程中，并且他在这个过程中找到了自己的绝对满足，但是工人作为这个过程的牺牲品却从一开始就处于反抗的关系中，并且感到它是奴役过程"。②

顺便提及一下，资本家为延长工作日，破坏对工作日的限制，发明了所谓的换班制度。

(四) 相对剩余价值论

相对剩余价值论的核心内容是相对剩余价值。"通过缩短必要劳动时间、相应地改变工作日的两个组成部分的量的比例而生产的剩余价值，叫做相对剩余价值。"③马克思强调指出：劳资之间政治经济力量差距悬殊，只能依靠市场交换一种机制协调人们之间的生产分配关系，"工人和资本家的生活状况之间的鸿沟越来越深"，④ 导致两极分化严重。

在相对剩余价值理论中，马克思是从作为使用价值生产过程的劳动过程入手考察的。他用了相当大的篇幅，论证了使用机器对生产力的巨大推动作用。机器的生产效率是由"机器所费的劳动和它所节省的劳动之间的差额"⑤来测量的。只要"机器加到产品上的价值部分，小于工人用自己的工具加到劳动对象上的价值"，⑥ 那么资本家会采用机器代替工人。换句话说，"如果只把机器看做使产品便宜的手段，那么使用机器的界限就在于：生产机器所费的劳动要少于使用机器所代替的劳动"，⑦ 这就是新机器有时不被资本家采用的原因。马克思对此举例论证，"恰恰是英国这个机器国家，比任何地方都更无耻地为了卑鄙的目的而浪

---

① 《马克思恩格斯全集》第 49 卷，人民出版社 1982 年版，第 98 页。
② 《马克思恩格斯全集》第 49 卷，人民出版社 1982 年版，第 49 页。
③ 《马克思恩格斯文集》第 5 卷，人民出版社 2009 年版，第 366 页。
④ 《马克思恩格斯文集》第 5 卷，人民出版社 2009 年版，第 598 页。
⑤ 《马克思恩格斯文集》第 5 卷，人民出版社 2009 年版，第 449 页。
⑥ 《马克思恩格斯文集》第 5 卷，人民出版社 2009 年版，第 449 页。
⑦ 《马克思恩格斯文集》第 5 卷，人民出版社 2009 年版，第 451 页。

费人力"。① "美国人发明了碎石机。英国人不采用这种机器，因为从事这种劳动的'不幸者'的劳动只有很小一部分是有报酬的，所以对于资本家说来，机器反而会使生产变贵。"②

马克思用大量事实表明，"因为机器本身减轻劳动，而它的资本主义应用提高劳动强度；因为机器本身是人对自然力的胜利，而它的资本主义应用使人受自然力奴役；因为机器本身增加生产者的财富，而它的资本主义应用使生产者变成需要救济的贫民"。③ 只有废除机器的资本主义应用，才能改变工人的命运，促进生产力的发展。

这里，有个剩余价值生产现象需要说明。随着生产技术的发展，资本主义社会出现了"无人工厂"现象，那么"无人工厂"的利润究竟由谁创造的？由于这一现象与剩余价值论诞生背景下的传统机器化大生产方式有显著的区别，以致存在错误的解读。

其实，"无人工厂"的利润，仍然不过是资本家的表述而已。我们知道，"无人工厂"的利润不过是被资本家榨取的由工人（劳动者）创造的剩余价值。这些劳动者包括：第一，"无人工厂"的劳动者。所谓"无人工厂"，不是没有劳动者，而是与传统机器化大生产相比，劳动者的劳动方式有很大的不同。尽管如此，还是存在少量的普通劳动者。当然，主要是存在大量科技劳动者。这些科技劳动者就是"无人工厂"从事产品研发、生产设计与管理、生产程序编写、设备维护等人员，他们是"总体工人"的一部分。第二，与"无人工厂"生产相同产品（商品）的普通劳动者（同行业中传统工厂的劳动者）。商品交换遵循价值规律，即商品交换以价值量为基础进行等价交换，而价值量以生产某种商品的劳动时间来度量。这种劳动量以社会必要劳动时间进行度量，而不是用个别劳动时间来度量。这样，相比同行来说，"无人工厂"有正常利润，还有超额利润。这种超额利润由传统工厂的普通劳动者所创造，不过，它越过了工厂的围墙。理论化的解读是，这是剩余价值在同行业进行分割。只是，"无人工厂"分到了传统工厂的剩余价值，这也是同行业资本家通过不断改进生产技术进行竞争的动力。第三，整

---

① 《马克思恩格斯文集》第5卷，人民出版社2009年版，第453页。
② 《马克思恩格斯文集》第5卷，人民出版社2009年版，第452~453页。
③ 《马克思恩格斯文集》第5卷，人民出版社2009年版，第508页。

个社会物质生产的劳动者。资本主义生产的目的是获得利润。为了得到尽可能高的利润率和尽可能多的利润，不同生产部门的资本家之间必然展开激烈的竞争，大量资本必然从利润率低的部门转投到利润率高的部门，从而导致利润率平均化。在利润率平均化的过程中，形成了社会的平均利润率，按照社会的平均利润率计算获得的利润，叫作平均利润。从平均利润和平均利润率角度可以发现，落后生产方式的生产部门与采用先进生产技术进行生产的生产部门相比，获取利润处于劣势。一旦某一生产部门处于垄断地位，又会出现所谓的垄断利润。也就是说，这样的生产部门在整个社会的利润分配中，处于绝对的优势。当然，不管整个社会不同生产部门的资本家如何分配利润，都存在一个基本的道理：利润是剩余价值的转化形式，而剩余价值是由劳动者劳动所创造的，只是被资本家无偿占有罢了。

二、剩余价值论的适用性和科学性

马克思的剩余价值论揭示了资本主义生产的秘密，指出了劳动者的利益所在和他们的利益扩大对发展生产力的作用。在社会主义市场经济建设中，有学者借助西方主流经济学的话语体系，否定剩余价值论的科学性，质疑其适用性。

在《资本论》中，马克思从分析商品开始，提出了劳动二重性论，建构了劳动价值论。在提出劳动力商品、可变资本、不变资本、剩余价值等一系列范畴基础上，分析资本主义生产、流通、分配和消费的整个过程，深刻揭示了资本主义经济发展的基本规律，创立了剩余价值论。以劳动价值论为基础的剩余价值论，是研究资本主义产生、发展、灭亡及其内在矛盾运动规律的学说。

理解剩余价值论的科学性，必须先理解价值。价值是人类一般劳动即抽象劳动在商品中的凝结。作为劳动产品的商品，是市场经济条件下人类财富的主体。商品的交换，就其体现的人与人之间的贡献关系来说，实际上是劳动的交换。价值的实质是通过商品体现的人与人之间的关系。价值本身不是物，不是使用价值，仅仅是一般劳动，是一种社会关系。它只能附着于商品之中，附着于使用价值之中，价值的载体是使用价值。在商品经济关系的背后，隐藏着人与人之间的生产关系。抽象劳动创造商品的价值，具体劳动创造使用价值，不创造价值。有学者提出的要素创造价值论，实际上是要素创造财富论。有学者则从物化劳动创造价值推论出价值分配，也得出要素分配论。前者有意混淆了使用价值和价值，后者则混淆了具体劳动和抽象劳动与价值创造的关系。要素分配论，实质是按要素所有权分配论。这些理论把劳动力等同于一般生产要素，把劳动力拟物化，而且把生产要素参与财富创造的过程等同于创造价值的过程。这样就掩盖了资本主义剥削和雇佣劳动的本质。

与上述理论不同，剩余价值论透过物与物的关系，揭示了人与人之间的生产关系。劳动者具有物所不具备的适应人类需求而优化自然的能力。除了偶然的巧合，物本身不会按照人的愿望自动给人类提供财富。从此意义上讲，经济剩余是劳动者创造的，不劳动者对经济剩余的创造没有贡献。这就突出了劳动和劳动者的作用，提出了超过劳动者必要生活资料的价值是剩余价值的概念，揭示了资本主义社会财富的真正来源。

与剩余价值概念相联系的一个重要经济现象是剥削。马克思的"剥削"这个词特指剥削劳动，即统治阶级对被统治阶级剩余劳动的榨取。在马克思看来，阶级社会是指在特定的社会劳动分工基础上，一部分人对另一部分人实行统治的那种社会。阶级社会的特点是，统治阶级控制着并维持生产过程，以此使被统治阶级必须为统治阶级生产必需品。因此，阶级社会内的分工必须以榨取剩余劳动为中心。

马克思所处的资本主义社会也有上述一般属性。在这一种阶级社会中，资本家阶级的统治建立在对政权的单方控制和对社会生产资料的独占基础之上。工人阶级在政治上毫无地位，生产资料被完全剥夺，他们一无所有，不得不依靠为资本家阶级劳动而生活。不过，这种剥削关系几乎完全被交换关系的表面现象所掩盖。

在社会主义市场经济条件下，我们也要追求剩余产品，但这种产品并没有全被资本家阶级无偿占有，所以它已经不是马克思讲的剩余价值，我们可以称它为"净增价值"。也就是说，它在结构上、性质上，与资本主义的"剩余价值"有所不同。净增价值是在扣除物质成本 C、个人应得（不仅是劳动力价格和工资 V）以及进行必要的社会扣除之后的那一部分。它仍可看成剩余劳动的结果，但它已不完全等同于剩余价值 M。在社会主义市场经济条件下，问题不在于有没有、要不要剩余劳动和剩余产品，而在于它的占有和分配原则——是不是被他人无偿占有。马克思剩余价值论所论证的经济剩余来自劳动者的剩余劳动这个事实，在社会主义市场经济中仍然成立，但这个剩余已经可以不被少数人利用与原始资本主义社会关系相结合的生产资料所有权无偿独占，广大劳动者可以越来越多地享受到自己的劳动成果。

在马克思剩余价值论的基础上，在考察我国社会主义市场经济的财富生产时，可以根据人力和物质生产要素在价值增值过程中的不同作用，将其分为能动资本和受动资本两种。能动资本，是指投在企业家和工人身上的资本，它包括他们的所得纯利润(不包括总利润中的税收等社会扣除和再投资的部分)、工资和各种奖励，因企业家和工人都是生产中的能动要素，具有主动适应市场需要更新知识、创造工具、优化自然的能力，所以体现在他们身上的资本是能动可变的。它基本相当于马克思所说的可变资本，只是笔者用这个概念更强调了企业家和工人在我国社会主义市场经济中的自主能动作用。

受动资本，是指投在机器、厂房、原材料等物质要素上的资本，因这些要素除了偶然的巧合外不会主动改变自己适应市场需要，所以在生产过程中只能起到被人使用和改造的受动作用。它基本相当于马克思所说的不变资本，只是笔者用这个概念更强调了它具有承载人类劳动改造成果的作用。也就是说能动资本和受动资本都是人类财富的源泉，但前者是能动的源泉，后者是受动的源泉，这两种源泉都需要开发利用。净增价值即新财富中的人类贡献，则只是来源于能动资本及其剩余劳动。

剩余劳动是人类进步和发展的基本经济根源。没有扣除消费的剩余和积累，就没有人类社会的进步和发展。可以说，这是一切生产劳动和市场经济的共同规律。没有剩余劳动、剩余产品，经济就无法发展。这不仅是资本主义社会的经济规律，而且也是社会主义社会的经济规律。剩余的另一个意义就是净增。如果从人与物的关系来看，用净增价值来表示扣除成本以后新增的社会财富，那么，人类发展生产力的目的，都是为了这个净增和这个净增的不断扩大。劳动改造自然创造的多于生产成本的新增社会财富，是人类社会生产的目的，存在于生产力发展的整个过程。一切人类劳动都要创造新增财富。

由于初看起来，人和物在财富的生产中的作用是一样的，或物的作用还要大一些，土地所有者、资本所有者有地、有钱不必出力，工人无钱无地只能出卖劳动，一切显得非常合理，剩余价值论单提劳动创造价值、把对工人剩余劳动的占有说成剥削，似乎是没有看到土地和资本等物的作用，所以在某些人看来它只有政治意义没有科学性，其实不然，只要和当代西方主流分配理论比较一下，它的科学性就可以看得很清楚。

当代西方主流经济学认为，生产是在一个不存在人与人之间的关系的作为一种生产函数的企业里进行的。假设的黑箱企业使用被称为资本、劳动、土地的"生产要素"制造产品，并按计算出来的对总产品所增加的贡献（即边际产品）向每一要素付酬。如果一切正常，所付出的酬金总数则刚好等于企业实际获得的净收入。在这个过程中，资本获得利润，劳动获得工资，土地获得地租。这些收益都是它们提供的服务的报酬，各种生产要素谁也不会剥削谁。利润、工资和地租是由供需的比例决定的，例如，资本和土地的数量如果大大多于利用它们所需的劳动者的数量，工资率就会提高。

这种理论的一个明显问题是，将要素的贡献和人的贡献等同起来，没有看到它们之间的区别。可是，从剩余价值论的角度却可以看到，就劳动者在市场出卖劳动力来说，他的收入可以被看做他的劳动力的价格和工作时间的函数，他所得的收入可以说是来自他的贡献。但对于资本和土地所有者来说，他们利用其财产得到的收入并不是来自他们本人的贡献（如果将他们的经营等劳动收入归入工资的话），而是来自资本、土地等这些生产要素的贡献。如果这些资本、土地是人的话，那么它们按照对生产或社会的贡献得到其收入当然是合理的。但是，它们并不是人，它们本身是没权利得到收入的，有权利得到收入的是在一定社会条件下占有它们的人。

因此，谈论利用它们取得收入是否合理仅研究这些物对生产的贡献是不够的，还要研究人们对这些物的占有和利用是否合理。而在这方面，西方主流理论恰恰没有做出令人信服的研究。事实上，由于人们在出生前无法选择家庭、个人天赋存在差异、市场外部性的存在以及社会、文化因素对市场有多方面的影响，即使在完全竞争的市场条件下，人们对物的占有和利用也会存在很多不合理情况。如果有这种不合理存在，又怎么能把物的贡献和人的贡献等同起来，说按物的贡献得到的收入是合理的呢？更何况完全竞争本身也只是一个理论的抽象，在现实中不完全竞争才是常态，在这种竞争中人们的财产权和收入还会有更多的不合理情况出现。

如果按照西方主流经济学家描述的那样，只按照市场交换一种机制协调人们之间的利益关系，不考虑他们各自的实际劳动贡献，不引进他们之间的平等协商机制，完全按生产要素的边际生产力分配产出成果，那么是不可能使对生产力发展贡献最大的人得到最多奖励的，必然使社会出现过多的食利者阶层，妨碍生产力的发展。因此，剩余价值论把商品的价值归结为劳动，用劳动说明剩余价值和剥削的做法是有客观依据的。实行现代市场经济的各发达国家所推行的利润分享机制、劳资集体谈判机制、保护劳工立法机制、累进式的所得税机制、遗产税和土地税机制、社会福利和补贴机制、政府干预机制等，表明这些国家虽然实行的是市场经济，但都没有完全实行按生产要素分配，而是在收入分配中向劳动贡献大的人倾斜。

如果完全实行按生产要素分配，那么各国的存款利息率应该和各国的平均利润率一样高，但在现代市场经济条件下，两者的关系在各国却都是：0<利率<平均利润率。可见，在各国的现实中，单凭财产所有权是不可能按照物的边际生产力得到收入的。在农作物的收成方面，如果把土地具有的自然力和农民的劳动力相比，在很多情况下，土地对粮食产出的贡献显然要大大多于农民的贡献，但我国的台湾地区在1949年的"三七五减租"活动中，却将地租强制地减到主要作物产量的37.5%。这个做法显然并没有遵循按生产要素分配的原则，但历史证明它促进了中国台湾地区的经济发展。

美国经济学家西奥多·舒尔茨指出："到了1970年，美国官方公布的国民收入中大约有3/4是雇员报酬，剩下的1/4则归为所有者收入、租金收入、净利息以及公司利润等。人们在自我雇佣的工作中和管理自己资产的过程中花费的生产性劳动所取得的规模相当大的收入也归入四类'资产'收入之中。有一项保守的估计认为，与人力相关的总收入在1970年占到美国国民收入的4/5，这些收入包括雇员报酬加上自我雇佣收入再加上市场部门内部对资产管理所产生的收入。"他还说，美国"在国民收入中，劳动所占收入在上升，资本所占份额在下降，地租收入份额从1900—1909年的9%大幅下降到1970年的3%。与土地原始所有权相对应的农田地租现在已是美国国民收入中极小的一部分了。因此，农场主们的社会和政治影响力已经变得微乎其微了"。①

这些现象都表明，马克思剩余价值论揭示了社会发展的方向和生产力发展的途径，具有重要科学价值。从这种理论可以看出，为促进生产力的更快发展，纯市场交换机制导致的按生产要素分配，需要有不同利益集团的平等协商和政府干预等其他机制作为补充。发展生产力，最重要的就是要不断解放劳动、保护劳动和不断提高劳动者的素质。

三、国外剩余价值论的发展

马克思剩余价值论自诞生以来，得到国外学术界的大量关注。国外学术界在解读过程中，对剩余价值论有一定程度的发展。现介绍三种理论形态，以期促进剩余价值论的发展。

(一) 技术扣除论中的剩余价值论

在马克思的时代，社会贫富两极分化严重。工人阶级受资本家阶级压迫深重，正过着贫困的雇佣奴隶一般的生活。所以马克思的剩余价值理论对工人阶级和资本家阶级之间关系的研究十分重视，并提出由于在这种关系中资方占尽了有利地位，政府又为资本家阶级单方控制，可以帮助他们在政治、经济、文化和法律等各方面压制工人阶级的反抗。"社会的财富即执行职能的资本越大，它的增长的规模和能力越大，从而无产阶级的绝对数量和他们的劳动生产力越大，产业后备军也就越大。可供支配的劳动力同资本的膨胀力一样，是由同一些原因发展起来的。因此，产业后备军的相对量和财富的力量一同增长。但是同现役劳动军相比，这种后备军越大，常备的过剩人口也就越多，他们的贫困同他们所受的劳动折磨成反比。"②所以工人阶级总要遭受相对于财富增长的贫困化，有时还要遭受绝对贫困化。

在不研究人们除市场交易关系以外的其他社会经济关系的国外主流经济学家

---

① ［美］西奥多·舒尔茨：《报酬递增的源泉》，北京大学出版社 2001 年版，第 83～84 页。

② 《马克思恩格斯文集》第 5 卷，人民出版社 2009 年版，第 742 页。

的各种学说中，是不存在剩余价值理论的。在这些经济学家看来，完全竞争的情况下，工人出卖的是自己的和其他物质要素一样的劳动，可以按照自己的劳动加到产品中的价值得到收入，所以不会生产出剩余价值，利润的产生与工人的劳动无关。即使在近期出现的国外主流经济学的博弈论中，剩余价值也是不被考虑的。

当代国外确实有些赞成马克思剩余价值论的经济学家借助国外主流经济学的分析工具(心理偏好、个人选择和均衡机制等)，撇开阶级关系，从纯技术扣除的角度，用规范的数学形式对剩余价值的产生作了说明。

例如，Roemer(1982)、Hunt(1992)、Lichtenstein(1983)和 Sawyer(1989)等，就用这种方法对占有财产的人通过交换机制如何可以占有没有财产的人的剩余价值作了说明；Weeks(1981)更是完全从技术角度说明工资水平和利润水平，否认阶级关系与剩余价值的联系。他们的技术扣除论中的剩余价值理论继承了马克思剩余价值理论的某些主要内容，但放弃了它的阶级分析方法，具有以下特点。

(1)所有商品都是按照它们的长期价值交换的，而这种价值的量是由生产产品的社会必要劳动时间决定的。

(2)人类劳动力(工作能力)在资本主义制度下是一种商品，可以在市场上出售。像所有其他商品一样，劳动力是按照它的长期价值买卖的，这种价值的量是由生产工人所需要的社会必要劳动时间决定的。

(3)资本家在生产经营活动中从劳动力中抽取了若干小时的劳动花费，这些小时数可以(并且在资本主义制度下确实是)远远多于生产工人的价值(即工资)所需的小时数。这样，工人的价值(工资)和产品的价位(价格)之间的差额，就成为资本家占有的剩余价值(或利润)。

他们的这种分析很规范，简明地从经济技术层面对剩余价值作了形式化的表达，较好地显示了虽然人和物都参与了包含剩余价值的财富的生产，但由于物本身没有资格参加财富的分配，财富最终是在工人和资本家之间分配的。在劳动的人和不劳动的人相比较而不是人和物相比较的意义上，说"一切财富或价值都是劳动者创造的"并没有错，"是谁创造了人类世界？是我们劳动群众"这一对马克思范式精髓的经典表达也是正确的。他们在劳动价值论(顺便指出，现在国内外不断有经济学家用供求关系决定价格的例子否定劳动价值论，说它不够全面。其实马克思从来没有说过价格是由劳动一个因素决定的，他的著作在很多地方都对供求关系对价格的决定作用作过说明。他的劳动价值论的主要贡献在于，论述了人类社会中劳动对于财富形成的基础性重要作用。他从来没有否认过物在人类生产和生活中的重要作用，但他认为对于物本身及其使用价值的研究不属于政治经济学的范围，他的经济学所要研究的是体现在一定使用价值上的人类社会生产关系。而从人与人之间的关系的角度看，说有用商品的价值是由有效劳动决定的，则是完全可以成立的。在社会上，人们花费劳动多的商品确实一般价值比较大，这是一个不需要证明的人所共知的常识，例如，衣服比布贵，布比线贵，线比棉花贵，等等）的基础上对剩余价值的说明，对于帮助人们认识劳动者创造剩余价值的事实是有贡献的。

但是，他们从纯个人的、心理的和均衡的角度分析剩余价值的产生，将劳动力商品完全等同于其他商品，实际上并没有说明剩余价值产生的根源。

第一，其他商品可以为企业或雇主所有，其本身无权参与收入分配，人与物之间不存在收入分配关系，一旦产生经济剩余，可以全算作企业或雇主的功劳，为他们所有。劳动力与其所有者不可分割，其他人和企业只能租用但不可能将其归为己有，作为人的劳动力有权参与同作为其租用者的雇主之间的收入分配，所以租用劳动力就必然要发生人与人之间的收入分配关系，经济剩余部分如何合理分配一时众说纷纭。

第二，其他商品可以完全由企业或他人生产，劳动力的产生和成长却主要是靠劳动者家庭的无偿抚养和劳动者个人在复杂社会环境中的奋斗。家庭的爱心和社会环境很难仅用经济技术来说明。因此，劳动力的价值并不是单由经济技术关系决定的。

第三，其他商品可以由企业拿到市场上去出售，但工人的工作能力（或劳动力）并非企业生产的，而且也不靠企业销售，劳动力的销售者就是千百万工人自己。其售卖关系及售卖状况对整个社会的影响与其他商品完全不同。

第四，在其他商品的场合，当商品卖出以后被使用或消费时，其售卖者没有必要在场，但当劳动力被使用时工人必须在场，所以工人可以同意也可以不同意买者对他的劳动力的使用方式，如果不同意他还可以做出各种抵制。一台机器有一种技术给定的最大的运转速度，但工人的劳动强度不仅取决于他们的能力，而且还取决于他们的工作态度和社会关系。

(二)阶级冲突论中的剩余价值论

正是因为看到了技术扣除论的理论弱点，很多当代国外经济学家认为，剩余价值的产生，是不能简单地归因于个人心理或经济技术决定的劳动时间。例如，Sherman(1995)等指出，尽管可以假定劳动力价值和剩余价值是由平均技术水平决定的生产率决定的，但依工人和资本家力量对比的不同，实际的生产率及实际的劳动力价值和剩余价值都是可变的。因此，劳动力的平均价值和剩余价值都是在对劳动力的一定供求条件下，由资本家和工人之间的冲突决定的。为了说明劳动力价值和剩余价值，必须系统研究这些条件和冲突。

在他们看来，剩余价值的多少，直接取决于实际小时工资和劳动生产率。如果其他一切都不变，小时工资越低，剩余价值越多；小时工资越高，剩余价值越少。同样，如果其他一切都不变，劳动生产率越高，剩余价值越多；劳动生产率越低，剩余价值越少。以此为起点，他们进而探讨了实际工资和生产率实际小时工资是在对劳动力的一定供求条件下，由资本家和工人之间的冲突决定的。例如，Boyer和Morais(1970)对美国历史上的劳资冲突的起源和发展作了翔实的概述，用丰富的史料和数据表明这种冲突怎样决定了小时工资，从而影响了剩余价值。

尽管仅把劳动生产率的高低归因于由一定的技术水平决定的投入产出关系的观点在国外经济学界占据着主流地位，仍有很多当代国外经济学家强调了阶级冲突对于劳动生产率的决定作用。他们认为，从长期看，生产率主要受技术水平的影响，但技术水平又部分是由反映阶级冲突关系的政府政策决定的。从短期看，机器和劳动的生产率都要部分取决于它们的利用程度，而这种利用程度要极大地取决于阶级冲突的状况及由这种状况的作用所产生的经济周期，而且，生产率部分地是由工人的努力程度(劳动强度)决定的。

由此，一些国外经济学家专门研究了阶级冲突如何影响劳动强度的问题。Bowles和Ginitis(1981)的研究表明，劳动强度是与阶级冲突密切相关的。即使有规定了工资和劳动时间的合同，每工作小时的劳动强度还是要由阶级冲突来决定的。在有些场合，劳资矛盾比较缓和，可以产生或多或少为劳资双方都能接受的一般标准。在另一些场合，劳资矛盾的激化则可以使劳动强度无任何规则可循。国外主流经济学假定资本家按一定时期的平均劳动强度购买和使用劳动，按劳动的贡献支付工资，利润的产生和大小与工人的劳动无关。但布雷弗曼（1979）等却用大量事实证明，为了获取高额利润，资本家总是竭力加大工人在一定技术水平下的劳动强度，工人的剩余劳动是利润的重要来源。例如，老板们使用先进的管理方法，精确测量劳动时间和建立标准的工作规范，就可以通过加大工人的劳动强度赚取更多的利润。他们加大工人劳动强度的许多方法，同时就是赚取利润的方法。如果工会力量弱失业率高，每小时的劳动强度就可能强，剩余价值就可能多。如果工会力量强并有充分就业的条件，工人就可以抵制住劳动强度的过分增加，参与分享经济剩余，减少资本家得到的剩余价值。

与着力论证资本雇佣劳动的优越性、资本家独占经济剩余的合理性和资本家监督工人防止他们偷懒对于提高效率的重要性的国外主流经济学家不同，持阶级冲突论的当代国外经济学家着重论述了工人参与分享经济剩余的合理性及其对提高经济效率的积极作用。Carver 等（1995）指出，利润的多少并不是经济效率的唯一标志，美国的工会化企业普遍比非工会化企业生产率高，尽管这样的企业利润率比较低。他们认为社会的纯收入可以分为三个部分：劳动者的消费、投资和资本所有者的消费。其中最后一个部分是劳动者的永久损失，是一种他们为实行生产资料私有制所付出的代价。这种代价在不同的国家是不相同的，例如，在 1985年制造业每美元的附加值当中，资本所有者占的份额在奥地利和挪威是约 10 美分，在英国和美国是远低于 40 美分，在巴西是高于 60 美分，在阿根廷是高于 70美分，其中的机理就在于劳动者的社会地位和工资在前面提到的一些国家中较高，在后面提到的一些国家则较低。有些经济学家认为，劳动者社会地位低、工资低，有利于提高经济效率。但戴维·兰德斯在分析 17 世纪和 18 世纪的工业革命为什么没有发生在当时棉纺业在世界上首屈一指的印度时，提到的一个原因却是，因劳动者社会地位低、工资低，人们很少试图用机器去完成任何可以靠人力做成的事情，谁也没有浓厚的兴趣简化和减轻工人的工作任务，工人和雇主都把以低工资做繁重劳动看做工人的命运和理应如此的。而在谈到英国经济发展过程中的情况时，他又提到，拥有庞大财富的中产阶级出现之早可谓卓越非凡。为了证明自己的观点，戴维·兰德斯还援引了当时英国见多识广的著名作家丹尼尔·笛福以下一段意味深长的话："基于这两类人，即制造业者（并非雇主，而是参加手工业劳动的那些人）和店主们，我才把自己提出的假设奉献给公众。正是靠了他们以自己过去或以自己职业中的勤奋所得的收益，并且靠了他们难以想象的人数之众，我们自己的产品以及从外国进口到这里的产品的国内消费，才变得如此特别巨大，以致我们的贸易才高到了这样一种蔚为壮观的规模……是他们这些人提高了大家的消费总量；是这些人才使大家的市场在星期六开到很晚，因为他们很晚才领到自己每周的工资……他们的人数不是数以百计或千计，也不是数以十万计，而是多达几百万人。我看，正是他们人口众多，才使贸易的一切车轮都得以转动……正是由于他们的巨大收益，他们才得以供养自己；正是由于他们人口众多，整个国家才得以供养自己；靠着自己的工薪，他们才能够过上富足的生活，而且由于他们那种奢华的、大方的、潇洒的生活方式，国内消费，亦即我们自己的产品和国外产品的消费，才取得如此大幅度的增长。"①兰德斯对美国工业革命早期情况的分析也很值得重视。他认为，当时北美能够在经济上自立的小农场主和具有较高工资的工人，是滋养民主和进取心的温床。随自立而来的平等使人产生自尊心和雄心，能激发个人主义精神和凡事争个是非曲直的精神；高工资加强了人们用资本代替劳力、用机器代替人工的动力，吸引了各国有手艺的机械师和工匠向北美移民。结果，工业革命的新技术先在北美殖民地后又在美利坚合众国遇到了肥沃的土壤。他的这个分析与亚当·斯密早就看到过的情况完全一致："最高的劳动工资，不能发现于最富的国度，那只能发现于最繁昌，换言之，最迅速趋于富裕的国度。就今日英吉利言，确较北美各地为富，然北美各地的劳动工资，却比英吉利各地为高。"②对比印度、英国和美国经济发展过程中的情况和结果，再想想旧中国劳动者社会地位低、工资低，对经济效率所造成的恶果，我们难道不应该对经济效率与劳动者社会地位及工资的关系有一番重新思考吗？

事实表明，在为私有制付出代价较小的国家，工人都有较多财产，并且大都

---

① 转引自[美]戴维·兰德斯：《历史上的企业家精神》，姜井勇译，中信出版社2016年版，第306页。

② [英]亚当·斯密：《国富论》上，郭大力、王亚南译，译林出版社2014年版，第61页。

具有高度组织化的、有工人广泛参与的和有强大政治影响的工会联盟。这样的国家罢工和阶级冲突较少，工人一般认为没有必要实行生产资料的国有化，就通货膨胀、失业、经济增长、收入平等性和公共福利等状况而言，经济绩效较好。相反，在劳动者为私有制付出代价高的国家，罢工和阶级冲突比较多，因为工人有很强的愿望和可能去通过斗争来争得被资本所有者霸占得过多的剩余价值，特别是在像巴西和阿根廷这样的国家，由于资本所有者消费了国家一半以上的产出，占总数 1/10 的家庭得到了国民收入的一半以上，不仅工人技术水平低、罢工多、财产很少、生活状况较差，他们还有着很强的通过国有化来提高自己的社会地位和改变收入分配格局的动力。

当代国外经济学家的阶级冲突论中的剩余价值论，超越国外主流经济学新古典范式的范围和方法，从理论和事实两个方面对剩余价值的产生和分配作了新的解释，有力地证明了利润的产生并非与工人的劳动无关。它们对雇员参与剩余价值分配的合理性所作的论证有理有据，和国外主流经济学关于雇员只配得到与利润无关的作为生产成本的工资的理论形成了鲜明的对照。从他们有关社会纯收入的三分法可以看出，单纯的资本雇佣劳动很容易有伴随资本所有者消费过多而来的经济效率低下问题。这个问题的产生是因为在纯资本雇佣劳动的企业里，缺乏制约资本所有者权力的机制，结果包括使用企业利润在内的一切重要决策都可以由资本所有者自己单方面做出。在这种情况下，资本所有者拥有较大的为自己的私利挥霍浪费企业利润的动机，因为挥霍浪费的收益是他自己独享的，而挥霍浪费的成本却是他和雇员分担的。但是，符合雇员和整个企业利益的做法却应该是，企业利润由企业里所有为利润产生做出贡献的人们合理分享，或由资本所有者更多地用于再投资。后两种利润使用方式显然比资本所有者过多消费更有利于经济效率的提高。这种剩余价值理论的缺点是，只将资本家作为纯资本所有者来分析，对其在企业中起企业家作用的劳动者功能注意不够，没有对作为劳动者的企业家参与利润分享的理由做出应有的说明；只将工人作为纯生产者来分析，与后面要评论的阶级合作论中的剩余价值论一样，没有看到工人也是投资者，对工人参与利润分享的合理性论述得也不够充分。

(三) 阶级合作论中的剩余价值论

持技术扣除论和阶级冲突论的剩余价值论，主要研究了资本家和工人之间的对立关系。持阶级合作论中的剩余价值论主要研究了资本家和工人之间的合作关系。他们认为，前二者从资本家利益关系的对立方面来阐述剩余价值问题时隐含的前提是，由于企业的产品被分成了工人占有的工资和资本家占有的利润，一方的所得就是另一方的所失，所以工人和资本家收益之间存在零和关系，具有非合作的特征。这些理论较多地论述了工人和资本家之间的静态关系，如果更多地考虑到动态关系，工人和资本家的收益就可以变成非零和的，工人也可以在一定条件下从资本积累中获利。

Przeworki 等（1986）指出，如果工人和企业家自愿做出必要的让步的话，就仍可以在互利的基础上保持自由企业自由雇工的制度，即工人不要求工资大到占有全部剩余价值（即剥夺剥夺者），企业家同意允许将工人工资水平保持在不低于他们为了自己的将来利益容忍暂时受剥削的程度（企业家将剩余价值用于投资）。在一定限度内，如果制度能够保证企业家占有的剩余价值用于投资的比重，足以在将来使工人得到更多的工资的话，工人将愿意暂时放弃工资的增加而让企业家占有一部分剩余价值。当工人要求过多时，即当工人要求工资在利润中占据过大的比重时，短期工资增加的好处就会小于长期工资的损失，因为在以后只有较少资本被用于可以促成工资增加的投资了。相反，如果工人的讨价还价和监督力量过弱，剩余价值就会被企业家过多占有，工人工资低下生活十分艰苦，企业家可以将多占的剩余价值随意挥霍浪费，过小的投资将不能带来工人工资在将来的增加。

Przeworki（1986）用数学模型表明，在人们的特殊时间偏好和投资占利润的特殊比率给定的条件下，在一个特定时期内，有一种工资占剩余价值的最佳比重。

这种阶级合作论中的剩余价值论，在承认剩余价值是劳动者创造的应由劳动者们共同分享的前提下，指出了资本家和工人之间利益关系一致的方面和双方合作可以带来的好处，对思考资本积累对于经济发展和劳动者将来利益的重要性、劳动者的功能及应争得的权利都是有启发意义的，但其也有如下缺陷：

1. 片面地只将资本家看做投资者，没有看到工人其实也是投资者

首先，按照现在已被经济学家普遍接受的人力资本理论，不仅物质资本的投资者是投资者，他要为其投资承担风险，而且对作为人的能力的人力资本进行投

资的投资者也是投资者，他们也在不确定的条件下做着投资决定，所以也是风险的承担者。有些研究还表明，由于人力资本的投资收益率一般要高于物质资本的投资收益率，工人的人力资本投资比通常主要由资本家负责的物质资本投资具有更大的收益。其次，无数资本家白手起家获得成功的经历表明，占人口大多数的雇员阶层当中，从来不乏具备企业家才能的人才，只不过因为缺乏物质资本、条件和运气，他们暂时还无力自办企业。一旦他们攒足了物质资本并有了其他条件，他们也可以变成企业投资者，和现有的资本家竞争，促进经济发展和社会福利增加。最后，在市场经济条件下，工人在进入企业以后事实上已经参与承担了企业的投资风险。如果企业盈利增加，他通常不仅可以按照有关合同拿到工资，而且有更好的收入增加和晋升前景；如果企业亏损或破产，他将实际上拿不到合同规定的工资甚至失业。这说明工人用放弃其他选择的机会成本参与了企业的投资。将工人只看成生产要素和消费者，将工资只看成现期消费支出，既不符合实际又贬低了工人及其收入对于经济长期发展的作用。

2. 将企业和企业家相等同，只表达了工人长远利益对企业家的依赖，没有说明企业家对工人的依赖

虽然企业家在市场经济中有较大的获利优势，但他们的投资收益并不是不需要依靠工人帮助的。应该承认，要在企业投资和资本积累中获得长期盈利，除了投机的运气、财产的继承和利用权力关系的掠夺等因素的作用以外，在很多情况下，确实也还需要企业负责人具有一定的所谓特殊的企业家才能：懂经营、会管理、敢冒险、热心赚钱等。但即便是在这样的拥有企业家才能的企业里，剩余价值或称利润也不是企业家一个人单枪匹马创造的，他为了取得企业的经济剩余总需要与他人合作。创办企业之前，他可能是一个专搞技术的专业技术人员或做实际操作的工人，很懂专业技术或实际操作，但在创办企业之后，他的主要精力通常要用在企业的长远规划、投资决策、组织创新和经营管理等方面。在把构想付诸实施方面，多数企业家将会不如专事实际操作的技术工人，所以企业家与人合作不仅是必要的，而且是对自己有利的。特别是他还可以利用其在企业中所处的支配地位，把与别人一起创造的难以分辨到底是谁的功劳的经济剩余更多地划归己有。很多成功的企业家都承认自己的合作伙伴们对于企业兴衰的重要作用，

(目前我国理论界的一种流行说法是，企业家是高能力的人，工人是低能力的人。这种说法未必正确。事实上，企业家在经营方面可能是高能力的人，但在需要某种特殊技术和体力的工作中，也可能是低能力的人；工人可能不善于经营，但在某项技术或劳动中也可能是高能力的人。只凭是否善于经营或是否正在从事某项职业来评价一个人的能力，是不公平和不科学的。)绝不是他们故作姿态的虚假谦虚。可见工人的长远利益并不是只依赖于企业家身上，既然雇员也在资本积累和利润取得中有重要作用，企业投资效果的好坏又与他们的利益密切相关，所以为了保护和扩大自己的利益，他们不仅想拥有利润的分享权，而且想拥有对于投资的监督权和参与决策权。

3. 只对资本家和工人收益之间的双赢可能性作了抽象的描述，没有分析实现这种双赢所需要的社会经济环境

大量的历史事实表明，资本家之所以在企业里占支配地位，在工业化早期甚至可以对工人为所欲为，并不是像国外主流经济学有的理论论证的那样只是因为这样可以节约交易成本，或只是因为工人好监督，资本家不好监督等，主要原因是资本家和工人的社会地位特别是经济地位不对等。(例如，据史料记载，由于工人憎恶工厂严格的钟点制以及对个人的监督，英国在推行纯资本雇佣劳动的工厂制度的初期，只能依靠非自愿的劳动力贫民院的学徒及其妻子儿女，因为这些人别无选择。后来有工人"自愿"受雇于资本家的工厂也是因为其大机器生产的高生产率，已使得大多数工人自己家庭或作坊的手工业生产无利可图了。①)资本可以雇佣很多工人，一个工人离开它，它仅损失很少一部分利润；工人则两手空空一贫如洗，离开资本家他的全部收入就都没有了，只能得到维持最低生活水平的工资，并在一切方面受雇主支配。可见，为实现工人和资本家收益的双赢，必须想办法创造能够使他们的社会地位平等的社会经济环境，其中最重要的一个条件，就是使工人也变成有产者，这是提高工人社会地位的最有效也是最根本的方法。当然因为很多工人不一定愿意或善于经营企业，所以他们想要的不一定是企业，也可以是房地产、储蓄、保险、债券、股票、汽车等。只要劳动者有了离开

---

① [美]戴维·兰德斯：《历史上的企业家精神》，姜井勇译，中信出版社 2016 年版，第58 页。

雇主也能存活和发展的足够多的财产，他的社会地位就将大为改善。在这个基础上，再加上工人在政治、法律、文化和各种社会组织中地位的改善，他们才有可能就企业事务与雇主进行权利平等的协商，不使阶级合作论描述的工人与企业家收益双赢状况成为空中楼阁。

专题十二 资本主义的经济危机

资本主义发展到一定阶段，就会发生以生产过剩为基本特征的经济危机。生产过剩是资本主义经济危机的本质特征，但是这种过剩是相对过剩，而不是与劳动人民的实际需要相比的绝对过剩。资本主义周期性经济危机表明，资本主义制度并不能保证社会生产力的充分发展，恰恰相反，这种生产力正在起来反抗束缚它进一步发展的生产关系，反抗作为资产阶级及其统治的存在条件的所有制关系。

一、资本主义经济危机的表现与实质

处于经济周期低谷的经济危机，表现为生产过剩。尽管资本主义经济危机表现为百业凋敝，但其实质是生产的相对过剩。

(一)资本主义经济危机的表现

资本主义经济危机的基本表现是，危机爆发时大量商品积压，物价下跌；大批工厂倒闭、破产，生产急剧下降，失业人数迅速增加；银行纷纷倒闭，银根奇紧，信用关系遭到破坏；社会生产力遭到显著破坏，人民生活水平显著下降。"在危机期间，发生一种在过去一切时代看来都好像是荒唐现象的社会瘟疫，即生产过剩的瘟疫。社会突然发现自己回到了一时的野蛮状态；仿佛是一次饥荒、一场普遍的毁灭性战争，使社会失去了全部生活资料；仿佛是工业和商业全被毁灭了。"①

从资本主义发展的历史看，自 1825 年英国出现第一次周期性的生产过剩危

---

① 《马克思恩格斯文集》第 2 卷，人民出版社 2009 年版，第 37 页。

机以来，以后每隔一定时间就爆发一次经济危机。随后发生危机的年份是 1836 年、1847 年、1857 年、1866 年、1873 年、1882 年和 1900 年。在资本主义自由竞争阶段以及向垄断资本主义阶段过渡时期，经济危机发生的周期约为十年。

除了上面谈到的 19 世纪发生的几次危机以外，刚进入 20 世纪的 1900 年就再次爆发了经济危机。后来，在 1907 年、1914 年、1921 年、1929—1933 年又爆发了经济危机。史上世界经济大危机又称"1929—1933 年资本主义世界经济危机"或"30 年代大危机"，它是指 1929—1933 年发生的，资本主义发展史上波及范围最广、打击最为沉重的世界经济危机。第一次世界大战以后，世界资本主义经济曾经历了 20 世纪 20 年代相对稳定的发展时期，但随着各国进行大规模的固定资本更新以及开展"产业合理化"运动，生产迅速扩大，而劳动人民消费需求却在相对缩小，这一对资本主义社会的基本矛盾日益尖锐。从 1929 年起，资本主义世界陷入历史上最深刻、最持久的一次经济大危机。危机首先在实力最强大的资本主义国家美国爆发，然后迅速波及整个资本主义世界。1929 年 10 月 24 日星期四，美国纽约股市的大暴跌，成为此次大危机的导火线。这次危机历时近五年，其间资本主义各国工业生产剧烈下降，各国企业大批破产，失业人数激增，失业率高达 30% 以上。资本主义农业危机与工业危机相互交织激荡，农副产品价格大幅度下跌，农业生产严重衰退。同时国际贸易严重萎缩，各国相继发生了深刻的货币信用危机，货币纷纷贬值，资本主义国际金融陷入混乱之中。由于商品严重滞销，市场问题变得异常尖锐，主要资本主义国家争夺市场的斗争日益激烈。1933 年危机逐渐结束。此后，资本主义世界又出现了五年左右的持续萧条。这次经济大危机还加速了法西斯主义在德国、日本和意大利的发展，使这些国家走上了对内强化军事统制、对外大肆侵略扩张的军国主义道路。

这次危机的表现为：(1)工业生产大幅度下降。危机时期，资本主义世界工业生产下降 37.2%，其中美国下降 40.6%，法国下降 28.4%，英国下降 16%，日本下降 8.4%。主要国家的生产退回到 20 世纪初或 19 世纪末的水平。

(2)企业大批破产，工人大量失业，经济损失严重。危机时期，倒闭的企业数，美国达 14 万家(另外还有近 1 万家银行)，德国为 6 万家，英国为 3.2 万家。资本主义世界的失业工人超过 3000 万，加上半失业者，则达 4000 万~4500 万。

1932 年，按完全失业工人计算的失业率，德国为 43.8%，美国为 32%，英国为 22%。由于股价暴跌和生产停工而遭受的经济损失达 2600 亿美元，超过第一次世界大战造成的损失。

（3）世界商品市场急剧萎缩，关税战、贸易战加剧。美国于 1930 年将应税进口商品平均税率提高到 53.2%；英国从 1932 年起实行帝国特惠制；德国限制进口量；法国实行进口配额制。结果，1929—1933 年资本主义世界贸易额缩小了 2/3，退到 1919 年的水平。

（4）世界货币秩序遭到破坏，金本位制崩溃。1931 年 7 月，德国实行外汇管制；同年 9 月，英国率先放弃金本位制，英镑汇率自由浮动；美国于 1933 年限制黄金出口和私人拥有黄金，实行美元贬值；法国于 1933 年筹组黄金集团，失败后于 1936 年也放弃了金本位制。到 20 世纪 30 年代中，几乎所有国家都放弃了金本位制，逐渐形成英镑区、美元区和法郎区，统一的资本主义世界货币体系瓦解了。30 年代大危机对资本主义世界经济是个沉重的打击。世界工业生产直到 1936 年才恢复到 1928 年水平。帝国主义国家之间的矛盾，帝国主义国家与殖民地、半殖民地之间的矛盾大大激化了。大危机进一步表明，现有的资本主义生产关系已经容纳不了高度发达的生产力。美、德、英、法等国为了维持垄断资产阶级的统治，大力进行生产关系的调整，加强国家对经济的干预。私人垄断资本进一步向国家垄断资本发展。

美国应对危机的罗斯福新政意义重大：（1）新政使美国从严重的经济危机中走出来，国民经济状况得到显著改善，人民的生活得到提高。（2）罗斯福新政缓和了社会矛盾，使美国避免了像德国、日本那样走上法西斯道路，巩固了资本主义制度。（3）新政开创了国家干预经济的新模式，即国家垄断资本主义，这种体制对资本主义的发展具有深远影响。新政标志着资本主义告别自由放任时代，进入政府大规模干预经济的时代。（4）新政只是一种政策调整，不可能改变资本主义制度的本质，因此就不可能解决导致经济危机爆发的资本主义制度的基本矛盾，也不能从根本上消除经济危机。

工业革命以来，资本主义经济危机频繁发生。20 世纪 30 年代大萧条和 2008 年国际金融危机是其中蔓延最广、破坏力最大的两次。尤其值得注意的是，以新冠肺炎疫情为导火索的资本主义经济危机又接踵而来，历史与现实似乎又在开启新的轮回。

（二）资本主义经济危机的实质

资本主义发展到一定阶段，就会发生以生产过剩为基本特征的经济危机。在此，有必要弄清资本主义经济危机的实质。对此，列宁指出："危机是什么？是生产过剩，是生产的商品不能实现，找不到需求。"①这种过剩是相对过剩，即相对于劳动人民有支付能力的需求来说社会生产的商品显得过剩，而不是与劳动人民的实际需要相比的绝对过剩。因为在危机期间，一方面是大量商品堆积卖不出，甚至人为地加以销毁；另一方面却是许多人最基本的生活都受到影响，处于贫苦的境地。

二、资本主义经济危机的根源与特点

深入把握资本主义经济危机，应当在了解资本主义经济危机的实质与表现基础上，深入分析资本主义经济危机的根源与特点。

（一）资本主义经济危机的根源

资本主义经济危机的根源是资本主义基本矛盾尖锐化的结果。要理解这一观点，我们先分析经济危机发生的一般可能性。货币有流通手段和支付手段的职能，正是这一职能蕴涵经济危机的可能性。以货币为媒介的商品买卖在时间上分为两个相互独立的行为。如果有一些商品生产者在出卖了自己的商品后不接着购买他人生产的商品，就会有另一些商品生产者的商品卖不出去。同时，在商品买卖有更多赊购赊销的情况下，如果某些债务人在债务到期时不能支付，就会使整个信用关系遭到破坏。但是，这仅仅是危机在形式上的可能性。

在此基础上，我们继续分析资本主义的基本矛盾如何酝酿资本主义经济危机的发生。资本主义的基本矛盾是生产社会化和生产资料资本主义私人占有之间的矛盾。这一基本矛盾具体体现在以下两个方面：其一，生产无限扩大的趋势与劳动人民有支付能力的需求相对缩小的矛盾；其二，单个企业内部生产的有组织性

---

① 《列宁全集》第 2 卷，人民出版社 1984 年版，第 139 页。

和整个社会生产的无政府状态之间的矛盾。正如马克思所指出的："一切现实的危机的最终原因，总是群众的贫穷和他们的消费受到限制，而与此相对比的是，资本主义生产竭力发展生产力，好像只有社会的绝对的消费能力才是生产力发展的界限。"①

在资本主义条件下，资本主义基本矛盾的尖锐化是不可避免的。这是由于随着科学技术的进步和社会生产力的不断发展，资本主义生产不断社会化。但是，在资本家私人占有生产资料和剥削雇佣劳动者的生产关系中，社会化的生产力却变成资本的生产力，变成资本高效能地榨取剩余劳动、生产剩余价值、实现价值增值的能力。这样，已经社会化的、由劳动者共同使用的生产资料，本应该由劳动者共同所有，却被少数资本家私人占有；已经在社会范围内实行严密分工、协作而社会化了的生产过程，本应按照社会需要进行管理、调节和控制，却分别由各自追求最大限度利润和私人利益的少数资本家进行管理；共同劳动生产的社会化产品，本应由劳动者共同占有，用于满足社会需要，却被少数资本家私人占有、私人支配，成为他们的私有财产。这就形成了资本主义所特有的生产社会化和生产资料资本主义私人占有之间的矛盾。这是生产力和生产关系之间的矛盾在资本主义社会的具体体现。资本主义越发展，科学技术以至社会生产力越发展，生产社会化的程度越高，不断发展的社会生产力就越成为资本的生产力，资本、生产资料、劳动产品就越来越集中在少数资本家的手里，资本主义基本矛盾的尖锐化就越是不可避免。

(二) 资本主义经济危机的特点

资本主义经济危机具有周期性，这是由资本主义基本矛盾运动的阶段性决定的。当资本主义基本矛盾达到尖锐化程度时，社会生产结构严重失调，引发了经济危机。而经济危机的爆发，使企业纷纷倒闭，生产大幅下降，从而使供求矛盾得到缓解，逐步渡过难关。

资本主义经济危机周期性爆发的特点，使社会资本再生产也呈现出周期性的特点，从一次危机开始到另一次危机的爆发，就是再生产的一个周期。社会资本再生产的周期一般包括四个阶段，即危机、萧条、复苏和高涨。这四个阶段是相

---

① 《马克思恩格斯文集》第 7 卷，人民出版社 2009 年版，第 548 页。

互联系的，其中危机阶段是周期的基本阶段。资本主义的再生产不一定都经过四个阶段，但是危机阶段是必经阶段，没有危机阶段，就不存在资本主义再生产的周期性。

经过危机后的萧条、复苏阶段，资本主义再生产进入高涨阶段。而这种繁荣假象的背后却隐藏着经济危机的种子。这是因为：第一，资本主义生产的目的是为了追求更多的剩余价值，导致生产与消费相脱节，表现为生产的日益扩大，而有支付能力的需求却日益不足。第二，社会生产的两大部类的比例关系日益不协调，第 I 部类脱离第 II 部类的现象日趋扩大，生产畸形发展。第三，商业投机和信用膨胀造成了市场的虚假繁荣，掩盖了社会购买力的真实情况，使生产过剩处于隐蔽状态。当各种矛盾尖锐化到一定程度时，经济危机就会突然爆发。恩格斯曾经形象地描述道："步伐逐渐加快，慢步转成快步，工业快步转成跑步，跑步又转成工业、商业、信用和投机事业的真正障碍赛马中的狂奔，最后，经过几次拼命的跳跃重新陷入崩溃的深渊。"①

这就是说，经济危机只能得到暂时缓解而不能根除资本主义基本矛盾。随着资本主义经济的恢复和高涨，资本主义基本矛盾又重新激化，必然导致再一次经济危机的爆发。只要存在资本主义制度，经济危机就不可避免。

（三）2008 年国际金融危机以来资本主义的矛盾与冲突

2008 年美国次贷危机迅速从局部发展到全球，从发达资本主义国家传导到新兴市场国家，从金融领域扩散到实体经济领域。在这场国际金融危机的影响下，西方国家的经济生活、政治生活和社会民生等方面都出现了各种问题。

第一，经济发展"失调"。2008 年国际金融危机之后，西方主要资本主义国家采取各种措施应对危机，虽暂时避免了金融秩序崩溃，但对推动经济复苏效果有限，经济发展仍然面临一系列问题，具体表现为：一是虚拟经济与实体经济发展失衡。近年来，西方国家金融领域过度膨胀，金融业以高于实体经济增长率数倍的速度扩张，虚拟经济和实体经济严重脱节，实体经济呈现空心化的发展趋势。例如，2010 年美国的金融衍生品规模高达 680 万亿美元，比美国 14 万亿美元的国内生产总值高出近 50 倍，比 50 万亿美元的全球国内生产总值的总和还高

---

① 《马克思恩格斯文集》第 3 卷，人民出版社 2009 年版，第 556 页。

出 10 多倍。产业空心化严重削弱了西方国家应对危机、实现内生增长的能力。二是福利风险增加。福利制度是西方增进民众政治认同、维护社会稳定的重要手段。在福利制度发达的国家，一些中下层民众拿的救济金甚至比正常工作收入还高，因而失去了工作意愿和动力。随着人口老龄化快速发展，特别是在国际金融危机之后，福利制度使国家财政不堪重负，福利风险不断增加。三是债务负担沉重。西方国家长期形成的借债消费习惯和高支出的福利制度，以及为应对金融危机而采取的救市措施，使得政府债务负担积重难返。2008 年国际金融危机后，西方发达资本主义国家纷纷拨付巨额财政资金救助大型金融机构，推出大规模经济刺激计划，实施量化宽松货币政策，造成政府债务不断攀升。巨额政府债务又埋下了新一轮金融危机的隐患。

第二，政治体制"失灵"。长期以来，西方国家标榜民主并不遗余力地向外输出民主，但近年来移植西式民主的国家陷入动荡之中，西方国家本身也出现了某些治理危机，暴露出西式民主的弊端和局限。一是西式选举往往难以选贤。西方选举制度对政治人物的考察往往主要不是着眼于其治国能力，而是以选举能力、博得选民好感并能胜选为标准。这样，能说会道但却不一定有实际经验的人往往容易当选。二是政党利益可能凌驾于国家利益之上。西方国家的政治运作基本以政党为载体，执政党和反对党经常实现角色互换，"你方唱罢我登场"的钟摆效应成为常态。随着政党博弈愈演愈烈，政客为取悦舆论或特定选民，往往特立独行容易走极端，导致缺乏理性和包容的"否决政治"盛行，从而加剧了政治极化和朝野矛盾。三是"民主陷阱"会阻碍国家治理。主要表现为政府决策的短视化，以及少部分人的利益或非理性的民意，以民主的名义绑架社会公益，阻碍国家治理和建设。一些既提振经济又改善民主的重大项目，因为少数居民极力阻挠导致项目一拖再拖甚至胎死腹中的事情屡见不鲜。四是传统精英政治走向衰落。第二次世界大战后，精英政治在欧美国家权力结构中发挥主导作用，并逐渐形成两党轮流执政的格局。例如，美国的共和党与民主党、英国的保守党与工党、德国的基督教联盟党与社民党、法国的共和党与社会党交替执政或联合执政，成为精英治国的典型模式。2008 年国际金融危机以来，西方资本主义国家的经济长期萎靡不振，贫富差距扩大，民众不满情绪上涨，欧美主流的政治精英在竞选中提不出吸引选民的主张，在执政中也开不出应对国际金融危机和全球化挑战的改革良方。大众政治与精英政治的对立日趋严重，民粹主义思潮的泛起使西方精英政治陷入困境。

第三，社会融合机制"失效"。近年来，西方社会不断出现不同群体、阶层的矛盾与冲突，甚至社会动荡。一是社会极端思潮抬头。一些欧洲国家出现右翼政党"登堂入室"的势头。譬如2009年英国极右翼的不列颠民族党首次获得欧洲议会议席。2012年希腊极右翼的金色黎明党在议会选举中获得大量议席。这些右翼势力甚至公开采取暴力手段，恐吓、打击外来移民。二是社会流动性退化。主要是贫富差距不断扩大，中产阶层萎缩，社会各阶层之间的健康流动"凝固化"。经济合作与发展组织2015年发布的报告显示，经合组织国家最富有的10%的人与最贫穷的10%的人的收入比从20世纪80年代的7：1蹿升到了近年来的9.6：1。其中美国占总人口10%的最富有人群的税前收入占比从1981年的34.7%上升到了2007年的45.8%和2014年的47.0%。英国公布的一项调查显示，大约63.4万英国最富有的人拥有的资产是最贫穷的1300万人所拥有资产的20倍。英国最富有的10%的人口拥有该国总财富的54%，而占人口总数20%的底层贫困人群仅拥有该国总财富的0.8%。越来越多的中产阶级滑向贫困线。三是社会矛盾激化。西方社会"群体性事件"增多，2011年美国爆发的"占领华尔街"运动，不仅参与人数多、持续时间长，并且由纽约迅速蔓延到美国各大主要城市，汇集了各个职业群体和年龄阶段的人。"占领华尔街"运动的实质就是西方普通民众看不到希望，要抗争求变。2012年五一期间，美国从东海岸到西海岸超过100个城市同步举行了罢工示威活动。近年来，美、英、法甚至个别北欧国家发生过多起震惊世界的严重暴力、枪击或大规模骚乱事件。例如2017年3月至6月，短短3个月内英国遭到3次恐怖袭击。2017年4月，瑞典首都斯德哥尔摩市中心发生卡车冲撞人群的恐袭事件。2017年10月1日，美国拉斯维加斯曼德勒海湾赌场度假村附近发生枪击事件，50多人丧生，500多人受伤，这是美国近年来死伤最严重的枪击案。这类群体性和恶性事件是与积重难返的社会问题相联系的。

三、资本主义经济危机的产生机制

资本主义经济危机属于资本主义经济周期的一个阶段，根源于资本主义基本矛盾。在资本主义基本矛盾运动中，形成了资本主义经济危机的产生机制，只不过这一产生机制十分复杂，这里简要分析其核心部分。

(一) 社会资本的再生产

社会资本的再生产是指社会资本不断更新和不断重复的生产。按其规模状况，可以分为简单再生产和扩大再生产两大类。一大类是简单再生产，就是生产规模保持不变的再生产，或者说，就是在原有规模上重复进行的再生产。具体说来，就是社会生产的新产品仅够补偿已消耗掉的生产资料和生活资料。另一大类是扩大再生产，就是生产规模比原来扩大的再生产。具体来讲，就是社会生产的新产品除了用于补偿已消耗的生产资料和消费资料外，还有多余的部分用于扩大生产规模。

由于有追逐利润的内在动力与竞争的外部压力，社会资本再生产的主要形式是扩大再生产。扩大再生产可分为两种类型，即外延式的扩大再生产和内涵式的扩大再生产。所谓外延式的扩大再生产，是通过增加生产要素的数量而实现的扩大再生产。如某皮鞋生产商，如果他在生产技术、工艺水平、生产流程都不变的情况下，仅仅是靠增加工具、设备、劳动力等生产要素而形成的扩大再生产，就是外延式的扩大再生产。所谓内涵式的扩大再生产，是通过提高生产要素的使用效率而实现的扩大再生产。就是在厂房、机器设备和劳动力等生产要素数量不增加的情况下，主要是通过技术进步、加强管理、提高生产要素的质量等方法，使生产规模不断扩大的再生产。

在现实生活中，外延式的扩大再生产同内涵式的扩大再生产往往是结合在一起的，很难把两者完全独立开来。比如采用外延式的扩大再生产时，随着新的投资而增加机器、设备等生产要素的数量和规模时，往往伴随着生产要素质量的提高；在采用内涵式的扩大再生产而进行技术改进或更新机器设备时，同样需要增加新的投资，并或多或少伴随着数量规模的扩大。但我们需要明确的一点是，随着社会生产力水平的发展和科学技术的进步，随着可持续发展战略被越来越多的国家所采用，内涵式的扩大再生产在整个社会再生产中所占的比重将越来越大，并将会成为扩大再生产的主要方式。

社会再生产，不论是简单再生产还是扩大再生产，就其内容来说，既是物质资料的再生产，又是生产关系的再生产。一方面，再生产必须生产出一定的生产资料和生活资料，用来补偿或增加已经消耗的物质资料；另一方面，任何生产又都具有一定的社会形式，都是在一定的生产关系下进行的，随着生产的不断更新和重复，这种关系也不断地被再生产出来。所以，任何社会的再生产都是物质资料再生产和生产关系再生产的统一。

（二）资本的有机构成和社会就业

资本主义经济危机是资本积累的附产物。马克思在研究资本积累中，创造性地提出资本有机构成范畴。由此，涉及了影响经济危机的主要因素即社会就业。

1. 资本的价值构成和技术构成

资本的构成可以从两方面来看：从物质形态看，资本是由一定数量的生产资料和劳动力构成的，它们之间有一定的比例，这种比例是由当时的生产技术水平决定的。一般说来，技术水平越高，每个劳动力使用的生产资料就越多；反之，则越少。因此，由技术水平决定的生产资料和劳动力之间的比例，叫做资本的技术构成。

从价值形态看，资本又是由一定数量的不变资本和可变资本构成的，它们之间也有一定的比例。这种不变资本价值和可变资本价值的比例，叫做资本的价值构成。

这两种构成之间的关系是十分密切的。一般来说，资本的价值构成是由技术构成决定的，因为价值构成反映的就是生产资料和劳动力之间的价值之比，如果技术构成变化了，价值构成也会随之发生变化。例如，假定某企业在原来的技术水平下，1个劳动力只能使用2个单位的生产资料进行生产，资本的技术构成就是2∶1。与此相对应，2个单位的生产资料的价值为200C，1个劳动力的价值是100V，因而资本的价值构成也是2∶1。现在，技术水平得到提高，1个劳动力可以使用4个单位的生产资料进行生产，技术构成变为4∶1。同样，由于生产资料扩大了一倍，所以其价值也增加一倍，变为400C，因而资本的价值构成就变为400C∶100V，也是4∶1。马克思把它们之间存在的这样一种内在的关系叫做资本的有机构成。

2. 资本的有机构成

由资本的技术构成决定并反映资本技术构成变化的资本价值构成，叫做资本的有机构成。通常用 C：V 表示。可能有的同学会问，资本的有机构成和价值构成不是一回事吗？为什么要叫两个名称呢？严格地说，不是一回事。因为不反映技术构成变化的价值构成也是存在的。例如生产资料和劳动力的比例没有变，但是由于生产资料价格的上涨，也会引起 C 和 V 的比例发生变化。这种价值构成的变化，不是由技术构成变化引起的，也不反映技术构成变化，因此不能称为有机构成。所以，有机构成和价值构成并不能简单等同。

随着劳动生产率的提高，社会生产各部门资本有机构成存在着不断提高的趋势，即不变资本的比例越来越大，可变资本的比例越来越小。资本有机构成的不断提高，一方面，是生产力不断发展，导致技术的不断提高，从而使劳动者的劳动力大幅度提高的结果，另一方面，也是资本所有者追逐超额剩余价值的必然结果。资本所有者为了获得更多的剩余价值，尤其是为了取得超额剩余价值，总是想尽一切方法降低劳动力的价值，也就是降低 V 在整个资本中的比重，因而也就必然提高了 C 与 V 的比例。

资本有机构成的提高对劳动者产生了很大的影响：首先，如果资本总额不变，有机构成提高很可能造成大量劳动者失业。因为有机构成的提高，会使用于购买劳动力的可变资本大为减少，必然造成对劳动力需求的减少，从而使劳动者失业成为可能；其次，资本有机构成提高后，由于技术进步，会使原来的劳动力在知识、技能方面不能适应变化了的技术发展的要求，如果本人不能得到培训和提高，也将会被新技术淘汰而失业。

在资本有机构成不断提高的情况下，资本积累对劳动者的命运必然产生影响，形成相对过剩人口。那么，什么是相对过剩人口呢？

3. 相对过剩人口

所谓相对过剩人口，就是相对于资本的需要表现为过剩的劳动人口。相对过剩人口是社会生产力发展到一定阶段，伴随着资本积累过程的一种经济现象。在社会生产比较低的发展阶段，一方面市场竞争使新技术、新设备不断涌现，推动社会生产力的不断发展，从而使得资本有机构成不断提高，对劳动力的需求减少。另一方面，在一定时期内，劳动力往往保持相对不变的供给，或者是不断增加，这就和相对缩小的劳动力需求发生了矛盾，从而出现了相对过剩人口。

相对过剩人口有三种形式：一是流动的过剩人口，指那些暂时找不到工作或暂时从生产过程中被分流出来的失业人口，他们有时被吸收到生产过程中去，有时又走进失业者队伍。二是潜在的过剩人口，指那些在农村中多少还有一小块土地，靠经营这一小块土地和打短工维持生活的人口。他们表面上好像没有失业，实际上他们在农业生产上是多余的人。三是停滞的过剩人口，指那些没有固定职业，依靠干些杂活维持生计的人口。

要想在资本有机构成提高的同时解决相对过剩人口问题，即就业问题，其基本途径是增加社会资本。因为如果社会资本的增加程度大于可变资本相对减少的程度，即使可变资本的相对量减少，绝对量也会增加，从而也就加大了对劳动力的需求量，增加就业机会。

专题十三　资本主义新变化的实质及局限

在深入研究帝国主义的基本经济特点及其相互联系的基础上，列宁指出："帝国主义是寄生的或腐朽的资本主义。"①然而，以第二次世界大战结束为标志，资本主义在经历了一系列的震荡和危机之后又出现了新的变化。马克思主义基本原理必须正视这种世界历史现象，探究其实质，分析其局限。

一、资本主义新变化的表现

第二次世界大战后，资本主义经济政治都发生了新变化，这些变化主要表现在以下几个方面：

第一，生产资料所有制的变化。从历史发展的角度看，资本主义生产资料所有制是不断演进和变化的。在资本主义发展的初期，私人资本所有制是占主导地位的所有制形式。在这种所有制形式中，生产资料经济上的所有权与法律上的所有权是一致的，所有权与控制权统一于资本家自身，雇佣劳动者在资本家的直接支配和监督下，使用资本家占有的生产资料为资本家无偿地生产剩余价值。这种占有关系反映了个体资本家同雇佣劳动者的剥削和对立关系。

19世纪末20世纪初，随着股份公司成为主要的企业组织形式，私人股份资本所有制取代私人资本所有制成为占主导地位的所有制形式。私人股份资本所有制是一种私人资本家联合占有生产资料的所有制形式，其特点是资本占有主体多元化，而资本的使用具有整体性，作为资本所有者的股东，仅凭借所有权凭证即股票，以股息的形式得到一部分剩余价值，整个股份资本由职业经理人直接管理和控制，生产资料经济上的所有权与法律上的所有权发生分离，所有权与控制权

---

① 《列宁专题文集·论资本主义》，人民出版社2009年版，第210页。

不再统一。

第二次世界大战后，资本主义生产资料所有制又发生了新的变化，这就是国家资本所有制形成并发挥重要作用，法人资本所有制崛起并成为居主导地位的资本所有制形式。国家资本所有制指生产资料由国家占有并服务于垄断资本的所有制形式。国家资本所有制的主要特点是，国家作为出资人，拥有国有企业的所有权和控制权，国有企业的重要职能是推行政府的社会政策和经济政策，为私人垄断资本的发展提供服务和保障。国家资本所有制在整个资本主义经济中所占的比重并不大，但是由于其主要存在于基础设施和公共事业部门，所以对整个社会经济的发展有着重要的影响。国家资本所有制就其性质而言，仍然是资本主义形式，体现着总资本家剥削雇佣劳动者的关系。

法人资本所有制是资本主义生产资料所有制发展的新形式。法人资本所有制是法人股东化的产物。法人资本所有制的基本特点是：各类法人（企业法人和机构法人）取代个人或家族股东成为企业的主要出资人，企业的股票高度集中于少数法人股东之手，法人股东凭借手中集中化的控股权干预甚至直接参与公司治理，监督和制约管理阶层的经营行为，使公司资本的所有权与控制权重新趋于合一。法人资本所有制有两种形式：一种是企业法人资本所有制，另一种是机构法人资本所有制。法人资本所有制主要存在于当代资本主义经济生活中居支配地位的巨型公司中，在性质上是一种基于资本雇佣劳动的垄断资本集体所有制，体现了资本剥削雇佣劳动的关系。资本主义生产资料所有制经过这些形式的演变后，资本占有的社会化程度大大提高。

第二，劳资关系和分配关系的变化。在资本主义条件下，劳动从进入生产过程开始，就已经隶属于资本，在表面平等的交换关系背后，是资本对劳动的实际支配和控制。在资本主义发展的初期，资本家指挥下的劳动只是形式上隶属于资本，随着机器大工业生产体系的建立，生产工具使用的社会化程度提高，劳动者个人的技能不再对生产过程和结果具有决定意义，劳动对资本的隶属就成为实质上的隶属。在这样的条件下，资本家对工人的控制更加严格，剥削方式也更加巧妙和残酷。

随着社会生产力的发展和工人阶级反抗力量的不断壮大，资本家及其代理人开始采取一些缓和劳资关系的激励制度，促使工人自觉地服从资本家的意志。这些制度主要有：其一，职工参与决策。这一制度旨在协调劳资关系，缓和阶级矛盾。按照这种制度，有的国家在企业的监事会中，劳资双方各占一半席位，对企业重大问题共同进行决策。其二，终身雇佣。这是一种用工制度，按照该制度，工人一旦进入公司工作，只要不违反公司纪律，就会终身被雇佣。实行这个制度的目的是增强工人对企业的归属意识，从而更加自觉地服从资本家的统治。其三，职工持股。该制度旨在通过使职工持有一部本公司的股份来调动工人的生产积极性，使工人产生归属感，在生产中努力提高劳动生产率，增加剩余价值生产。此外，第二次世界大战后，随着经济的恢复和发展，特别是一批社会主义国家的出现，以及资本主义国家内部工人阶级同资产阶级斗争的发展，发达资本主义国家为了缓和矛盾，避免社会剧烈冲突和动荡，保持社会的稳定，建立并实施了普及化、全民化的社会福利制度，在一定程度上满足劳动者的安全和保障需求，保证他们维持最低生活水平，改善其生活状况，劳动者工资水平也有所提高。当代西方国家在分配领域的这些变化，是资本主义发展到国家垄断资本主义阶段对于分配关系的新调整，资本主义国家工人阶级的生活状况由此得到了一定程度的改善。

第三，社会阶层和阶级结构的变化。在当代资本主义生产关系中，社会阶层、阶级结构发生了新的变化：一是资本家的地位和作用已经发生很大变化。随着科技的发展和生产社会化程度的不断提高，大公司内部的资本所有权与控制权发生分离，拥有所有权的资本家一般不再直接经营和管理企业，而是靠手中拥有和掌握的企业股票等有价证券的利息收入为生，最终成为以剪息票为生的食利者。二是高级职业经理成为大公司经营活动的实际控制者。大公司的高级管理人员一般都拥有丰富的专业知识和很强的管理能力，享有优厚的薪金和职务津贴、利润提成等，与企业的资本所有者的利益是高度一致的。他们在企业中控制企业决策，组织和指挥生产，控制人事调动，处理劳资纠纷，因而具有控制企业的实际权力。三是知识型和服务型劳动者的数量不断增加，劳动方式发生了新变化。随着科学技术革命的不断深入，工人阶级的受教育程度和科学文化素质显著提高。在工业和农业等物质生产部门就业的人数相对减少，在为生产和生活服务的运输、邮电、贸易、金融、教育、保健等各类服务业就业的人数大幅度上升。随着工业中现代化、自动化服务和新工艺的广泛采用，新的生产管理方法和生产组织形式的广泛实行，从事体力劳动的蓝领工人越来越少，从事脑力劳动的白领工人不断增加，越来越多的工人在生产过程中从事监督者、调节者和操作者的工作，实现了从传统劳动方式向现代劳动方式的转变。

第四，经济调节机制和经济危机形态的变化。第二次世界大战后，资本主义国家为尽快恢复国民经济，在继续发挥市场机制主导性作用的同时，开始对经济进行全面干预。国家承担起了实现经济增长和充分就业、保持经济稳定、提高社会福利水平以及维护市场秩序等重要职能。它与市场机制相辅相成，共同推动资本主义经济的运行和发展。但是，从20世纪70年代起，随着资本主义经济陷入"滞胀"和新自由主义思潮的泛滥，西方国家普遍走上强化市场调节、弱化政府干预的道路，即通过国有企业私有化来提升经济竞争力；通过福利制度改革，减少政府的财政负担；通过放松对经济和金融的管制，释放经济活力。随着政府干预经济能力的弱化，资本主义生产方式固有的局限性越来越突出，即难以化解生产社会化与生产资料资本主义私人占有之间越来越尖锐的矛盾，资本主义经济一步步陷入衰退和停滞，经济危机呈现新的特点：去工业化和产业空心化日趋严重，产业竞争力下降；经济高度金融化，虚拟经济与实体经济严重脱节；财政严重债务化，债务危机频繁爆发；两极分化和社会对立加剧；经济增长乏力，发展活力不足，周期性危机与结构性危机交织在一起；金融危机频发，全球经济屡受打击。例如，由美国次贷危机引发的2008年国际金融危机，对世界经济产生了巨大的破坏性作用，危机的阴影至今仍未消除。

第五，政治制度的变化。政治制度出现多元化的趋势，公民权利有所扩大。公民在法制范围内较广泛地通过个人的政治、法律行为，或以团体、组织、政党为单位，通过集体的政治、法律行为影响国家政策的制定和执行，以谋求自身利益。同时重视并加强法制建设。第二次世界大战后资本主义国家普遍加强了法制建设，以便协调社会各阶级、阶层的利益，缓和矛盾和冲突，更好地发挥对经济生活的干预作用。在法制建设中，资本主义国家通过宪法和法律，使国家权力的行使、政权结构的布局以及国家权力结构中各种权力主体的活动均被纳入法制化范围。此外，改良主义政党在政治舞台上的影响日益扩大，成为第二次世界大战后西方资本主义国家政治生活中十分引人注目的现象。

二、资本主义新变化的原因和实质

正确认识第二次世界大战后资本主义新变化的原因和实质，对于在新的历史条件下深刻把握资本主义的本质和规律具有十分重要的意义。第二次世界大战后，资本主义发生新变化的原因主要有以下几个方面：

首先，科学技术革命和生产力的发展，是当代资本主义发生新变化的根本推动力量。第二次世界大战后，世界发生了第三次科技革命，极大地促进了生产力的发展。西方主要资本主义国家劳动生产率提高，产业结构改善，经济快速发展。1951—1975 年，主要资本主义国家的劳动生产率年平均增长为：日本8.8%，联邦德国4.4%，法国4.3%，美国3.2%，英国2.6%。由于科学技术的发展，西方主要资本主义国家的第一、第二产业在国内生产总值中的比重大大下降，第三产业迅速上升。1999 年西方主要资本主义国家第三产业的比重为：美国60%，英国70%以上，德国63.8%，法国71.5%。在第三产业中，高技术产业异军突起，1971—1986 年，西欧高技术产业产值增长40 倍，美国增长45.5倍，日本增长106.7 倍。科学技术的发展推动了经济的发展，1980 年的国内生产总值与1950 年和1938 年相比，美国分别增长1.7 倍和4 倍，联邦德国分别增长3.5 倍和3.3 倍，日本分别增长9.2 倍和6.4 倍。

其次，工人阶级争取自身权利的斗争，是推动当代资本主义发生新变化的重要力量。第二次世界大战前，资本主义社会中无产阶级和资产阶级的矛盾和斗争是十分激烈和尖锐的。第二次世界大战结束后，发达资本主义国家工人为了维护自己的利益，继续同资产阶级展开斗争。20 世纪50—60 年代，西方国家的工人阶级为提高工资，改善劳动条件和生活条件，反对垄断资本主义的侵略政策和战争政策，曾开展过强大的政治攻势和斗争，迫使资产阶级做出重大让步，进行某些社会改革。

再次，社会主义制度初步显示的优越性对当代资本主义产生了重要影响。俄国十月革命的胜利和第一个社会主义国家苏联的建立在资本主义世界最薄弱的环节成功地打开了一个缺口，社会主义制度由无产阶级革命运动追求的目标和理想变成现实。第二次世界大战结束后，社会主义阵营进一步扩大，工人阶级在更多的国家取得了胜利，社会主义制度在更多的国家得以建立，社会主义的力量空前壮大。社会主义制度的建立和社会主义的发展对资本主义制度构成了挑战，促使资产阶级在吸取和总结社会主义国家经验的基础上对资本主义制度进行改良。例如，重视国家对经济的干预，实行计划化管理；重视职工参与管理，实行经济民主等。

最后，主张改良主义的政党对资本主义制度的改革，也对当代资本主义新变化发挥了重要作用。第二次世界大战结束后，一些改良主义政党在英、法、联邦德国等发达资本主义国家相继获得执政地位。这些政党在执政时期，凭借国家政权，在不触动资本主义基本经济制度的前提下，对资本主义生产关系的个别环节进行了自觉的改良，如在维护私有制的同时推行国有化，在坚持市场调节的同时实施经济的计划调控，在不剥夺私人资本权利的同时对其运行进行一定限制，在不牺牲效率的前提下倡导社会公平，等等。这些改良措施的实施，在一定程度上对资本主义生产关系进行了调整，修补了传统资本主义经济运行机制的缺陷，使资本主义进入新的发展阶段。

第二次世界大战后，资本主义的新变化是客观事实，正视这些新变化，深刻分析这些变化的实质，对于我们正确认识资本主义的本质，把握资本主义发展的趋势具有重要的意义。

第一，当代资本主义发生的变化从根本上说是人类社会发展一般规律和资本主义经济规律作用的结果。在当代资本主义条件下，科学技术的不断进步和生产社会化程度的不断提高，必然要求调整和变革那些不适应科学技术进步和生产社会化要求的旧的生产关系。这种在人类社会发展一般规律和资本主义基本矛盾推动下的资本主义生产关系的变化和发展，就是资本主义生产方式为适应生产力发展要求而做出自我调节的结果。

第二，当代资本主义发生的变化是在资本主义制度基本框架内的变化，并不意味着资本主义生产关系的根本性质发生了变化。资本主义制度是建立在生产资料私有制和雇佣劳动基础上的剥削制度，无止境地追求最大限度的剩余价值是资本主义制度的基本规律。只要生产资料私有制和雇佣劳动还存在，只要生产剩余价值的规律还在发生作用，资本主义生产关系的根本性质就不会发生变化。从当代资本主义发展的实际情况来看，生产资料私有制依然是资本主义的基本经济制度，作为资本主义生产方式本质特征的雇佣劳动制度依然存在并运行着。资本追逐剩余价值的本性并没有改变，改变的只是获取剩余价值的方式和方法。资本占有的社会性提高了，但是资本在社会经济关系中的支配地位并没有得到根本改变。传统的工人阶级队伍发生了分化，资本与新型的劳工阶层之间的支配与反支配、剥削与反剥削的斗争依然在进行，特别是随着传统产业的萎缩和高科技产业吸纳就业能力的减弱，越来越多的传统产业工人失去就业机会，失业人口越来越多。社会福利制度缓和了资本主义分配关系的矛盾，但是并没有改变导致财富占有两极分化的制度基础，资本主义国家的贫富差距越来越大，社会矛盾日益加深。同时，社会福利制度本身也由于经济持续低迷、政府背负沉重债务而难以为继。资本主义国家的政府虽然重视对经济的协调，但是为了维护资本主义私有制和垄断资本的利益，政府的经济干预职能难以防止和克服金融危机和经济危机，经济增长乏力成为当代资本主义经济的常态。资本主义政治制度的新变化并没有改变其为资产阶级利益服务的本性。

这一切表明，虽然当代资本主义发生了一些新变化，但是这些变化并没有改变资本主义制度的本质，并没有克服资本主义的基本矛盾，也没有改变马克思主义关于资本主义的基本论断的科学性，根源于资本主义基本矛盾的金融危机和经济危机依然是资本主义不可克服的痼疾。正确认识当代资本主义的新变化，有助于我们在深刻洞察资本主义本质的同时，实事求是地分析和借鉴资本主义发展过程中出现的符合社会化大生产要求的积极因素，为我所用，以进一步完善和发展社会主义制度。

三、资本主义自我调节的局限性

毫无疑问，自我调节不是在肯定而是在否定着资本主义生产关系。但是，这又是一种什么性质的否定呢？

早在资本主义占有形式从个人业主制、合伙业主制发展到股份制的时候，马克思就指出："这是作为私人财产的资本在资本主义生产方式本身范围内的扬弃。"①当代资本主义的自我调节，仍然是这样一种消极的"扬弃"。这种"扬弃"表现为双重"妥协"，即市场与国家的"妥协"、资本与劳动的"妥协"。在国家

---

① 《马克思恩格斯文集》第 7 卷，人民出版社 2009 年版，第 495 页。

与市场的关系上，由于连续不断的经济危机暴露了市场的缺陷，资本不得不借助国家，实现市场无法自动实现的利益平衡；从资本与劳动的关系来说，由于资本以劳动为存在的前提，资本不能不在一定程度上顾及雇佣劳动者的情绪。但是，不管进行怎样的"妥协"，都不可能超出资本主义生产方式本身的范围。它没有也不可能改变私有制，改变资本与雇佣劳动的关系，改变基本的不平等分配关系。相反，它恰恰是为了缓解资本主义的基本矛盾，巩固资本主义统治的根基，拉长资本主义的"金锁链"。究其实质，所谓资本主义自我调节，就是在以私有制为基本经济制度、以市场机制为经济运行基本方式的前提下，为适应生产力发展要求、巩固资本的统治而对其生产关系进行的某些局部调整。什么自我调节已经改变了资本主义的性质，什么资本主义已经成为"人民资本主义""繁荣稳定的资本主义"，如此等等，都是没有任何根据的欺人之谈。

正是因为这种调节没有从根本上触动资本主义的基本矛盾，所以它尽管有用，但也相当有限。

（一）国家干预经济运行未能克服市场机制的缺陷

资本永远是追求利润的，它不会超越这个目的去考虑整个社会的按比例协调发展，因而无法从根本上克服生产的无政府状态；资本永远是与劳动对立的，无偿占有剩余价值决定它无法从根本上解决生产过剩与消费不足的矛盾。这就决定了不同经济手段和政策的相互排斥性、不彻底性和短期行为特征。实行扩张性财政政策和货币政策可以增加就业，却往往导致通货膨胀；用来解决通货膨胀的紧缩性政策则会带来加重衰退、增加失业的后果；增加货币供应量会刺激经济增长，但是增税又抑制经济增长；运用需求管理手段刺激总需求会忽略总供给，而刺激资本投资的供给政策不但不能从根本上消除滞胀，而且还会拉大贫富之间收入的差距；反垄断、反托拉斯的政策和法律虽然多次制定，但是由于这些政策、法律往往与大资本家的垄断利益相抵触，很少能真正得到实施，自然也难以取得实质性的效果。

正是因为这些经济手段和政策不能从根本上控制资本的贪婪、野蛮和任性，所以也就不可能消除资本主义经济的周期性危机。"二战"以来，资本主义国家虽然没有发生 1930 年代那样的大危机，但危机次数却大大高于战前：美国 10

次，英国 8 次，日本 7 次，德国 6 次，法国 5 次。特别是进入 70 年代以后，由于传统产业衰退、价格扭曲以及国际金融局势动荡，资本主义经济危机出现了与以往不同的新特点，不仅生产过剩，而且从生产扩大到流通、分配等各个环节，表现为结构性危机。1974—1975 年、1979—1982 年的石油危机，1990—1993 年的债务危机以及 1997 年的金融危机，就是结构性危机的突出表现。近年来，资本主义国家一直被这种结构性危机所困扰，大企业、大银行破产的现象屡屡发生，结构性失业居高不下。面对这种情形，国家干预又显得多么苍白！

（二）福利政策强化了资本与雇佣劳动的关系

西方发达资本主义国家的社会福利有三个资金来源：一是劳动者（投保人）上交的保险捐，二是雇主为雇佣人员交的捐，三是政府拨的财政补贴。工人的保险捐，是直接从工资中扣除的。一个工人一生要交多少保险捐，才能领到保险费呢？法国工人要上交 37 年半，年满 60 岁退休之时才能领到相当于原来工资 25% 的保险费（年金）。上交不足 37 年半，保险年金就要打折扣。英国工人要交 156 次捐，年老退休时才能领到基本年金。欧美各主要资本主义国家劳动者每年所交的社会保险捐和个人所得税，平均高达家庭收入的 1/3。雇主按工资比例为工人交捐，是资本家对必要劳动的直接扣除。政府财政补贴则是从增税开支的，而税又是劳动者创造的剩余价值的一部分。由此可以看出，垄断资产阶级自鸣得意、大肆宣扬的社会福利，既不是出自个人资本家，也不是出自资产阶级国家，它的唯一来源，就是雇佣劳动者的劳动，就是雇佣劳动者创造的价值。羊毛出在羊身上，哪里有什么福利呢？说穿了，不过是资本应付工人工资的一种转化形式。

即使是这些福利出自工人自己的创造，享受起来却没有那么容易。普通劳动者领取失业救济、养老保险和医疗补贴，有着极为严格的条件：一是在业时本人必须按月交捐，二是必须查明失业原因，三是必须接受就业安排。如果因"劳资纠纷""擅自离岗""行为不端"而失业，或者拒绝接受就业安排，就不得享受津贴或推迟领取津贴。至于在失业期间干零活，也同样为不给津贴提供了借口。1980 年，英国一位独腿的油漆工，因为能够爬上四楼帮人刷油漆，每周 12 英镑的津贴便被取消。至于申请津贴，更是关卡重重、手续繁多，令人望而生畏。在英国，救济部门每年要出一本长达 100 多页的《救济人申请须知手册》。毋庸说要接受 1500 项"生活状况调查"，就是弄懂这样一本手册的繁琐规定，也不是件轻而易举的事。由于感到耻辱，失业工人、残疾工人非到万不得已，绝不会提出申请。即使像瑞典这样号称"高福利社会"的国家，也只有有限的一部分穷人接受经过调查后国家发的救济。

与其说福利政策是工人的福祉，毋宁说是套在他们脖子上的绳索。英国人帕·泰姆曾在《英国社会政策的由来》一书中指出：福利政策强化了工人"对国家的依赖"。工人拿工资可以自由支配，但是把工资转化为福利就要被政府左右，受到种种苛刻条件和规定的限制。谁要是不在资本的控制和操纵下老老实实地干活、规规矩矩地做奴隶，谁就没法儿活下去。

分配方式是由生产方式决定的。不能否认福利政策对两极分化的抑制作用，但毕竟非常有限，充其量只是把握到不致激起穷人造反的程度，而绝不可能阻止两极分化愈演愈烈的趋势。《1999 年美国总统经济报告》承认，在美国，对已接近退休年龄的那些人来讲，人均存款数额的差别很大。其中至少 10% 以上没有任何银行储蓄，30% 低于 1200 美元，而最上层的 10% 则高于 20 万美元。1997 年，德国有 1000 万人生活在贫困线以下，大城市中每 6 个年轻人就有 1 个靠救济维持最低生活，而富翁的财产则增加了上百倍。尽管如此，西方发达国家还是纷纷削减福利开支。在英国，1979 年撒切尔夫人一上台，就提出"不要让国家来照顾个人，应该让个人来照顾个人"口号。这位"铁娘子"确是铁腕，一挥手就削减福利开支 20 亿美元，1980 年又来一刀，削减 48 亿美元。在美国，里根总统也不甘示弱，一上台就无情地削减社会项目拨款，仅医疗补助和照顾就削减 144 亿美元，"公共雇佣计划"则全部报废……而西方的右翼思想家们和主流新闻媒体，也跟着起哄，说社会福利导致了懒惰和效率低下。这些年来，西方发达国家的利润率以年均 10%~18% 的速度增长，而福利支出却下降了 21%~31%。这就是资本主义的福利政策，这就是垄断资产阶级"不使富人变穷，而使穷人变富"的逻辑！对于资本主义福利政策的真实面目，即使是西方资产阶级的一些学者也有所觉察。英国的穆·布朗在《尽管有福利国家》一书中说："尽管实行了一些旨在消除剥夺和不幸的社会改革，但是，受剥夺和不幸依然继续存在。"美国的莱维·巴特拉在《1990 年的大萧条》一书中说，当年"专家相信，资本主义制度有一种自动机制能治愈其全部疾病，包括失业问题。今天，相信那个自动机制的人不多了"。

说到底，所谓福利政策，只是在资本主义面临危险的时候消解穷人反抗情绪的一种手段罢了，既然危险已经过去，国际垄断资产阶级自然也就不再怎么在乎穷人的情绪了。

(三) 雇员持股加剧了资本主义的剥削

西方的一些资产阶级政客曾说：法人股的增多和股份分散化，表明资本主义公司成了"公共公司"，每个公民都成了资本家，资本主义变成了"人民资本主义"。事实是不是这样的呢？判断股份制的性质，不能看多少人参了股，而要看参股者掌握了多少股票，控股的股份掌握在什么人手里，企业中劳动者与股东的关系是怎样的，以及劳动者创造的剩余价值是怎样分配的。

在美英日这些发达资本主义国家，的确是股票漫如飞絮，股民多如牛毛。但是，工人和普通居民手中到底有多少股票呢？请看两组数字：其一是参加"员工持股计划"的数字。美国参与"员工持股计划"的 10% 的职工拥有的股票，仅占全美股票的 1‰；日本参与职工持股的 92% 的职工拥有的股份，仅占实施员工持股企业股份总额的 0.88%，更令人匪夷所思的是，名曰员工持股，却不许员工直接掌握股票，分红只能记在账上，退休或离职时才能使用，其实与养老保险金毫无二致。"真正帮助职工形成个人财产的"只是极少数。美国经济学家萨缪尔森曾经指出，员工持股"是带有欺骗性质的手法"，"事实上，即使与他们工资率或年金津贴的百分之一的变动相比，工人们持有几张股票所带来的变化，对于他们自己的生活的影响也是微不足道的"。其二是全国数字。目前美国 10% 的富裕家庭拥有全部股票的 89.3%，更富的 5% 的家庭拥有全部股票的 83%，最富的 1% 的家庭则掌握全部股票的 63%。在英国，占成年人口 0.5% 的富翁拥有全国股票的 70%，而占全国人口 89.8% 的人每年所得红利和利息收入不足 830 英镑。法国只有 7% 的工人、9% 的职员拥有少量小额股票，而占 10% 的最富家庭则拥有全国财富的 85%。一边是人数之少犹如一片鸿毛，而股票之多则如一座大山；一边是人数之多犹如一座大山，而股票之少则如一片鸿毛。把这样判若水火的两类人混为一谈、等量齐观，难道是尊重事实么？哪里有什么真正的股票分散化？不过是资本主义股份制的一块遮羞布而已。据统计，一个普通工人所持股票仅相当于一两个月的工资，而股息收入也仅仅相当于几天的工资收入。靠这点红利当不成资本家，为了养家糊口，还得在出卖劳动力的路上来回奔波。"天不变，道亦不变。"资本主义私有制的"天"不变，资本家剥削工人的"道"就永远不会改变。

有人说，工人成为股东，可以参与企业管理。这显然是一种诱惑。所有资本主义企业的董事会都是由资本家和高级职员组成的，个别工人进入董事会，只能是一种点缀或陪衬。公司经理要经过大资本家的严格挑选，秉承大股东的意志办事。普通工人想代表工人去当经理，无异于登梯摘月。至于股东大会，则是典型的形式主义，小股东很难参加，参加了也没有决策权。

如果一定要说股份分散化带来了什么变化，就是进一步强化了垄断资本对工人的剥削与控制。股票小额化，使资本家得以从工人身上搜刮消费资金，把工人的一部分工资转化为资本，既可以扩大积累，又可以减少贷款、少支付利息，还让工人一起承担企业的风险；股权分散化，结果是降低了控股的股份比例，垄断寡头只要控制公司百分之几的股票，就可以主宰企业、剥削工人、为所欲为。更令人发指的是，许多当代资本主义股份制企业特别是股票证券市场，由于被大金融资本所操纵，越来越脱离生产领域，沦为金融寡头疯狂投机、牟取暴利的工具，从而使泡沫成分大于正常经济活动成分，投机赌博因素大于股票正常流通因素。而在股票投机中发了大财的必定是那些操纵股市的大亨，真正吃亏的也必定是那些"分散化"的股民。在股市屏幕一闪之间，穷人原本不多的积蓄便化为乌有，这样的悲剧难道我们见得还少吗？工人出钱"帮助"资本家剥削自己，这就是股份分散化的实质，这是用任何花样、任何美言都无法掩盖的实质。

（四）税收调节不可能改变分配不公的现状

关于这一点，西方发达国家的税收政策就是最有力的证明。一方面，累进税率更主要的是对税前的影响，使税前分配差距更大。由于税收的归宿效果，高税率只是限制了进入高税行业的经济活动。而手脚被捆得最紧的，自然是广大雇佣劳动者。另一方面，由于国家对资本收益实行政策优惠，资本家们便趋之若鹜。于是，资本收益以及逃税、漏税等成了一般收入的主要渠道。这无疑助长了投机资本，使其更具腐朽性。对于资本主义国家来说，高税率并未改变既定的收入分配格局，穷人依旧是穷人，富翁依旧是富翁。更进一步的问题是，资本主义国家的真正主人是垄断资本集团。垄断资本集团往往通过各种手段迫使政府在税收优惠方面向其做出让步。其结果自然是大亨寡头们独得其利，而广大无产阶级和其他劳动者却日渐贫寒。

第二次世界大战以后，资本主义确实有新的发展，这是资本主义自我调节的结果。但 2008 年席卷资本主义世界的国际金融危机，再次说明资本主义难以摆脱灭亡的命运。探究当代资本主义社会乱象的深层次的原因，无非是资本主义存在其固有矛盾且难以解决所致。

专题十四　资本主义发展趋势

从人类社会发展的长河看，资本主义终究要被社会主义所取代，这是历史发展的基本趋势。对于资本主义的发展趋势，一般人都容易形成正确的判断。我们也知道："资本来到世间，从头到脚，每个毛孔都滴着血和肮脏的东西。"①"一旦有适当的利润，资本就胆大起来。如果有10%的利润，它就保证到处被使用；有20%的利润，它就活跃起来；有50%的利润，它就铤而走险；为了100%的利润，它就敢践踏一切人间法律；有300%的利润，它就敢犯任何罪行，甚至冒绞首的危险。"②此句对资本主义的批判无疑深刻且精彩，但唯物辩证法提醒我们，否定资本主义同时，也需要肯定其历史进步性。在分析资本主义必然灭亡的命运之前，有必要交代一下资本主义的历史地位。

一、资本主义的历史地位

资本主义社会同历史上有过的一切其他社会制度一样，其产生、发展以及最终为另一种更高级的社会制度所代替，都是由人类社会发展的一般规律决定的，是客观的不以人的意志为转移的自然历史过程。但同此前的其他社会制度相比，资本主义制度空前地提高了社会生产力，则是以往任何社会所不可比拟的。对此，马克思、恩格斯在《共产党宣言》中指出："资产阶级在它的不到一百年的阶级统治中所创造的生产力，比过去一切世代创造的全部生产力还要多，还要大。自然力的征服，机器的采用，化学在工业和农业中的应用，轮船的行驶，铁路的通行，电报的使用，整个整个大陆的开垦，河川的通航，仿佛用法术从地下呼唤

---

① 《马克思恩格斯文集》第5卷，人民出版社2009年版，第871页。
② 《马克思恩格斯文集》第5卷，人民出版社2009年版，第871页。

出来的大量人口——过去哪一个世纪料想到在社会劳动里蕴藏有这样的生产力呢?"①罗伯特·杜普莱西斯曾评价指出:"对卡尔·马克思来说,资本主义是强大的、充满活力的;这是一种最佳的生产形式;它对经济增长的促进,远远超过了在此之前的封建土地所有制下的任何形式。"②

探究资本主义生产力快速发展的原因,大体是"资本追求剩余价值的内在动力和竞争的外在压力推动了社会生产力的迅速发展"。例如,只有资本积累,才有铁路。"假如必须等待积累使某些单个资本增长到能够修建铁路的程度,那么恐怕直到今天世界上还没有铁路。但是,集中通过股份公司转瞬之间就把这件事完成了。"③当然,"资本主义的上层建筑在保护、促进和完善资本主义生产方式方面起着重要作用,从而推动了社会生产力的迅速发展,促进了社会进步"。

与封建社会相比,资本主义显示了巨大的历史进步性:

其一,资本主义将科学技术转变为强大的生产力。在资本主义之前,生产的主要形式是以手工劳动为基础的小生产,而资本主义是以社会化大生产为基础的。社会化大生产客观上为先进的科学技术的产生和利用提供了基础和空间。科学技术不断应用于生产实践,生产实践又反过来推动科学技术的进步。在资本主义条件下,从第一次技术革命到现在,发生过多次科学技术的重大变革,而每一次科学技术的重大变革都有力地推动了社会生产力的发展。

其二,资本追求剩余价值的内在动力和竞争的外在压力推动了社会生产力的迅速发展。资本主义以前的社会形态,如奴隶社会、封建社会等,都是以使用价值的获取和物质生活需要的满足为主要目标,生产规模小,生产手段简单,技术水平十分低下。资本主义则是以价值作为追求目标,对价值和剩余价值的追求不受财富的使用价值形态的限制,而可以无限制地扩大。"资本的文明面之一是,它榨取这种剩余劳动的方式和条件,同以前的奴隶制、农奴制等形式相比,都更有利于生产力的发展……有利于更高级的新形态的各种要素的创造。"④"资本主义社会的经济结构是从封建社会的经济结构中产生的。后者的解体使前者的要素

① 《马克思恩格斯文集》第 2 卷,人民出版社 2009 年版,第 36 页。

② [英]罗伯特·杜普莱西斯:《早期欧洲资本主义的形成过程》,朱智强等译,辽宁教育出版社 2001 版,第 8~9 页。

③ 《马克思恩格斯文集》第 5 卷,人民出版社 2009 年版,第 724 页。

④ 《马克思恩格斯文集》第 7 卷,人民出版社 2009 年版,第 927~928 页。

得到解放。"①这样，在资本主义生产方式下，作为资本人格化的资本家生存的意义就是无止境地追求剩余价值，因而必然想尽一切办法来扩大剩余价值的生产。除去资本主义追求剩余价值的内在动力外，还有竞争的外在压力，迫使资本家不断扩大生产规模、改进生产技术、改善经营管理、提高劳动生产率。正是资本无限追求剩余价值的内在动力和资本家之间激烈竞争的外在压力，推动了资本主义社会科学技术的进步和社会生产力的迅速发展。

其三，资本主义推动了社会关系的进步。什么是社会关系？社会关系是指以生产关系为基础的各种关系的总和。资本主义"创造资本关系的过程，只能是劳动者和他的劳动条件的所有权分离的过程，这个过程一方面使社会的生活资料和生产资料转化为资本，另一方面使直接生产者转化为雇佣工人"。② 随着资本主义生产力迅速发展，必然要求生产关系及其社会关系与之相适应，从而迫使资本主义生产关系及其社会关系不断进行调整。"随着交往集中在一个特殊阶级手里，随着商人所促成的同城市近郊以外地区的通商的扩大，在生产和交往之间也立即发生了相互作用。"③"资产阶级除非对生产工具，从而对生产关系，从而对全部社会关系不断地进行革命，否则就不能生存下去。反之，原封不动地保持旧的生产方式，却是过去的一切工业阶级生存的首要条件。生产的不断变革，一切社会状况不停的动荡，永远的不安定和变动，这就是资产阶级时代不同于过去一切时代的地方……一切新形成的关系等不到固定下来就陈旧了。"④总体来说，随着生产力的发展，资本主义生产关系进行过三次重大调整，具体表现为由单个资本到股份资本的发展，由股份资本到一般垄断资本的过渡，由私人垄断资本向国家垄断资本主义的发展。

其四，资本主义的意识形态和政治制度作为上层建筑在战胜封建社会自给自足的小作坊式生产方式，保护、促进和完善资本主义生产方式方面起着重要作用，从而推动了社会生产力的迅速发展，促进了社会进步。资本主义民主制是与资本主义生产方式相适应而发展起来的。资本主义的政治制度虽然本质上是为资

---

① 《马克思恩格斯文集》第 5 卷，人民出版社 2009 年版，第 822 页。
② 《马克思恩格斯文集》第 5 卷，人民出版社 2009 年版，第 822 页。
③ 《马克思恩格斯文集》第 1 卷，人民出版社 2009 年版，第 559 页。
④ 《马克思恩格斯文集》第 2 卷，人民出版社 2009 年版，第 34 页。

产阶级服务的，但在经济上保护自由竞争、等价交换，政治上推崇自由、民主、平等，与奴隶制和封建制国家相比，无疑是人类社会政治生活上的一大进步。

然而，资本主义的历史进步性并不能掩盖其自身的局限性，其表现是：

其一，资本主义基本矛盾阻碍社会生产力的发展。资本主义生产方式建立后，资本主义生产中生产资料的使用、生产过程和产品都实现了社会化。随着生产社会化程度的不断提高，客观上要求生产资料和劳动产品由全社会共同占有和支配，使社会化大生产所要求的比例关系得以实现，保障整个社会生产顺利协调地进行。资本主义生产资料私有制使社会化的生产资料和劳动产品归资本家私人占有，在生产过程中，生产什么、生产多少、何时生产，都服从于资本家攫取剩余价值的需要，这就形成了资本主义的基本矛盾——生产社会化与生产资料资本主义私人占有之间的矛盾，这种矛盾的存在阻碍了资本主义生产力的进一步发展。

其二，资本主义制度下财富占有两极分化，引发经济危机。在资本主义社会，尽管劳动者获得了人身自由，但是资本家和雇佣工人的平等关系只体现在流通领域形式上的等价交换。一旦离开了流通领域，进入生产领域，"原来的货币占有者作为资本家，昂首前行；劳动力占有者作为他的工人，尾随于后。一个笑容满面，雄心勃勃；一个战战兢兢，畏缩不前，像在市场上出卖了自己的皮一样，只有一个前途——让人家来鞣"。① 工人阶级实质上是雇佣奴隶。在资本主义生产过程中，雇佣工人不仅生产出相当于自己劳动力价值的价值，而且还要创造归资本家无偿占有的剩余价值。不仅如此，资本家还用无偿获得的剩余价值去无偿地获得更多的剩余价值。因此，资本家阶级和工人阶级之间本质上是不平等的，是压迫与被压迫、统治与被统治、剥削与被剥削的关系。在这种关系支配下，资本主义社会的财富分配呈现出两极分化的趋势，一极是资本家阶级占有巨额财富，另一极是广大的工人阶级只占有少部分财富，这一矛盾的激化必然引发经济危机，严重影响社会生产的正常进行，阻碍社会生产力的发展。

其三，资本家阶级支配和控制资本主义经济和政治的发展和运行，不断激化社会矛盾和冲突。生产剩余价值是资本主义生产方式的绝对规律，在这一规律作用下，在经济上，资本家阶级按照自己的意志和利益要求支配和控制社会生产的

---

① 《马克思恩格斯文集》第 5 卷，人民出版社 2009 年版，第 205 页。

规模和发展方向，个别企业生产的有组织性和整个社会生产的无政府状态之间的矛盾，引起社会生产比例关系的失调，导致世界经济发展的失衡；在政治上，资本家阶级凭借手中的金钱影响和操纵资本主义国家的政治过程，使国家机器成为资本家阶级进行政治统治和社会管理的手段和方式，为资本家阶级的利益服务，而置社会整体利益和长远利益于不顾，使各种社会矛盾不断积累和尖锐化。

上述局限性决定了在资本主义的经济、政治、文化和社会等各个领域以及全球范围内必然产生冲突、动荡和危机，这些局限性在资本主义生产方式范围内是不可能得到根本消除的，它决定了资本主义生产方式的历史过渡性。

二、资本主义必然被社会主义所代替

第一，资本主义基本矛盾"包含着现代的一切冲突的萌芽"。① 资本主义生产方式越是占统治地位，越是发展，"社会化生产和资本主义占有的不相容性，也必然越加鲜明地表现出来"。② 也就是说，生产社会化和生产资料资本主义私人占有之间这一资本主义基本矛盾必将日益尖锐。从唯物史观来看，资本主义基本矛盾无非是资本主义生产力和生产关系之间矛盾的体现。而资本主义基本矛盾表现在阶级关系上，是无产阶级和资产阶级的对立。"资本主义的生产形式和交换形式日益成为生产本身所无法忍受的桎梏；这些形式所必然产生的分配方式造成了日益无法忍受的阶级状况，造成了人数越来越少但是越来越富的资本家和人数越来越多而总的说来处境越来越恶劣的一无所有的雇佣工人之间的日益尖锐的对立。"③资本主义社会在不断发展中，"一方面是不可计量的财富和购买者无法对付的产品过剩，另一方面是社会上绝大多数人口无产阶级化，变成雇佣工人，因而无力获得这些过剩的产品。社会分裂为人数很少的过分富有的阶级和人数众多的无产的雇佣工人阶级，这就使得这个社会被自己的富有所窒息"。④ 资本主义基本矛盾表现在生产上，是个别企业生产的有组织性和整个社会生产的无政府状态之间的对立。资本主义经济危机的爆发正是这个基本矛盾发展的结果。马克

---

① 《马克思恩格斯文集》第3卷，人民出版社2009年版，第551页。
② 《马克思恩格斯文集》第3卷，人民出版社2009年版，第551页。
③ 《马克思恩格斯文集》第9卷，人民出版社2009年版，第157页。
④ 《马克思恩格斯文集》第1卷，人民出版社2009年版，第709页。

思、恩格斯认为，经济危机至少证明了这两点："一方面，资本主义生产方式暴露出它没有能力继续驾驭这种生产力。另一方面，这种生产力本身以日益增长的威力要求消除这种矛盾，要求摆脱它作为资本的那种属性，要求在事实上承认它作为社会生产力的那种性质。"①也就是说，只有用社会主义生产方式取而代之，才能根本解决资本主义生产方式的基本矛盾。

第二，资本积累推动资本主义基本矛盾不断激化并最终否定资本主义自身。从资本主义积累过程来看，资本主义基本矛盾在资本积累过程中不断发展。如果说资本主义的原始积累使资本主义生产方式得以形成，那么，资本的不断积累则为否定资本主义制度自身准备了物质条件。例如，资本的不断积累使社会生产的规模不断扩大，而大规模的生产本身必然会冲破私人对生产过程的控制；资本的不断积累必然提高生产的社会化程度，这在客观上势必导致生产的集中和资本的集中，使资本的社会化占有成为可能；资本的不断积累使对生产过程的管理社会化了，相应地派生出社会化大生产的管理人员和专业的管理机构，而这些都弱化甚至排斥资本家个人在管理中的地位和作用。随着每一项新的发明和发现的产生，资产阶级日益增大，"这些日益加速互相排挤的发明和发现，这种以前所未有的幅度日益提高的人类劳动的生产率，最终必将造成一种使当代资本主义经济走向灭亡的冲突"。② 总之，当资本主义基本矛盾及其派生的各种矛盾在资本积累中不断发展，资本主义生产关系不再适应生产力状况时，公有制取代私有制、社会主义取代资本主义就将成为不可避免的结果。这是资本主义积累过程所具有的客观历史趋势。

第三，国家垄断资本主义是资本社会化的更高形式，将成为社会主义的前奏。资本的社会化是在资本主义社会的生产力和生产关系的矛盾运动中发展的。资本主义发展初期的资本所有制形式是资本家的个人所有制。随着生产力的发展，企业的规模越来越大，单个资本没有力量创建和经营日益社会化的大企业，便产生了由许多单个资本联合投资的股份资本。股份资本所有制是资本社会化的一种形式。此后又出现了法人资本所有制和国家资本所有制，这是资本社会化形式的进一步发展。研究了股份公司和合作工厂发展的新现象后，马克思指出：

① 《马克思恩格斯文集》第3卷，人民出版社2009年版，第557页。
② 《马克思恩格斯文集》第1卷，人民出版社2009年版，第709页。

"资本主义的股份企业，也和合作工厂一样，应当被看做是由资本主义生产方式转化为联合的生产方式的过渡形式"，包含着"在资本主义体系本身的基础上对资本主义的私人产业的扬弃"。① "资产阶级的生产关系和交换关系，资产阶级的所有制关系，这个曾经仿佛用法术创造了如此庞大的生产资料和交换手段的现代资产阶级社会，现在像一个魔法师一样不能再支配自己用法术呼唤出来的魔鬼了。"② 在马克思、恩格斯看来，资本国有化将为社会主义革命提供直接的物质前提，是无产阶级社会主义革命的入口处。到了国家垄断资本主义阶段，生产社会化、资本社会化和管理社会化都到了资本主义生产方式的更高程度，从而为全社会共同占有生产资料和共同组织社会化生产准备了充分的物质条件和社会条件。"国家垄断资本主义是社会主义的最充分的物质准备，是社会主义的前阶，是历史阶梯上的一级，在这一级和叫做社会主义的那一级之间，没有任何中间级。"③ 随着国家垄断资本主义的发展和资本主义自身的政策调整，资本主义国家中出现了某些新的现象，表明在资本主义社会中孕育着某些社会主义的因素。这就是，"资本的垄断成了与这种垄断一起并在这种垄断之下繁盛起来的生产方式的桎梏。生产资料的集中和劳动的社会化，达到了同它们的资本主义外壳不能相容的地步。这个外壳就要炸毁了。资本主义私有制的丧钟就要响了。剥夺者就要被剥夺了"。④

第四，资本主义社会存在着资产阶级和无产阶级两大阶级之间的矛盾和斗争。随着资本主义经济的巨大发展，资产阶级由生产力的解放者变成阻碍者，资本主义在造就了社会化大生产的同时，也产生了推动和运用这一先进生产力的无产阶级。在经济上所处的被剥削的地位使无产阶级具有彻底的革命性和斗争精神。社会化大生产使无产阶级成为最有组织性的革命力量。无产阶级是现代大工业的产物，是真正革命的阶级，无产阶级政党是无产阶级利益的代表。随着生产社会化水平的不断提高和无产阶级队伍的不断壮大，无产阶级在自己的政党领导下，必将彻底推翻资本主义和资产阶级的统治，废除资本主义私有制，逐步建立消灭一切阶级、确保人人得以自由而全面发展的联合体。"资产阶级的灭亡和无

---

① 《马克思恩格斯文集》第7卷，人民出版社2009年版，第499、497页。
② 《马克思恩格斯文集》第2卷，人民出版社2009年版，第37页。
③ 《列宁专题文集·论资本主义》，人民出版社2009年版，第235页。
④ 《马克思恩格斯文集》第5卷，人民出版社2009年版，第874页。

产阶级的胜利是同样不可避免的。"①

三、社会主义代替资本主义是一个长期的历史过程

资本主义必然为社会主义所代替，并不意味着资本主义社会将在短期内自行消亡。资本主义制度目前还能为生产力的发展提供一定的空间。它向社会主义的转变会触及资产阶级的根本利益，必然会遭到阻挠和反抗，因而资本主义向社会主义的过渡必然是一个复杂的、长期的历史过程。

首先，任何社会形态的存在都有相对稳定性，从产生到衰亡都要经过相当长的时间跨度。从历史上看，奴隶制度取代原始公社制，封建制度取代奴隶制度，资本主义制度取代封建制度，都经历了很长的时期。社会主义代替资本主义是对剥削制度的废除，不能期望在短时期内完成，而需要一个长期的过程。

其次，资本主义发展的不平衡性决定了过渡的长期性。资本主义各国间经济政治的发展是不平衡的，特别是到了垄断资本主义阶段，垄断资本主义国家间发展的不平衡更为明显，社会主义革命有可能在资本主义链条中的某些薄弱环节，在一国或数国首先发生，而另外一些资本主义国家则可能继续存在和发展。不发达的资本主义国家若没有特殊的矛盾和革命形势，则要经过资本主义发展的较长历程，才能逐步为社会主义准备物质基础。因此，从世界范围来看，资本主义向社会主义过渡必将是一个从一些国家逐步向更多国家扩展的相当长的历史过程。

最后，当代资本主义的发展，还显示出生产关系对生产力容纳的空间，这说明资本主义为社会主义所代替尚需较长时间。目前发达资本主义国家在科技、经济、军事等方面还具有显著的优势，各主要垄断资本主义国家的经济和政治合作有所加强，以跨国公司和垄断资本为代表的国际垄断资本势力不断扩大。与之相比，社会主义国家的经济发展水平还相对较低，社会主义自身的发展还需要走比较长的路，这意味着社会主义最终取代资本主义是一个长期的历史过程。

但必须明确，尽管资本主义在全世界被社会主义所取代是一个相当长的历史过程，并且这个过程可能出现这样那样的曲折，但资本主义为社会主义所取代的

---

① 《马克思恩格斯文集》第 2 卷，人民出版社 2009 年版，第 43 页。

总趋势则是必然的历史走向。马克思指出："发展社会劳动的生产力，是资本的历史任务和存在理由。资本正是以此不自觉地创造着一种更高级的生产形式的物质条件。"①习近平进一步指出："事实一再告诉我们，马克思、恩格斯关于资本主义社会基本矛盾的分析没有过时，关于资本主义必然消亡、社会主义必然胜利的历史唯物主义观点也没有过时。这是社会历史发展不可逆转的总趋势，但道路是曲折的。资本主义最终消亡、社会主义最终胜利，必然是一个很长的历史过程。我们要深刻认识资本主义社会的自我调节能力，充分估计到西方发达国家在经济科技军事方面长期占据优势的客观现实，认真做好两种社会制度长期合作和斗争的各方面准备。"②

---

① 《马克思恩格斯文集》第 7 卷，人民出版社 2009 年版，第 288 页。
② 《十八大以来重要文献选编》上，中央文献出版社 2014 年版，第 117 页。

专题十五　社会主义五百年的历史进程

以 1516 年托马斯·莫尔《乌托邦》为标志，社会主义历史进程已达五百年。其间，科学社会主义理论的创立，照亮了人类发展的历史进程。从此，无产阶级由自在阶级逐步转化为自为阶级。尽管期间有低谷，但社会主义运动由欧洲逐渐扩展到整个世界，尤其值得欣慰的是，诞生了欣欣向荣的中国特色的社会主义。

一、社会主义从空想到科学

空想社会主义产生于 16 世纪初期，到 19 世纪上半叶达到顶峰。这 300 多年正是欧洲从封建主义生产方式向资本主义生产方式转变的时期。资本主义生产方式的出现，使广大劳动群众从人身依附的封建关系中走出来，但随即又陷入资本主义新的剥削方式中，为资本主义所奴役。资本主义活生生的现实，打破了启蒙学者对这个新社会的华美预言，无异于一幅令人极度失望的讽刺画。

空想社会主义的发展经历了三个阶段，即 16—17 世纪的早期空想社会主义、18 世纪的空想平均共产主义、19 世纪初期批判的空想社会主义。空想社会主义的开山之作是 1516 年英国人托马斯·莫尔写作的《乌托邦》。书中描绘了一个美好的社会：在那里，没有私有财产和剥削现象，人们有计划地从事生产，城乡之间没有对立，不需要商品、货币和市场，实行按需分配。受《乌托邦》的影响，意大利的康帕内拉于 1602 年在监狱里写出了《太阳城》，进一步描绘了一个财产公有、共同劳动和人人平等的理想社会。到了 18 世纪，法国的摩莱里和马布利分别在《自然法典》和《论法制或法律的原则》中，论述了从私有制过渡到公有制的必然性，并以法律条文的形式阐述了理想社会的纲领和原则。19 世纪上半叶，空想社会主义发展到最高阶段，代表人物有法国的圣西门、傅立叶和英国的欧文。圣西门看到了自由竞争制度下资本主义生产的无政府状态，这种无政府主义"肆意制造破坏，直到它所累及的民族全体陷入贫困为止，是一切灾难中最严重的灾难"。① 圣西门提出"实业制度"，并奔走呼吁，希望法国统治者能接受自己的改革方案。傅立叶揭露了资本主义是少数人残酷剥削广大劳动人民的制度，这种"文明制度的机构在一切方面都只是一种巧妙地掠夺穷人而发财致富的艺术"。② 傅立叶提出以"和谐社会"代替资本主义，并在一个农场里进行组建"法郎吉"（和谐社会基本单位）的试验。欧文是一个工厂主，认为"私有制使人变成魔鬼，使世界变成地狱"。③ 他曾在自己领导的苏格兰新拉纳克大棉纺厂进行慈善试验。他缩短工时，设立托儿所、幼儿园和学校，把一个愚昧黑暗的新拉纳克变成了完善的模范移民区。1824 年，他到美洲从事共产主义试验，在印第安纳州建立了"新协和"公社，实行财产公有，成年人享有平等的权利。欧文的共产主义试验最终失败了，他也因此变得一贫如洗，但是他并没有动摇自己的坚定信念。

19 世纪初期以圣西门、傅立叶、欧文为代表的空想社会主义是科学社会主义的直接思想来源。正如恩格斯指出的，19 世纪三大空想社会主义者的学说虽然"含有十分虚幻和空想的性质，但他们终究是属于一切时代最伟大的智士之列的，他们天才地预示了我们现在已经科学地证明了其正确性的无数真理"。④

以三大空想社会主义者为代表的空想社会主义学说，在理论上致力于社会制度的分析。他们对资本主义旧制度的辛辣批判，包含着许多击中要害的见解；对社会主义新制度的描绘，闪烁着诸多天才的火花。空想社会主义是早期无产阶级意识和利益的先声，反映了早期无产阶级迫切要求改造现存社会、建立理想的新社会的愿望。但空想社会主义"没有能够指出真正的出路。它既不会阐明资本主义制度下雇佣奴隶制的本质，又不会发现资本主义发展的规律，也不会找到能够成为新社会的创造者的社会力量"。⑤ 这种时代的局限性说明，空想社会主义是不成熟的理论，"是同不成熟的资本主义生产状况、不成熟的阶级状况相适应的。

---

① 《圣西门选集》第 1 卷，商务印书馆 1985 年版，第 182 页。
② 《傅立叶选集》第 3 卷，商务印书馆 1979 年版，第 144 页。
③ 《欧文选集》下，商务印书馆 1965 年版，第 20 页。
④ 《马克思恩格斯文集》第 2 卷，人民出版社 2009 年版，第 218 页。
⑤ 《列宁专题文集·论马克思主义》，人民出版社 2009 年版，第 71 页。

解决社会问题的办法还隐藏在不发达的经济关系中，所以只有从头脑中产生出来"。① 空想社会主义虽然"提供了启发工人觉悟的极为宝贵的材料"，② 但并不是科学的思想体系。

当然，"马克思主义这一革命无产阶级的思想体系赢得了世界历史性的意义，是因为它并没有抛弃资产阶级时代最宝贵的成就，相反却吸收和改造了两千多年来人类思想和文化发展中一切有价值的东西"。③ 随着社会化大生产的发展和资本主义生产方式的普遍确立，以及资本主义社会中生产社会化与生产资料资本主义私人占有之间矛盾的激化，无产阶级与资产阶级的斗争更加激烈。无产阶级队伍不断壮大，并在与资产阶级的斗争中从自发走向自觉，表现出改造社会、创造历史的巨大力量。这些新的变化，为社会主义从空想发展为科学提供了社会需要和客观条件。

马克思、恩格斯适应社会的需要，在新的历史条件下创立了唯物史观和剩余价值学说，为实现社会主义从空想到科学的飞跃奠定了坚实的理论基础。唯物史观深刻揭示了人类历史发展的一般规律，揭示了人民群众的历史主体作用，揭示了阶级斗争在阶级社会发展中的巨大作用，从而把人们对社会主义的追求建立在对社会发展客观规律科学认识的基础上，克服了空想社会主义者不懂得历史规律的根本缺陷。剩余价值学说深刻揭示了资本家剥削工人的秘密，揭示了无产阶级与资产阶级利益的根本对立，从而科学论证了无产阶级肩负的推翻资本主义旧世界、建设社会主义新世界的历史使命，使人们找到了变革资本主义旧社会的力量和通向社会主义新社会的途径。

马克思、恩格斯在揭示人类社会发展一般规律和资本主义发展特殊规律的基础上，科学论证了社会主义代替资本主义的历史必然性，阐明了无产阶级的历史使命，提出了无产阶级革命斗争的战略策略，科学预见了未来社会的基本特征，提出了从资本主义社会向共产主义社会过渡时期的理论，创立了科学社会主义学说，从根本上超越了空想社会主义，实现了社会主义从空想到科学的伟大飞跃。

---

① 《马克思恩格斯文集》第 9 卷，人民出版社 2009 年版，第 274 页。
② 《马克思恩格斯文集》第 2 卷，人民出版社 2009 年版，第 63 页。
③ 《列宁选集》第 4 卷，人民出版社 2009 年版，第 299 页。

二、社会主义从理想到现实

科学社会主义自产生之后，逐步与工人运动相结合，指导无产阶级政党的革命斗争，并在这个过程中不断完善和发展。在这种理论与实践的互动中，社会主义从理想变为现实。

（一）第一国际与巴黎公社

就在《共产党宣言》发表时，欧洲爆发了规模浩大的 1848—1849 年革命。革命从意大利开始，随即发展到法国。在法国革命影响下，德意志各邦也爆发了革命运动。这次革命具有资产阶级性质，任务主要是建立统一的民族国家，为资本主义发展扫清道路。在革命过程中资产阶级不得不暂时联合无产阶级共同斗争，从而使革命打上了无产阶级的印记。马克思、恩格斯领导共产主义者同盟积极投身革命，通过创办《新莱茵报》为无产阶级提供革命指导，恩格斯还直接参加了武装起义。革命失败后，马克思、恩格斯流亡英国，总结革命经验，丰富了无产阶级革命的理论。

1848 年欧洲革命后，资本主义在各国得到了迅速发展，无产阶级力量不断壮大。到 19 世纪 50 年代末 60 年代初，各国工人运动重新活跃起来，并表现出加强国际联系的愿望。1864 年，国际工人协会（第一国际）应运而生。马克思是第一国际的灵魂。在马克思指导下，第一国际大力支援各国的工人运动，支持反封建的民主运动和民族解放运动，影响日益扩大。第一国际促进了马克思主义的传播和与国际工人运动的结合，初步确立了马克思主义在工人运动中的指导地位。

1871 年爆发的巴黎公社革命，是第一国际精神的产儿，是无产阶级夺取政权的第一次伟大尝试。这场革命是在法国同普鲁士之间发生战争、民族矛盾和阶级斗争激化的情况下爆发的。1870 年 7 月，法国皇帝路易·波拿巴即拿破仑三世为争夺欧洲霸权，发动了对普鲁士的战争，即普法战争。腐败无能的法国军队节节败退，并在色当陷入重围，法国皇帝率部投降。消息传来，人们走上街头发动武装暴动并推翻了帝制，成立了法兰西第三共和国。但资产阶级政客掌握了政权，对内镇压人民起义，对外屈膝卖国。为了保卫巴黎，30 万巴黎市民自发组成了"国民自卫军"。梯也尔政府为解除巴黎国民自卫军的武装，派军偷袭国民自卫军的大炮阵地，点燃了巴黎公社革命的导火索。巴黎人民行动起来，建筑街垒、布置岗哨、组织巡逻，并向市政府发起进攻。1871 年 3 月 18 日，起义取得胜利。

起义胜利后，巴黎人民立即开始了建立无产阶级政权的尝试。他们摧毁资产阶级的国家机构，废除资产阶级议会制，成立了新的国家机关——巴黎公社。公社取消征兵制和常备军，以人民武装国民自卫军作为唯一的武装力量。公社实行了一系列新的政策，如建立革命秩序、恢复生产、实行政教分离和男女平等。特别是公社采取了两项重要措施，用以防止国家机关工作人员由社会公仆变为社会主人：一是规定所有公职人员无论职位高低，实行全面的选举制和撤换制；二是取消高薪制，规定任何工作人员年薪不得超过熟练工人的工薪水平。

巴黎公社仅存在了 72 天，就在国内外敌对势力的联合镇压下失败了。马克思高度评价巴黎公社的意义，认为公社的原则是永存的。马克思、恩格斯总结巴黎公社经验，指出无产阶级革命取得成功并保持胜利果实的首要条件是要有革命的武装；必须打碎旧的国家机器，建立无产阶级的新型国家；无产阶级政权是为人民服务的机关；必须建立无产阶级政党，发挥党的政治领导作用。

巴黎公社失败后，欧洲各国工人运动进入低潮，第一国际不得不自行解散。但是随着资本主义的进一步发展，在 19 世纪 70—80 年代，工人运动重新高涨起来。在马克思主义影响下，无产阶级政党和团体在欧美各国纷纷建立，并提出了重新走向联合的要求。1889 年 7 月，在恩格斯的指导下，国际社会主义者在巴黎举行代表大会，标志着第二国际的诞生。第二国际在组织和积聚革命力量，反对资本主义、军国主义，促进工人运动发展等方面，做了大量工作，取得了重大成就。

19 世纪末 20 世纪初，资本主义进入帝国主义阶段，各国经济政治形势出现了巨大变化。新的形势引起了国际工人运动内部的分化，出现了伯恩施坦修正主义，其反对无产阶级革命，主张通过和平的议会斗争和改良措施，使资本主义"和平进入"社会主义。尽管马克思主义者开展了对修正主义的斗争，但在第二国际后期，机会主义和修正主义还是占了上风，最终导致第二国际解体。

马克思和恩格斯在晚年已经敏锐地关注到资本主义出现新变化的一些苗头，并作了初步的分析，科学论述了和平斗争与暴力革命的关系。1895 年，恩格斯去世前夕在为马克思《1848 年至 1850 年的法兰西阶级斗争》一书写的长篇导言中，已经认识到社会主义革命的胜利将是一个长期的过程，并论述了利用资产阶级民主和普选权的重要性。但是，恩格斯在重视合法斗争的同时，并没有否定暴力革命的作用，那种断言恩格斯晚年放弃革命的说法是完全错误的。

(二)十月革命胜利与第一个社会主义国家的建立

列宁是坚定的马克思主义者。他在同第二国际机会主义的斗争中捍卫了马克思主义，并结合新的时代条件和俄国实际，制定了无产阶级革命的战略策略，丰富和发展了马克思主义。

关于无产阶级革命的发生，马克思、恩格斯曾经从自由竞争的资本主义时代条件出发，认为无产阶级革命至少将在几个主要的资本主义国家同时发生。他们在《德意志意识形态》中指出："交往的任何扩大都会消灭地域性的共产主义。共产主义只有作为占统治地位的各民族'一下子'同时发生的行动，在经验上才是可能的，而这是以生产力的普遍发展和与此相联系的世界交往为前提的。"①

列宁总结了当时变化了的新情况，深刻论述了社会主义革命可以首先在一个或者几个国家获得胜利。1915 年，他在《论欧洲联邦口号》一文中明确指出："经济和政治发展的不平衡是资本主义的绝对规律。由此就应得出结论：社会主义可能首先在少数甚至在单独一个资本主义国家内获得胜利。"②1916 年，他又在《无产阶级革命的军事纲领》一文中写道："资本主义的发展在各个国家是极不平衡的。而且在商品生产下也只能是这样。由此得出一个必然的结论：社会主义不能在所有国家内同时获得胜利。它将首先在一个或者几个国家内获得胜利，而其余的国家在一段时间内将仍然是资产阶级的或资产阶级以前的国家。"③在这一理论的基础上，列宁根据对俄国国内革命形势和国际状况的科学分析，进一步得出了

---

① 《马克思恩格斯文集》第 1 卷，人民出版社 2009 年版，第 538～539 页。
② 《列宁专题文集·论社会主义》，人民出版社 2009 年版，第 4 页。
③ 《列宁专题文集·论社会主义》，人民出版社 2009 年版，第 8 页。

社会主义可能在经济文化相对落后的俄国首先取得胜利的结论，并且将这一理论付诸实践，在革命形势成熟的条件下，领导了俄国十月革命。

20世纪初，俄国成为帝国主义链条上的薄弱环节。二月革命推翻了沙皇专制统治，但革命成果落入资产阶级手中。列宁制定了《四月提纲》，提出了继续进行革命、由民主革命向社会主义革命转变的方针。1917年10月20日，列宁回到国内，组织武装起义的准备工作。11月6日，武装起义开始，当晚列宁来到斯莫尔尼宫，亲自领导武装起义。7日上午，起义者占领了彼得格勒所有重要据点。下午6时，包围了资产阶级临时政府所在地冬宫。晚9时40分，根据革命军事委员会的命令，停泊在涅瓦河上的"阿芙乐尔号"巡洋舰发出了攻打冬宫的炮声，起义群众随即冲入冬宫。当晚，全俄苏维埃第二次代表大会在斯莫尔尼宫召开。大会宣读了由列宁起草的宣言，庄严宣告革命胜利。于是，1917年11月7日（俄历10月25日）作为伟大的十月社会主义革命胜利日载入史册。

十月革命实现了社会主义从理想到现实的伟大飞跃，开辟了人类历史的新纪元。它从根本上推翻了人剥削人、人压迫人的制度，建立起世界上第一个人民当家做主的社会主义国家。此后，社会主义作为一种崭新的社会形态和社会制度登上历史舞台，引领着人类社会的发展方向。在十月革命的影响下，社会主义成为许多国家赢得民族独立、解放和发展的重要选择，包括中国在内的一些国家先后走上社会主义道路，世界上近1/3人口一度生活在社会主义制度下，社会主义力量大大增强，打破了资本主义的一统天下，成为维护世界和平发展的中坚力量。十月革命的胜利，特别是列宁关于殖民地半殖民地民族解放的思想，极大地推动了受帝国主义、殖民主义欺凌压迫的国家人民的觉醒，促进了民族解放力量的崛起，有力推动了殖民地半殖民地国家的民族解放运动，加速了世界范围内帝国主义殖民体系的整体瓦解，深刻改变了国际力量对比和世界格局。

三、社会主义从一国到多国

俄国十月革命的胜利，殖民地半殖民地国家民族民主革命的蓬勃发展，帝国主义力量的削弱，极大地鼓舞了世界各国人民，促进了世界社会主义运动的发展。第二次世界大战结束后，社会主义在世界范围内获得大发展，在欧洲、亚洲、拉丁美洲，先后有一批国家走上社会主义道路，形成了一个强大的社会主义阵营。

(一)社会主义在苏联一国的实践

苏维埃俄国是世界上第一个社会主义国家。年轻的苏维埃政权建立之后，不仅面临着巩固政权的任务，而且面临着在经济文化相对落后的条件下建设社会主义的任务。列宁领导的苏维埃俄国对社会主义道路的探索，大体上经历了三个时期，即进一步巩固苏维埃政权时期、外国武装干涉和国内战争时期即战时共产主义时期、由战时共产主义转变为新经济政策时期。

从 1917 年 11 月到 1918 年春天，苏维埃政权基本上完成了剥夺"剥夺者"的任务，银行和大工业的国有化使无产阶级掌握了国家的经济命脉。1918 年 3 月，苏俄和德国签订了《布列斯特和约》，战争暂时停止，列宁抓住这个来之不易的和平时机，立即着手拟定了向社会主义过渡的初步计划，提出了进行社会主义改造的方法和途径等措施。苏维埃政权的建立和巩固，引起了国内外敌对势力的恐惧、仇视和反抗。从 1918 年下半年起，西方列强纠合 14 个国家发动了对苏维埃政权的武装干涉，同时俄国爆发了国内战争。为了打赢这场战争，捍卫年轻的苏维埃政权，建设社会主义新社会，从 1918 年夏到 1921 年春，列宁领导的苏维埃政权实行了以余粮收集制和取消商品货币关系为主要特征的战时共产主义政策，在经济上采取一系列特殊的又带有强制性的非常措施。战时共产主义政策是苏维埃俄国面临帝国主义武装干涉和国内战争被迫采取的一种临时性政策，正如列宁所说："为了拯救国家，拯救军队，拯救工农政权，当时必须这样做。"[①]战时共产主义政策的实施，对于粉碎国际帝国主义的武装干涉和国内反革命叛乱，保卫新生的苏维埃政权发挥了重要作用。

1920 年底，苏维埃俄国击退了外国武装干涉，取得了国内战争的胜利，1921 年初转入和平经济建设时期。这时，国民经济已濒临崩溃，国内发生严重的经济和政治危机。在这种形势下，列宁深感如不改变政策将会失去广大群众，丢掉阶级基础。1921 年 3 月，俄共(布)召开十大，毅然决定从战时共产主义政策过渡到实行以发展商品经济为主要特征的新经济政策。其主要内容有：用粮食

---

① 《列宁全集》第 41 卷，人民出版社 2017 年版，第 10 页。

税制取代余粮收集制，允许私人自由贸易，恢复商品货币关系，允许私人小工业企业发展，采取一些国家资本主义的形式来发展生产。这一决定表明，列宁的社会主义建设思想发生了重大转变，对俄国这样一个小农经济占优势的国家如何走向社会主义又有了新的认识，标志着列宁正在探索一条符合俄国国情的建设社会主义的道路。新经济政策的实施，扭转了国家的严重危机，活跃了苏维埃的城乡经济，发展了生产，大大加强了苏维埃的社会主义经济基础，也改善了工人、农民和其他劳动者的物质文化生活。

在俄国社会主义革命取得胜利的初期，特别是实行新经济政策期间，列宁对苏维埃俄国如何建设社会主义进行了深刻的理论思考，提出了许多精辟的观点。首先，把建设社会主义作为一个长期探索、不断实践的过程。其次，把大力发展生产力、提高劳动生产率放在首要地位。再次，在多种经济成分并存的条件下，利用商品、货币和市场发展经济。最后，利用资本主义建设社会主义。列宁还指出了马克思主义执政党建设的极端重要性，阐明了思想建设和文化建设的重要意义，提出了加强国家政权建设和发扬社会主义民主的一系列措施。列宁能够正视国情，面对一系列新情况和新问题，不拘泥于书本上已有的结论，而是"根据经验来谈论社会主义"，① 一切从实际出发，尊重千百万群众的实践，勇于探索，大胆创新，努力把马克思主义基本原理同俄国的具体实际相结合，探索出一条适合俄国国情的社会主义道路。这是列宁对马克思主义的重大贡献，也是他留给后人的最宝贵的思想遗产。

列宁晚年虽然病魔缠身，但仍然没有停止对社会主义事业的思考。他在口授的《日记摘录》《论合作社》《论我国革命》《宁肯少些，但要好些》等被人们称为"政治遗嘱"的文章和书信中，对十月革命以来所走过的道路进行了深入的思考，提出了建设社会主义的新构想。这些思想主要包括：用合作社的形式将农民引向社会主义道路；发展大工业，实现工业化和电气化；学习和利用资本主义一切有价值的东西；进行文化革命，大力发展文化教育事业；进行党和国家机构的改革，努力提高干部的素质和能力；必须反对官僚主义，健全社会主义民主和法制；维护党的团结，特别是党中央领导核心的团结等。这些构想均具有重要意义。

---

① 《列宁专题文集·论社会主义》，人民出版社 2009 年版，第 399 页。

列宁逝世后，联共(布)党内及理论界在苏联社会主义发展道路问题上出现了严重分歧，争论的最终结果是斯大林的理论和政策主张占据了主导地位。1928年10月，苏联开始实行以优先发展重工业为中心建立社会主义大工业的第一个五年计划，1932年底该计划完成。这个时期完成了农业合作化，工作中虽然出现了一些失误或偏差，但终究在广大农村建立起了社会主义的制度基础。1936年12月，在苏维埃第八次非常代表大会通过的宪法中，斯大林宣布苏联已经建成了社会主义。

在这个过程中也形成了建设社会主义的苏联模式。这种模式在当时促进了社会主义制度的巩固和发展，推动了社会生产力的高速发展，确保了重工业特别是国防工业的发展，为处在帝国主义包围中的苏联社会主义建设奠定了物质基础，人民的物质和文化生活水平也有了提高。这种模式在第二次世界大战中为苏联反法西斯战争的胜利提供了强有力的物质和人员保障。但是，随着经济社会的发展，苏联模式的弊端逐步显现，主要是集中过多、管得过死、否定市场的作用，严重束缚企业和劳动者的积极性。社会主义发展的历史证明，苏联模式是特定历史条件下的产物，它并不是社会主义的唯一模式。

(二) 社会主义发展到多个国家

从1944年到1949年的五年间，欧洲和亚洲有11个国家在无产阶级政党的领导下，在反法西斯战争胜利的基础上，先后建立起人民民主国家，走上了社会主义道路。中国革命的胜利，是继十月革命之后20世纪最重大的事件。以毛泽东为主要代表的中国共产党人，把马克思列宁主义基本原理同中国革命具体实际相结合，成功解决了通过农村包围城市武装夺取政权、实现从新民主主义到社会主义的转变、建立社会主义制度的一系列基本问题，丰富和发展了列宁关于经济文化相对落后的国家走上社会主义道路的理论和实践。

在世界社会主义取得重大发展的时期，社会主义国家的人口曾占世界人口的1/3，领土面积达世界陆地面积的1/4。社会主义国家相继开展了大规模的社会主义建设，推动了国家经济、政治、文化和社会各项事业的发展，加速了社会的工业化和现代化进程。社会主义国家的蓬勃发展也给资本主义国家造成了巨大压力，迫使其在改善工人群众的工作和生活条件等方面做出一定的让步。与社会主义制度建立和发展形成呼应的是，作为无产阶级先锋队的共产党组织在全世界有了很大的发展，它逐步改变着世界政治力量的对比，进一步削弱了资本主义的统治基础，鼓舞着世界人民争取进步事业的意志和信心，赋予当代世界发展以新的内容，因而显示出强大的生命力。

社会主义在20世纪取得了举世瞩目的辉煌成就，但是在发展中也出现过曲折。苏联模式有自己的弊端，东欧一些社会主义国家因为照搬苏联模式造成"水土不服"引发了经济社会危机。苏联从20世纪50年代中期以后开始改革，尽管取得了一定成绩，缓和了经济社会矛盾，但并未从根本上解决问题。特别是在西方国家开始新科技革命的情况下，僵化的苏联模式严重制约了经济发展。在此情况下，苏共领导人推动的所谓改革背离了正确方向，把社会主义改革变成了向资本主义的"改向"，加上西方资本主义国家施行的"和平演变"战略，最终导致了苏共解散、苏联解体。东欧各国的改革也经历了曲折的过程，尽管各个国家的具体情况有所不同，但在当时大背景下相继发生剧变，放弃了社会主义道路。

东欧剧变、苏联解体，最根本的原因是：放弃了社会主义道路，放弃了无产阶级专政，放弃了共产党的领导地位，放弃了马克思列宁主义，把社会主义建设和党的建设中的失误归咎于领袖个人，把纠正领袖的错误发展成全盘否定苏共的奋斗历史，直到丑化和歪曲历史，从根本上动摇了原来的理想信念，结果使得已经相当严重的经济、政治、社会、民族矛盾进一步激化，最终酿成了制度剧变、国家解体的历史悲剧。对此，邓小平指出："不坚持社会主义，不改革开放，不发展经济，不改善人民生活，只能是死路一条。"①"一些国家出现严重曲折，社会主义好像被削弱了，但人民经受锻炼，从中吸收教训，将促使社会主义向着更加健康的方向发展。"②

在世界社会主义出现严重挫折的严峻考验面前，中国共产党成功地把中国特色社会主义推向21世纪，向世界展示了社会主义制度的优越性，中国道路对世界影响越来越大，中国特色社会主义为世界社会主义增添了光辉。

---

① 《邓小平文选》第3卷，人民出版社1993年版，第370页。
② 《邓小平文选》第3卷，人民出版社1993年版，第383页。

四、社会主义在中国焕发出强大生机活力

俄国十月革命的胜利，给中国人民送来了马克思列宁主义。1921 年 7 月，中国共产党成立，并成为中国社会主义运动的领导力量。党领导的中国社会主义事业经过了从新民主主义革命到社会主义革命、建设、改革的发展过程，在近百年的奋斗中不断发展壮大，在 21 世纪焕发出勃勃生机。

中国共产党领导人民经过 28 年艰苦卓绝的革命斗争，于 1949 年 10 月 1 日成立了中华人民共和国。党中央带领全国各族人民，在医治战争创伤、恢复国民经济的基础上，经过社会主义改造，建立起社会主义基本制度。中国人民以极大的热情投身社会主义事业，掀起了一次次建设热潮。然而，如何在中国建设社会主义还是一个需要探索的崭新课题。新中国的社会主义建设从学习苏联起步是符合逻辑的，但我们党很快就察觉到苏联在社会主义建设中的缺陷和不足，认识到苏联模式的局限。毛泽东提出要以苏联的经验教训为鉴戒，独立探索适合中国国情的社会主义建设道路。以《论十大关系》《关于正确处理人民内部矛盾的问题》为主要标志，党对怎样建设社会主义有了自己的新认识。然而，囿于认识和实践的局限，我们党在建设社会主义过程中也出现了这样那样的失误，甚至经历了"文化大革命"那样的严重挫折。但也应当看到，新中国 30 年的探索取得了多方面的巨大成绩，为新时期开创中国特色社会主义提供了宝贵经验、理论准备和物质基础。

1978 年 12 月，党的十一届三中全会重新确立了解放思想、实事求是的思想路线，彻底否定了"以阶级斗争为纲"的错误理论和实践，以巨大的政治勇气和理论勇气做出了进行改革开放的重大决策，开创了社会主义建设新时期。邓小平明确提出必须搞清楚"什么是社会主义、怎样建设社会主义"这个重大理论和实践问题，并进一步提出："把马克思主义的普遍真理同我国的具体实际结合起来，走自己的道路，建设有中国特色的社会主义，这就是我们总结长期历史经验得出的基本结论。"[①]经过实践探索，我们党提出了社会主义初级阶段理论，确立了党在社会主义初级阶段的基本路线，第一次比较系统地回答了在中国这样经济文化

---

① 《邓小平文选》第 3 卷，人民出版社 1993 年版，第 3 页。

比较落后的国家如何建设社会主义、如何巩固和发展社会主义的一系列基本问题，把对社会主义的认识提高到新的科学水平，翻开了中国社会主义发展的崭新一页。

20 世纪 80 年代末 90 年代初，东欧剧变、苏联解体使世界社会主义遭受严重挫折，在严峻的国际国内形势和空前的压力与挑战面前，中国共产党岿然挺立、从容应对，经受住了重大考验，成功捍卫了中国的社会主义事业。中国特色社会主义巨轮在疾风暴雨中坚定航向，继续破浪前行。1992 年，新一轮思想解放和改革开放的高潮兴起，在邓小平南方谈话和党的十四大精神指引下，我国开始建立社会主义市场经济体制。以江泽民为核心的党中央团结带领全党全国人民，战胜了来自国内和国际的、经济社会和自然的多方面挑战，承前启后、继往开来，成功把中国特色社会主义推向 21 世纪。党的十六大以后，以胡锦涛同志为总书记的党中央牢牢把握新世纪新阶段国内外形势的新变化，带领全国人民紧紧抓住重要战略机遇期，全面推进中国特色社会主义经济、政治、文化、社会和生态文明建设，加强党的执政能力建设和先进性建设，构建社会主义和谐社会，在新的历史起点上开始了全面建设小康社会的新征程。

党的十八大以来，以习近平同志为核心的党中央以强烈的历史担当、高超的政治智慧和顽强的意志品格，团结带领全国人民统筹推进"五位一体"总体布局，协调推进"四个全面"战略布局，推动当代中国取得了历史性成就，发生了历史性变革。党的面貌、国家的面貌、人民的面貌、军队的面貌、中华民族的面貌发生了前所未有的变化。中国特色社会主义进入了新时代，中华民族高举中国特色社会主义旗帜，以崭新姿态屹立于世界的东方。

中国特色社会主义取得的伟大成就，使中国这个世界上最大的发展中国家在短短 30 多年里摆脱贫困并跃升为世界第二大经济体，创造了人类社会发展史上的奇迹。中国特色社会主义的成功，不仅在中华人民共和国发展史上和中华民族发展史上具有重大意义，而且在世界社会主义发展史上和人类社会发展史上也具有重大意义。中国特色社会主义进入新时代，意味着近代以来久经磨难的中华民族迎来了从站起来、富起来到强起来的伟大飞跃，迎来了实现中华民族伟大复兴的光明前景；意味着科学社会主义在 21 世纪的中国焕发出强大生机活力，在世界上高高举起了中国特色社会主义伟大旗帜；意味着中国特色社会主义道路、理论、制度、文化不断发展，拓展了发展中国家走向现代化的途径，给世界上那些既希望加快发展又希望保持自身独立性的国家和民族提供了全新选择，为解决人类问题贡献了中国智慧和中国方案。总之，中国特色社会主义是科学社会主义在当代中国的成功实践，充分表明了社会主义在世界上人口最多的国家成功开辟出通向繁荣昌盛的正确道路，鲜明地展现了社会主义制度的优越性，标志着世界社会主义正在开拓新的历史征程。

专题十六　对科学社会主义基本原则的
理解与把握

科学社会主义基本原则是社会主义事业发展规律的集中体现，是马克思主义政党领导人民进行社会主义革命、建设与改革的基本遵循。理解与把握科学社会主义基本原则，首先要把握科学社会主义基本原则的主要内容。

一、科学社会主义基本原则的主要内容

马克思、恩格斯在创立科学社会主义理论并用以指导国际工人运动的过程中，逐步形成了科学社会主义基本原则。这些原则在后来的社会主义革命和建设中得到了证实、丰富和发展。

第一，人类社会发展规律和资本主义基本矛盾是"资本主义必然灭亡、社会主义必然胜利"的根本依据。马克思、恩格斯创立唯物史观，揭示了人类社会发展的一般规律，并进一步揭示了资本主义发展的特殊规律，从而把科学社会主义建立在现实的可靠基础上。他们深刻指出，资本主义生产方式的基本矛盾，即生产社会化和生产资料资本主义私人占有之间的矛盾，是资本主义不可克服的内在矛盾。这一基本矛盾产生两个方面的结果：一是资产阶级和无产阶级的对立，二是个别企业中生产的有组织性和整个社会中生产的无政府状态之间的对立。随着资本主义生产的发展，资本主义基本矛盾也不断发展并趋向尖锐化，导致频繁发生周期性的经济危机。资本主义基本矛盾的固有性、不可克服性、不可抗拒性，决定了资本主义制度必然要被比它更加先进的社会制度所代替。正是基于这样一个客观事实，马克思和恩格斯得出了"资产阶级的灭亡和无产阶级的胜利是同样

不可避免的"①结论。这一结论，一般表述为"资本主义必然灭亡、社会主义必然胜利"，简称"两个必然"。这"两个必然"的实现，是需要相应历史条件的。马克思在 1859 年发表的《〈政治经济学批判〉序言》中提出："无论哪一个社会形态，在它所能容纳的全部生产力发挥出来以前，是决不会灭亡的；而新的更高的生产关系，在它的物质存在条件在旧社会的胎胞里成熟以前，是决不会出现的。"②这就是人们通常所说的"两个决不会"。我们要全面理解和准确把握社会主义代替资本主义的问题，在面对"两个决不会"时，决不能忘记"两个必然"，否则会动摇社会主义必胜的信念，从而丧失根本、迷失方向；在坚信"两个必然"时，也不能忽略"两个决不会"，否则就可能脱离实际，犯急躁冒进的错误。我们既要坚定对社会主义和共产主义的理想信念，又要充分认识社会主义代替资本主义的长期性。

第二，无产阶级是最先进最革命的阶级，肩负着推翻资本主义旧世界、建立社会主义和共产主义新世界的历史使命。马克思、恩格斯分析了资本主义社会的阶级对立，指明了无产阶级的历史使命，得出无产阶级是资本主义"掘墓人"和共产主义建设者的结论。无产阶级是没有自己的生产资料，因而不得不靠出卖劳动力来维持生活的现代雇佣工人阶级。这个阶级是社会化大生产的产物，是先进生产力的代表，并具有高度的组织纪律性。同时，这个阶级身处资本主义社会最底层，受到的剥削和压迫最深，是革命最坚决、最彻底的阶级，只有推翻资产阶级的统治，废除资本主义雇佣劳动制度，才能得到彻底解放。也只有这个阶级，才能担当起推翻资本主义旧世界、建立社会主义和共产主义新世界的历史使命。需要指出的是，无产阶级或工人阶级是随社会发展而变化发展的。在当代资本主义国家，传统的产业工人逐渐减少，而其他的雇员阶层则不断扩大。我们既要看到那里的产业工人仍然存在，又要看到其他雇员与雇主之间也具有雇佣性质。在社会主义国家，工人阶级的社会地位发生了根本的变化，成为国家的领导阶级。我国工人阶级的队伍不断扩大，知识分子成为工人阶级的一部分，科学文化素质不断提高，是我国先进生产力的代表和主力军。

第三，无产阶级革命是无产阶级进行斗争的最高形式，以建立无产阶级专政

---

① 《马克思恩格斯文集》第 2 卷，人民出版社 2009 年版，第 43 页。
② 《马克思恩格斯文集》第 2 卷，人民出版社 2009 年版，第 592 页。

的国家为目的。在资本主义条件下，无产阶级反抗资产阶级的斗争主要有三种形式，即经济斗争、政治斗争和思想斗争。其中，经济斗争是指无产阶级为改善劳动和生活条件而进行的斗争，它是无产阶级最熟悉、最普遍采取的斗争形式；政治斗争是指无产阶级以夺取政权为目的的斗争，它是无产阶级反对整个资产阶级的斗争形式；思想斗争是指无产阶级在意识形态领域里同反马克思主义进行的斗争，它是政治斗争和经济斗争的灵魂。无产阶级反对资产阶级斗争的经济根源在于资本主义生产方式的基本矛盾。当无产阶级反对资产阶级的斗争发展到一定程度的时候，在具备一定主客观条件的前提下，就会发生无产阶级革命。无产阶级革命的根本问题是国家政权问题。无产阶级通过革命斗争从资产阶级手中夺取国家政权，使自己成为统治阶级，并打碎资产阶级的国家机器，建立无产阶级专政的国家政权。需要指出的是，暴力革命是无产阶级革命的一般形式，这并不是因为无产阶级偏爱暴力，而是因为其面对着反动统治阶级的暴力镇压。同时，经典作家从来不否认特定情况下和平取得政权的可能性。无产阶级专政不仅要镇压剥削阶级的反抗，防御外敌入侵，而且要领导和组织国家建设，推进社会的全面进步。无产阶级专政在不同的国家可以有不同的实现形式。中国共产党人把科学社会主义关于无产阶级专政的理论与中国实际相结合，创造性地提出了人民民主专政的理论，并把人民民主专政确立为我国的国体。人民民主专政的实质是人民当家做主，广泛而真实的人民民主是题中应有之义。

第四，社会主义社会要在生产资料公有制基础上组织生产，以满足全体社会成员的需要为生产的根本目的。马克思、恩格斯认为，生产资料私有制是造成资本主义罪恶和不平等现象的总根源，因此未来的新社会应该是以公有制为基础的社会。无产阶级在夺取政权后，要利用自己的政治统治，把生产资料集中在国家手中，并尽可能快地增加生产力的总量。与资本主义生产不同，社会主义生产的目的不是为了资本的增值，而是为了满足人民群众的需要。建立在社会主义公有制基础上的社会是以人民为主体的社会，实现好、维护好、发展好人民群众的利益，是社会主义的本质要求。生产资料公有制是社会主义经济制度的根基，社会主义国家任何时候都不能放弃。但是，公有制的实现和发挥出自己的优越性是一个历史过程，各国共产党人应该根据本国生产力发展的水平和要求，探索和采取不同的实现形式。我国的社会性质和初级阶段的基本国情，决定了我国必须实行以公有制为主体、多种所有制经济共同发展的所有制结构，既要巩固和发展公有制经济，又要鼓励、支持、引导非公有制经济的发展。

第五，社会主义社会要对社会生产进行有计划的指导和调节，实行按劳分配原则。马克思、恩格斯通过对资本主义生产无政府状态的分析，认为社会主义经济必须坚持社会生产有计划和按比例的内在统一性，"就是说，为了共同的利益、按照共同的计划、在社会全体成员的参加下来经营"。① 需要注意的是，马克思、恩格斯所讲的有计划地组织社会生产，是从与资本主义生产方式的比较上讲的，是针对资本主义无法克服的弊端讲的，不能与后来一些国家实行的计划经济画等号。马克思还认为，在共产主义的不同阶段，应当实行具有不同特征的分配制度。在第一阶段，还存在旧的社会分工，存在脑力劳动和体力劳动的差别，劳动还是谋生的手段，个人消费品的分配应当实行"按劳分配"的原则，即等量劳动领取等量产品的原则。这种分配方式尽管存在历史局限性，但在共产主义第一阶段是无法避免的。只有到了共产主义高级阶段，才能实行"各尽所能，按需分配"。经济文化相对落后国家取得革命胜利并进入社会主义后，在经济建设中要正确处理计划与市场的关系。实践证明，实行单一的计划经济，忽略或排斥市场的作用，不利于社会主义社会生产力的发展。我国根据社会主义初级阶段的国情，确立了社会主义市场经济体制，既要使市场在资源配置中发挥决定性作用，又要更好地发挥政府作用，坚持党对经济工作的集中统一领导，发挥社会主义国家顶层设计、宏观调控和计划规划的作用。与所有制结构相适应，我国实行以按劳分配为主体、多种分配方式并存的分配体制，也是由我国基本国情所决定的。

第六，社会主义社会要合乎自然规律地优化和利用自然，努力实现人与自然的和谐共生。马克思、恩格斯科学阐述了人与自然的辩证关系，批判了资本主义对自然界的掠夺。恩格斯在《自然辩证法》中提出了以合乎自然规律的方式来优化和利用自然的观点。他写道："我们不要过分陶醉于我们人类对自然界的胜利。对于每一次这样的胜利，自然界都对我们进行报复。每一次胜利，起初确实取得了我们预期的结果，但是往后和再往后却发生完全不同的、出乎预料的影响，常常把最初的结果又消除了。美索不达米亚、希腊、小亚细亚以及其他各地的居民，为了得到耕地，毁灭了森林，但是他们做梦也想不到，这些地方今天竟因此

---

① 《马克思恩格斯文集》第1卷，人民出版社2009年版，第683页。

而成为不毛之地，因为他们使这些地方失去了森林，也就失去了水分的积聚中心和贮藏库。阿尔卑斯山的意大利人，当他们在山南坡把那些在山北坡得到精心保护的枞树林砍光用尽时，没有预料到，这样一来，他们就把本地区的高山畜牧业的根基毁掉了；他们更没有预料到，他们这样做，竟使山泉在一年中的大部分时间内枯竭了，同时在雨季又使更加凶猛的洪水倾泻到平原上。……因此我们每走一步都要记住：我们决不像征服者统治异族人那样支配自然界，决不像站在自然界之外的人似的去支配自然界——相反，我们连同我们的肉、血和头脑都是属于自然界和存在于自然界之中的；我们对自然界的整个支配作用，就在于我们比其他一切生物强，能够认识和正确运用自然规律。"①在社会主义社会，应该自觉地把实现人与自然的和谐共生作为社会发展的重要目标，以合乎自然发展规律、合乎人类幸福生活和追求美丽环境的方式来优化和利用自然，保持人与自然之间动态的平衡。

第七，社会主义社会必须坚持科学的理论指导，大力发展社会主义先进文化。恩格斯指出："我们党有个很大的优点，就是有一个新的科学的世界观作为理论的基础。"②列宁一再强调："只有以先进理论为指南的党，才能实现先进战士的作用。"③对无产阶级政党来说是如此，对无产阶级政党所领导的社会主义事业来说也是如此。在社会主义国家，马克思主义是立党立国的根本指导思想，任何时候都必须坚持马克思主义在意识形态领域的指导地位不动摇，否则就会迷失方向。社会主义国家必须大力发展以马克思主义为指导的社会主义先进文化，满足人民群众日益增长的精神文化需要，实现对社会风尚和精神面貌的正确引领。"没有先进文化的积极引领，没有人民精神世界的极大丰富，没有民族精神力量的不断增强，一个国家、一个民族不可能屹立于世界民族之林。"④社会主义先进文化是社会主义国家凝聚和激励人民的重要力量，是社会主义国家综合国力的重要标志。在全社会形成共同的思想基础和精神支柱，是社会主义文化建设的根本。要大力发展教育和科学事业，发展文学艺术等事业。要吸收各国文明的长处，同时坚决抵制各种腐朽思想文化的侵蚀。

---

① 《马克思恩格斯文集》第9卷，人民出版社2009年版，第559～600页。
② 《马克思恩格斯文集》第2卷，人民出版社2009年版，第599页。
③ 《列宁专题文集·论无产阶级政党》，人民出版社2009年版，第71页。
④ 《习近平关于社会主义文化建设论述摘编》，中央文献出版社2017年版，第7页。

第八，无产阶级政党是无产阶级的先锋队，社会主义事业必须始终坚持无产阶级政党的领导。无产阶级政党是无产阶级反对资产阶级的斗争发展到一定阶段的产物。无产阶级要从自发走向自觉并取得斗争的胜利，就必须建立起自己的革命政党。无产阶级政党由无产阶级中的先进分子所组成，是各国工人运动中最坚决的、始终推动运动前进的力量；无产阶级政党是以科学理论武装起来的政党，"在理论方面，他们胜过其余无产阶级群众的地方在于他们了解无产阶级运动的条件、进程和一般结果"，① 并具有坚定的社会主义理想信念；无产阶级政党实行民主集中制的组织原则，依靠统一的纲领和严格的纪律形成强大的组织力量。无产阶级通过革命斗争建立人民政权以后，要改造旧社会，实现向无阶级社会的过渡，必须坚持无产阶级政党即共产党的领导。这是无产阶级实现其推翻旧社会、建设新社会的历史使命的关键所在。历史证明，共产党是社会主义国家的最高政治领导力量，只有毫不动摇地坚持党对一切工作的领导，并努力探索和掌握共产党执政规律，不断改善党的领导和提高党的执政能力，社会主义建设事业才能取得成功。中国特色社会主义的发展充分证明了这一点。中国共产党是中国工人阶级的先锋队，同时是中国人民和中华民族的先锋队，是中国特色社会主义事业的领导核心。中国共产党的领导是中国特色社会主义最本质的特征，是中国特色社会主义制度的最大优势。

第九，社会主义社会要大力解放和发展生产力，逐步消灭剥削和消除两极分化，实现共同富裕和社会全面进步，并最终向共产主义社会过渡。社会主义社会是共产主义社会的第一阶段或初级阶段，其目标是走向共产主义社会的高级阶段，即我们通常所说的共产主义社会。共产主义社会是物质财富极大丰富、人们精神境界极大提高、每个人自由而全面发展的社会。社会主义社会只有在充分发展和高度发达的基础上，才能向共产主义社会过渡。因此，社会主义社会必然有一个漫长的自我发展过程。社会主义社会必须大力发展生产力，并创造出比资本主义更高的劳动生产率。马克思、恩格斯指出，生产力的发展是绝对必要的，"因为如果没有这种发展，那就只会有贫穷、极端贫困的普遍化；而在极端贫困的情况下，必须重新开始争取必需品的斗争，全部陈腐污浊的东西又要死灰复

---

① 《马克思恩格斯文集》第 2 卷，人民出版社 2009 年版，第 44 页。

燃"。① 只有不断解放和发展生产力，并推动社会全面进步，社会主义才能体现出自己的本质，显示出自己的优越性，并为最终向共产主义社会过渡创造条件。为此，必须根据经济社会发展的需要，改革社会的经济体制和各方面体制。恩格斯指出："我认为，所谓'社会主义社会'不是一种一成不变的东西，而应当和任何其他社会制度一样，把它看成是经常变化和改革的社会。"②改革是社会主义的自我完善和自我发展，是社会主义社会发展的强大动力。随着生产力的巨大发展和社会各项事业的不断推进，社会主义将逐步消灭阶级剥削，消除两极分化，实现全体人民共同富裕，实现社会全面进步和人的全面发展，并最终向共产主义社会迈进。

二、正确把握科学社会主义一般原则

马克思、恩格斯创立了科学社会主义理论，并提出了正确对待科学社会主义一般原则的科学态度。他们一方面强调这些原则的正确性，另一方面又反对将这些原则当做一成不变的教条。他们明确指出："社会主义自从成为科学以来，就要求人们把它当做科学来对待。"③他们在《共产党宣言》1872年德文版序言中强调："不管最近25年来的情况发生了多大的变化，这个《宣言》中所阐述的一般原理整个说来直到现在还是完全正确的……这些原理的实际运用，正如《宣言》中所说的，随时随地都要以当时的历史条件为转移。"④这一论述为无产阶级政党正确认识和对待科学社会主义一般原则提供了科学的方法指导。

第一，必须始终坚持科学社会主义一般原则，反对任何背离科学社会主义一般原则的错误倾向。科学社会主义一般原则揭示了资本主义生产方式的基本矛盾，阐明了社会主义代替资本主义的历史必然性，为社会主义事业的发展指明了方向。必须始终不渝地坚持科学社会主义一般原则，不能因为遇到一时的困难和挑战而放弃这些原则，否则就是背离了社会主义运动的目的和无产阶级政党的宗

---

① 《马克思恩格斯文集》第1卷，人民出版社2009年版，第538页。
② 《马克思恩格斯文集》第10卷，人民出版社2009年版，第588页。
③ 《马克思恩格斯文集》第2卷，人民出版社2009年版，第219页。
④ 《马克思恩格斯文集》第2卷，人民出版社2009年版，第5页。

旨，就会走向邪路。19 世纪末 20 世纪初，在社会主义运动遇到新情况新挑战的情况下，伯恩施坦打着"发展"马克思主义的旗号，否定科学社会主义一般原则，走上了修正主义道路。列宁深刻揭示了这种修正主义的实质："临时应付，迁就眼前的事变，迁就微小的政治变动，忘记无产阶级的根本利益，忘记整个资本主义制度、整个资本主义演进的基本特点，为了实际的或假想的一时的利益而牺牲无产阶级的根本利益，——这就是修正主义的政策。"① 他还强调指出，马克思主义必须随着时代的发展而发展，但发展必须以坚持一般原则为前提，否则就会投入资产阶级的怀抱。当前，资本主义现实和社会主义实践同经典作家所处的历史条件相比，都发生了巨大的变化，但从世界社会主义五百年的大视野来看，我们依然处在马克思主义所指明的历史时代，处在资本主义向社会主义转变的历史进程之中，科学社会主义理论并没有过时，仍然有强大的生命力，必须始终坚持、不能动摇。习近平指出："中国特色社会主义是社会主义而不是其他什么主义，科学社会主义基本原则不能丢，丢了就不是社会主义。"②

第二，要善于把科学社会主义一般原则与本国实际相结合，创造性地回答和解决革命、建设、改革中的重大问题。马克思、恩格斯多次指出，他们的理论不是教条，而是行动的指南。因此，共产党人必须将科学社会主义一般原则运用于社会主义革命、建设、改革的实践，发挥这些原则指导实践的巨大威力。也只有在理论与实践相结合的过程中，我们才能真正认识和把握社会主义的真谛。而在运用科学社会主义一般原则的过程中，必须正确认识和处理原则的一般性与具体实际的特殊性之间的辩证关系。要看到，科学社会主义一般原则揭示的是一般性规律，而不是向人们提供解决特殊问题的具体方案。列宁强调指出，马克思的理论"所提供的只是总的指导原理，而这些原理的应用具体地说，在英国不同于法国，在法国不同于德国，在德国又不同于俄国"。③ 因此，只有将科学社会主义一般原则与本国国情相结合，才能创造性地回答和解决本国的实际问题。

第三，紧跟时代和实践的发展，在不断总结新鲜经验中进一步丰富和发展科学社会主义一般原则。理论来源于实践，又随着实践的发展而发展。科学社会主

---

① 《列宁专题文集·论马克思主义》，人民出版社 2009 年版，第 154 页。
② 《习近平谈治国理政》第 1 卷，外文出版社 2018 年版，第 22 页。
③ 《列宁专题文集·论马克思主义》，人民出版社 2009 年版，第 96 页。

义一般原则不是一成不变的教条，而是随着社会主义实践不断丰富和发展的学说。马克思、恩格斯在 19 世纪中期创立了科学社会主义，并在实践中不断加以完善。列宁在 20 世纪初领导俄国社会主义革命和建设的过程中，突出强调了在新的实践中推进科学社会主义的重要性。他指出："现在一切都在于实践，现在已经到了这样一个历史关头：理论在变为实践，理论由实践赋予活力，由实践来修正，由实践来检验"，① 不能"为死教条而牺牲活的马克思主义"。② 正是这种科学的态度，为推进社会主义事业并丰富和发展科学社会主义开辟了广阔空间。邓小平指出："绝不能要求马克思为解决他去世之后上百年、几百年所产生的问题提供现成答案。列宁同样也不能承担为他去世以后五十年、一百年所产生的问题提供现成答案的任务。"③当前，中国特色社会主义进入新时代，中国共产党人更要根据时代变化和实践发展，不断深化认识、总结经验，在理论创新和实践创新的良性互动中推进发展 21 世纪中国的马克思主义。

---

① 《列宁专题文集·论马克思主义》，人民出版社 2009 年版，第 300~301 页。
② 《列宁专题文集·论马克思主义》，人民出版社 2009 年版，第 169 页。
③ 《邓小平文选》第 3 卷，人民出版社 1993 年版，第 291 页。

专题十七　牢固树立共产主义的崇高理想

理想与现实是对立统一的，不存在没有理想的现实，也不存在脱离现实的理想。没有理想的现实，不是属于人的现实。脱离现实的理想，属于幻想。爱因斯坦所谓"猪栏的理想"，① 尽管辛辣，但只不过形象化地解读了理想与现实的基本关系。

现实的社会，不能没有理想。现实的个人，同样不能没有理想。当然，社会的理想与个人的理想有区别。不过，从根本意义上说，二者是一致的。因为个人是社会当中的个人，不存在离开社会的鲁滨逊·克鲁索（Robinson Crusoe）。② 如果个人理想与社会理想高度契合，那么这样的个人更易于实现个人理想，并且对社会发展起到更大的作用。

牢固树立共产主义的崇高理想，涉及共产主义的崇高理想与不同时代、不同国度、不同个体的社会现实的辩证关系。中国特色社会主义进入了新时代，探讨牢固树立共产主义的崇高理想，具有重要的现实意义。

一、共产主义崇高理想的内涵

"共产主义"一词源自拉丁文"Communis"，意思是"公共的""普遍的"。它具有两个方面的含义：一是指一种邻里的自治单位，以及关于这种自治单位的概念；二是指关于公有制的思想。

"共产主义"一词并不是马克思、恩格斯首先提出来的。19 世纪三四十年代，法国的布朗基、卡贝、德萨米等人，使用"共产主义"来表述他们为之奋斗的理

① 《爱因斯坦文集》第 3 卷，商务印书馆 1979 年版，第 42 页。
② 指丹尼尔·笛福著《鲁滨逊漂流记》（1719 年）中的叙述者和主人公。

想社会。只不过，马克思、恩格斯批判地继承了前人的思想，并从实践活动出发，以历史唯物主义和剩余价值学说为理论基础创立了共产主义学说。

把握共产主义崇高理想的内涵，我们可从共产主义的学说、共产主义的社会制度以及为实现共产主义的社会制度而进行的革命、建设和改革来理解。

（一）共产主义的理论

作为一种理论形态，共产主义与科学社会主义是同义词，是共产主义实践的反映。它随着共产主义实践的产生而产生，并随其发展而发展。作为理论形态的科学社会主义，旨在探究无产阶级进行解放斗争的性质、条件和目的，着力探索资本主义社会的灭亡和社会主义社会的胜利，力图揭示无产阶级解放运动的规律。

对于共产主义的理解，学界有不同观点。有一些学者认为，共产主义作为一种学说，只是一门研究无产阶级解放运动规律的科学，回答无产阶级革命的动机、革命的方式、革命的目标等问题。有一些学者则认为，共产主义作为一种学说，就是关于共产主义社会的思想和理论。

当然，这两种观点都不能准确概括共产主义的全部内容。根据马克思主义经典作家的论述可知，共产主义理论需要探讨无产阶级解放斗争的性质、条件和一般目的，研究无产阶级解放运动的规律。不仅如此，共产主义理论还需要对未来的理想社会进行科学的预见和设想，为无产阶级和广大劳动人民展示美好的未来，以此来鼓舞他们斗争的信心，激励他们的斗志。

随着社会主义由理论变为现实，随着社会主义建设实践的不断深入，共产主义理论也不断丰富。所以说，共产主义理论仅仅研究无产阶级革命和无产阶级专政已远远不够。也就是说，共产主义理论还要研究社会主义建设的理论和实践。因此，我们认为，共产主义理论是一门研究推动资本主义的灭亡、建设社会主义和实现共产主义的科学。

（二）共产主义的制度

作为一种社会制度，共产主义是指人类向往与追求的最理想、最完美的社会制度。人类社会每个时期，均有对理想社会的描绘。孔子"大同世界"设想，"大道之行也，天下为公。选贤与能，讲信修睦。故人不独亲其亲，不独子其子，使老有所终，壮有所用，幼有所长，鳏、寡、孤、独、废疾者皆有所养。男有分，女有归。货恶其弃于地也，不必藏于己；力恶其不出于身也，不必为己。是故谋闭而不兴，盗窃乱贼而不作，故外户而不闭，是谓大同。"①柏拉图在《理想国》中也有类似的憧憬。

马克思主义经典作家立足于广大的劳动者利益立场，揭示了人类社会发展规律。在推动现实社会向理想社会发展的同时，科学地预见了理想社会的基本制度面貌。针对有人提出的在革命成功后应采取什么措施的问题，马克思尖锐地指出，问题"提得不正确……而现在提出这个问题是不着边际的，因而这实际上是一个幻想的问题，对这个问题的唯一的答复应当是对问题本身的批判"。② 因为"在将来某个特定的时刻应该做些什么，应该马上做些什么，这当然完全取决于人们将不得不在其中活动的那个既定的历史环境"。③ 恩格斯明确表示："无论如何，共产主义社会中的人们自己会决定，是否应当为此采取某种措施，在什么时候，用什么办法，以及究竟是什么样的措施。我不认为自己有向他们提出这方面的建议和劝导的使命。那些人无论如何也会和我们一样聪明。"④列宁在谈到未来社会时写道："我们可以绝对有把握地说，剥夺资本家一定会使人类社会的生产力蓬勃发展。但是，生产力将以什么样的速度向前发展，将以什么样的速度发展到打破分工、消灭脑力劳动和体力劳动的对立、把劳动变为'生活的第一需要'，这都是我们所不知道而且也不可能知道的。因此，我们只能谈国家消亡的必然性，同时着重指出这个过程是长期的，指出它的长短将取决于共产主义高级阶段的发展速度，而把消亡的日期或消亡的具体形式问题作为悬案，因为现在还没有可供解决这些问题的材料。"⑤

第一，扬弃了私有制，实行按需分配。马克思主义基本原理已阐明，生产资料所有制决定产品的分配制度，私有制导致两极分化。共产主义社会对私有制进

---

① 孔子：《礼记·礼运》。
② 《马克思恩格斯文集》第 10 卷，人民出版社 2009 年版，第 458 页。
③ 《马克思恩格斯文集》第 10 卷，人民出版社 2009 年版，第 458 页。
④ 《马克思恩格斯文集》第 10 卷，人民出版社 2009 年版，第 455~456 页。
⑤ 《列宁专题文集·论马克思主义》，人民出版社 2009 年版，第 267 页。

行了扬弃，实现某种意义的"个人所有制"。① "共产主义是对私有财产即人的自我异化的积极的扬弃，因而是通过人并且为了人而对人的本质的真正占有；因此，它是人向自身、也就是向社会的即合乎人性的人的复归，这种复归是完全的复归，是自觉实现并在以往发展的全部财富的范围内实现的复归。这种共产主义，作为完成了的自然主义，等于人道主义，而作为完成了的人道主义，等于自然主义，它是人和自然界之间、人和人之间的矛盾的真正解决，是存在和本质、对象化和自我确证、自由和必然、个体和类之间的斗争的真正解决。它是（对）历史之谜的解答，而且知道自己就是这种解答。"② "一旦社会占有了生产资料，商品生产就将被消除，而产品对生产者的统治也将随之消除。社会生产内部的无政府状态将为有计划的自觉的组织所代替。"③恩格斯指出，废除私有制的主要结果就是"由社会全体成员组成的共同联合体来共同地和有计划地利用生产力；把生产发展到能够满足所有人的需要的规模；结束牺牲一些人的利益来满足另一些人的需要的状况；彻底消灭阶级和阶级对立；通过消除旧的分工，通过产业教育、变换工种、所有人共同享受大家创造出来的福利，通过城乡的融合，使社会全体成员的才能得到全面发展，——这就是废除私有制的主要结果"。④

共产主义社会的基本特征是社会物质财富极大丰富，消费资料按需分配。对此，马克思曾经从侧面探讨过。他说："在极端贫困的情况下，必须重新开始争取必需品的斗争，全部陈腐污浊的东西又要死灰复燃。"⑤自然，这种情况离理想社会很遥远。

马克思、恩格斯所构想的共产主义社会与以往空想共产主义者所设计的理想社会，不同之处是，前者是建立在社会生产力高度发达、物质财富极大丰富的现实基础上，而后者则局限于财产公有、社会平等上。社会主义之所以能够代替资本主义、共产主义社会之所以一定能够实现，其根本原因是社会生产力的发展。显然，离开了生产力的高度发展来谈社会主义、共产主义，只能是不切实际的空谈，或者是纯粹出于主观的良好愿望。在生产力发展水平低、物质财富匮乏的条

---

① 《马克思恩格斯文集》第 5 卷，人民出版社 2009 年版，第 874 页。
② 《马克思恩格斯文集》第 1 卷，人民出版社 2009 年版，第 185~186 页。
③ 《马克思恩格斯文集》第 9 卷，人民出版社 2009 年版，第 300 页。
④ 《马克思恩格斯文集》第 1 卷，人民出版社 2009 年版，第 689 页。
⑤ 《马克思恩格斯文集》第 1 卷，人民出版社 2009 年版，第 538 页。

件下，强制推行所谓的平均共产主义，这是历史的倒退。

第二，社会关系高度和谐。共产主义社会的生产关系高度和谐。不仅如此，其他社会关系同样高度和谐。这种高度和谐体现在以下三个方面：首先，阶级消亡，没有阶级斗争。由于共产主义实现了生产资料的公有制，所以没有了剥削。全体社会成员根本利益完全一致，社会不存在经济利益的对立。"如果不同时使整个社会一劳永逸地摆脱一切剥削、压迫以及阶级差别和阶级斗争，就不能使自己从进行剥削和统治的那个阶级（资产阶级）的奴役下解放出来。"[1]可见，建立共产主义社会制度，既是无产阶级彻底解放的标志，也是全人类得到解放的根本要求和体现。

其次，存在公共治理部门，但国家消亡。与阶级消亡相适应的是，作为阶级压迫工具的政治国家也将自行消亡。原有国家的公共管理职能，由强制性转化为自觉性，社会管理的权力和职能将归还给社会自身。人们将按照自身发展的需要，自觉地组建一定的社会机构来对社会进行组织和治理。

最后，新式分工代替旧式分工。旧式分工下，存在工业与农业、城市与乡村、脑力劳动与体力劳动的"三大差别"。在共产主义社会，由于生产力和科学技术的充分发展，社会成员的劳动能力与劳动技能得以充分发展。在生产实践中，人们能够自觉地实现合规律性与合目的性的统一，形成和谐的新式分工。"任何人都没有特殊的活动范围，而是都可以在任何部门内发展，社会调节着整个生产，因而使我有可能随自己的兴趣今天干这事，明天干那事，上午打猎，下午捕鱼，傍晚从事畜牧，晚饭后从事批判，这样就不会使我老是一个猎人、渔夫、牧人或批判者。"[2]

第三，极高的精神境界。与社会生产力的高度发展和社会关系的高度和谐相一致，人们不仅拥有极其丰富的科学文化知识，而且思想觉悟、道德水平得到极大提高。高度发达的生产力为人们提供了充足的时间从事科学文化活动，同时又为从事这些活动提供了先进的物质手段。在共产主义社会，科学文化教育事业极其繁荣。从此，人们能够享受到充分的科学文化教育，掌握丰富的科学文化知识。同时，人们与旧的传统落后的观念进行了最彻底的决裂，思想觉悟、道德水

---

[1] 《马克思恩格斯文集》第 2 卷，人民出版社 2009 年版，第 14 页。
[2] 《马克思恩格斯文集》第 1 卷，人民出版社 2009 年版，第 537 页。

平获得了极大提高。

第四，实现了人的自由而全面发展，从必然王国飞跃到自由王国。实现人的自由而全面发展，从而人类得以彻底解放，是共产主义社会的根本特征。对此，马克思、恩格斯在《共产党宣言》里作了最为鲜明的表述："代替那存在着阶级和阶级对立的资产阶级旧社会的，将是这样一个联合体，在那里，每个人的自由发展是一切人的自由发展的条件。"①从这一意义上来说，我们可以把共产主义社会概括为"自由人联合体"，是"以每一个个人的全面而自由的发展为基本原则的社会形式"。②

对于人的自由而全面发展，我们可以从两个方面来理解。首先，人的发展是自由发展，是个体高度自觉的发展，而不是强迫的发展。马克思认为："人的依赖关系（起初完全是自然发生的），是最初的社会形态，在这种形态下，人的生产能力只是在狭窄的范围内和孤立的地点上发展着。以物的依赖性为基础的人的独立性，是第二大形态，在这种形态下，才形成普遍的社会物质变换，全面的关系，多方面的需求以及全面的能力的体系。建立在个人全面发展和他们共同的社会生产能力成为他们的社会财富这一基础上的自由个性，是第三个阶段。第二个阶段为第三个阶段创造条件。"③也就是说，只有到了共产主义社会，人才能摆脱对"人的依赖性"和"物的依赖性"，真正自由自觉地发展。

其次，人的发展是全面的发展。全面发展是指人的能力、素质、个性、关系等各方面都得到充分的发展。从根本的意义来说，人的全面发展是指人的社会关系的发展。"人的本质不是单个人所固有的抽象物，在其现实性上，它是一切社会关系的总和。"④人各种能力的发展是在人的社会关系中实现的，人改造自然与优化自然能力的生产力是在生产关系中体现出来的，人政治活动能力的政治力量是在政治关系中表现出来的，人精神发展水平的智力是在文化关系中表现出来的，人交往能力是在调整和改造社会关系的过程中得以提高的。这就是，"社会关系实际上决定着一个人能够发展到什么程度"。⑤

---

① 《马克思恩格斯文集》第 2 卷，人民出版社 2009 年版，第 53 页。
② 《马克思恩格斯文集》第 5 卷，人民出版社 2009 年版，第 683 页。
③ 《马克思恩格斯全集》第 46 卷（上册），人民出版社 1979 年版，第 104 页。
④ 《马克思恩格斯文集》第 1 卷，人民出版社 2009 年版，第 505 页。
⑤ 《马克思恩格斯全集》第 3 卷，人民出版社 1960 年版，第 295 页。

从必然王国飞跃到自由王国，就是人类从支配他们生活和命运的异己力量中解放出来了。"一旦社会占有了生产资料，商品生产就将被消除，而产品对生产者的统治也将随之消除。社会生产内部的无政府状态将为有计划的自觉的组织所代替。个体生存斗争停止了。于是，人在一定意义上才最终地脱离了动物界，从动物的生存条件进入真正人的生存条件。人们周围的、至今统治着人们的生活条件，现在受人们的支配和控制，人们第一次成为自然界的自觉的和真正的主人。……只是从这时起，人们才完全自觉地自己创造自己的历史；只是从这时起，由人们使之起作用的社会原因才大部分并且越来越多地达到他们所预期的结果。这是人类从必然王国进入自由王国的飞跃。"①

（三）共产主义的运动

共产主义的社会制度是人类迄今所向往的最美好的社会制度，但建立这个最美好的社会制度并不是一蹴而就的，也不是不需要主观努力的。从一般意义上来说，共产主义是从现存的社会现实出发，不断变革不合理的社会现实，推进人类自身的完善和社会的发展。"对实践的唯物主义者即共产主义者来说，全部问题都在于使现存世界革命化，实际地反对并改变现存的事物。"②

共产主义运动有广义和狭义两种。广义的共产主义运动，是指所有人类的一切进步的、对人类有积极意义的活动。这就是说，人类社会整个历史过程都存在共产主义运动。当然，这种运动也会一直延续下去。因为共产主义社会是人类向往的理想社会，人类朝这一方向迈进的所有积极活动都可视为共产主义运动。即便人类进入了这个理想社会，这种运动也不会停止。

狭义的共产主义运动，是指我们通常所说的社会主义运动。我们一般将这种运动理解为，无产阶级推翻资产阶级的统治、建立社会主义社会而开展的各种革命和建设。

在推动共产主义运动中，人类实现了合规律性与合目的性的高度统一。"随着社会生产的无政府状态的消失，国家的政治权威也将消失。人终于成为自己的

---

① 《马克思恩格斯文集》第3卷，人民出版社2009年版，第564~565页。
② 《马克思恩格斯文集》第1卷，人民出版社2009年版，第527页。

社会结合的主人，从而也就成为自然界的主人，成为自身的主人——自由的人。"①

（四）共产主义理论、制度和运动的关系

概括地说，共产主义理论、制度和运动的关系是，在共产主义理论指导下，共产主义运动以建立共产主义制度为目标。具体而言，三者关系包括以下几个相互联系的方面。

第一，共产主义理论是共产主义运动的理论，共产主义运动离不开共产主义理论的指导。没有理论的指导，这样的实践是盲目的实践。因此，"没有革命的理论，就不会有革命的运动"。② 为实现共产主义而进行的社会主义革命和建设，是人类历史上最伟大的实践，同时又是最艰巨、最复杂的实践。这是一个系统工程，它涉及社会的经济、政治与文化改造和变革。任何一个环节、一个方面、一个部分发展滞后，都制约共产主义运动的顺利进行。同时，这个系统工程的任务艰巨且复杂，需要改造与变革的难度很大。可见，这一系统工程的完成，需要经历一个漫长的过程。

共产主义理论创立以前，许多空想共产主义理论曾经对当时的工人运动产生重大影响，但没能使工人在争取解放斗争的过程中找到真正的出路。1871 年巴黎公社的失败，是由于共产主义理论在斗争中没有处于支配地位。

第二，共产主义理论的产生与发展源于共产主义运动。理论源于实践，革命的理论源于革命的实践。空想共产主义理论之所以是空想的，从根源上看，是由当时的社会历史条件决定的。当时无产阶级与资产阶级还不成熟，无产阶级与资产阶级的矛盾没有展开。对此，恩格斯指出，空想社会主义这种"不成熟的理论，是同不成熟的资本主义生产状况、不成熟的阶级状况相适应的"。③ 随着资本主义生产的社会化和生产资料的私人占有之间的矛盾进一步加剧，资产阶级和无产阶级矛盾日益激化。到 19 世纪三四十年代，产生了三大工人运动。④ 马克思、

---

① 《马克思恩格斯文集》第 3 卷，人民出版社 2009 年版，第 566 页。
② 《列宁专题文集·论无产阶级政党》，人民出版社 2009 年版，第 39 页。
③ 《马克思恩格斯文集》第 3 卷，人民出版社 2009 年版，第 528 页。
④ 指 1831 年和 1834 年法国里昂纺织工人两次武装起义、1836 年至 1848 年英国宪章运动、1844 年德国西里西亚纺织工人群众性武装起义。

恩格斯积极参加当时的工人运动，深刻总结了无产阶级争取解放斗争的经验，创立了科学社会主义理论。

共产主义理论产生于共产主义运动中，同时，它又必须回到共产主义运动中接受检验，从而得以修正。共产主义理论不是一个封闭的体系，而是一个面向共产主义运动的开放体系。

第三，共产主义制度是共产主义运动的奋斗目标。实践是合规律性与合目的性的统一。作为实践的共产主义运动，其目的是建立共产主义制度。

二、共产主义崇高理想的特征

几千年的人类文明史，孕育了不同形态的理想。相比其他理想，共产主义崇高理想有其科学基础，体现于其立场、观点与方法上，并且，共产主义崇高理想准确把握了真理与价值统一的关系，有其合理的价值诉求。

（一）共产主义崇高理想指明社会发展的方向

在人类历史上，有许许多多思想家热切地关注着人类社会的未来，并提出自己的预见，特别是一些空想社会主义者曾详尽地描绘过理想社会的图景。但在马克思主义产生以前，人们对未来社会的预见往往带有浓厚的空想性质和幻想色彩，因为他们还没有掌握预见未来的科学方法，也不懂得人类社会发展的客观规律。

马克思、恩格斯站在无产阶级立场上，运用科学的方法，致力于研究人类社会特别是资本主义社会，第一次揭示了社会发展的一般规律和资本主义社会发展的特殊规律，从而对共产主义社会做出了科学的展望。人类社会的发展像自然界的发展一样，具有自己的客观规律，科学揭示这些规律，就能为正确地理解过去、把握现在和展望未来提供向导。正如列宁所指出的："马克思的全部理论，就是运用最彻底、最完整、最周密、内容最丰富的发展论去考察现代资本主义。自然，他也就要运用这个理论去考察资本主义的即将到来的崩溃和未来共产主义的未来的发展。"①

---

① 《列宁选集》第3卷，人民出版社2012年版，第186页。

人类社会的发展是一个从现实出发的一个过程，尽管有坎坷，但却是一个前进性趋势。"共产主义是作为否定的否定的肯定，因此，它是人的解放和复原的一个现实的、对下一段历史发展来说是必然的环节。"①正是从这个意义来说，"共产主义是最近将来的必然的形态和有效的原则，但是，这样的共产主义并不是人类发展的目标，并不是人类社会的形态。"②

(二) 共产主义崇高理想阐发未来新世界的特点

马克思、恩格斯关于未来社会的预测，是在科学地批判和剖析资本主义社会的过程中做出的。他们在开始投入社会斗争洪流的时候，就明确地意识到不能抽象地、随意地谈论未来社会，不应该到哲学家们的书桌里去寻找谜底，而应该首先致力于对资本主义社会的研究，"对现存的一切进行无情的批判"。马克思明确指出："新思潮的优点又恰恰在于我们不想教条地预期未来，而只是想通过批判旧世界发现新世界。"③

从历史上看，人们对未来社会的设想，往往起因于对现实问题的思考与批判。正因为阶级社会特别是资本主义社会中存在着剥削和压迫，人们才设想未来社会没有剥削和压迫；正因为现实中有种种苦难，才诱发人们渴望未来的新世界没有苦难，并促使人们思考现实苦难的实质及根源。马克思、恩格斯对资本主义批判的高明之处，在于他们不是只看到资本主义社会的弊端，而是进一步揭示出弊端的根源，揭示出资本主义发展中自我否定的力量，发现资本主义的矛盾运动中孕育着的新社会因素，并以此做出对未来社会特点的预见。

(三) 共产主义崇高理想不断深化对未来共产主义社会的认识

预见未来共产主义社会的基本特征，既要从资本主义社会中寻找灵感，更应从社会主义社会的建设与发展中寻找启示。现实中的社会主义社会本来就是共产主义社会的初级阶段，虽然它距离未来社会的高级阶段即典型的共产主义社会尚远，但从社会性质上来说是一致的。因此，在对未来共产主义社会的认识上，从

---

① 《马克思恩格斯文集》第 1 卷，人民出版社 2009 年版，第 197 页。
② 《马克思恩格斯文集》第 1 卷，人民出版社 2009 年版，第 197 页。
③ 《马克思恩格斯文集》第 10 卷，人民出版社 2009 年版，第 7 页。

社会主义社会中得到的启示应该比从资本主义社会中得到的启示更多、更直接、更有教益。

马克思、恩格斯生活的年代还没有社会主义社会，他们只能通过分析考察资本主义社会及其运动规律来求得预见未来社会的启示。关于什么是社会主义，"我所在的党并没有任何一劳永逸的现成方案。我们对未来非资本主义社会区别于现代社会的特征的看法，是从历史事实和发展过程中得出的确切结论；不结合这些事实和过程去加以阐明，就没有任何理论价值和实际价值"。①"'社会主义社会'不是一种一成不变的东西，而应当和任何其他社会制度一样，把它看成是经常变化和改革的社会。"②

列宁领导了十月革命，建立起世界上第一个社会主义国家。"在完全摆脱资本主义并开始向社会主义过渡的道路上，我们刚刚迈出了最初的几步。我们不知道，而且也不可能知道，过渡到社会主义还要经过多少阶段。"③"共产主义是从资本主义中产生出来的，它是历史地从资本主义中发展出来的，它是资本主义所产生的那种社会力量发生作用的结果。"④

列宁将社会主义社会与共产主义社会作了区分，这本身就是对共产主义社会的新认识。从那时以来，社会主义社会已有百年历史，并积累了正反两方面的历史经验，其中就蕴含着对我们把握未来共产主义社会的深刻启示。我国社会主义制度的建立也有60多年的历史，党领导人民满腔热情地投身社会主义建设，探索社会主义发展道路。在这个过程中，我们既有经验，也有教训。社会生活中共产主义因素的不断增长是一个不争的事实，也由于一度急于向共产主义社会过渡而吃了大亏。正是在总结历史经验的基础上，我们党对实现共产主义社会的长期性有了新认识，并在建党80周年的时候对共产主义社会基本特征作了新概括。

---

① 《马克思恩格斯文集》第10卷，人民出版社2009年版，第548页。
② 《马克思恩格斯文集》第10卷，人民出版社2009年版，第588页。
③ 《列宁全集》第34卷，人民出版社2017年版，第44页。
④ 《列宁全集》第31卷，人民出版社2017年版，第81页。

三、共产主义崇高理想与中国特色社会主义共同理想的辩证统一

理想与现实是对立统一的。相对于共产主义崇高理想，最重要的现实是中国特色社会主义共同理想。顺理可知，共产主义崇高理想与中国特色社会主义共同理想是辩证统一的。共产主义崇高理想必须立足于中国特色社会主义共同理想，不然，共产主义崇高理想就没有现实基础。同样，中国特色社会主义共同理想必须追求共产主义崇高理想，不然，中国特色社会主义共同理想会失去奋斗方向。

(一)坚持和发展中国特色社会主义是中华民族通向共产主义的必由之路

在社会主义历史时期，民族国家仍然存在。社会主义建设是在各个民族国家的范围内分别进行的。由于各个民族国家的历史传统和现实国情不同，建设社会主义的具体道路也会有所不同，进入社会主义时期的国家应该以具有自身特点的方式逐步向共产主义方向迈进。

中国是一个历史悠久的东方大国，有自身特殊的国情，社会主义建设只能走一条有中国特色的道路。经过长期的探索，特别是经过改革开放以来的伟大实践，我们已经找到了中国特色社会主义这条正确道路。中国特色社会主义道路，就是在中国共产党领导下，立足基本国情，以经济建设为中心，坚持四项基本原则，坚持改革开放，解放和发展社会生产力，建设社会主义市场经济、社会主义民主政治、社会主义先进文化、社会主义和谐社会、社会主义生态文明，促进人的全面发展，逐步实现全体人民共同富裕，建设富强民主文明和谐美丽的社会主义现代化强国，实现中华民族伟大复兴。走中国特色社会主义道路，是中国革命、建设、改革事业的经验总结，是中华民族为了实现自身的伟大复兴做出的重大抉择。

中国特色社会主义道路也是中华民族最终走向共产主义的必由之路。只有沿着这条道路前进，中国的社会主义建设才能取得成功，社会主义制度的优越性才能得到充分的体现，社会主义社会才能在充分发展和高度发达的基础上，逐步迈

向共产主义社会。"我们现在坚持和发展中国特色社会主义，就是向着最高理想所进行的实实在在努力。"①

（二）正确认识和把握共产主义崇高理想与中国特色社会主义共同理想的关系

坚定社会主义和共产主义理想信念，必须正确认识共产主义崇高理想与中国特色社会主义共同理想的关系。这对关系具有丰富的理论内涵，需要我们从不同的角度和层面去认识和把握。大体上，我们可以从时间、层次和范围三个维度加以考察。

首先，从时间上看，崇高理想与共同理想的关系是最终理想与阶段性理想的关系。共产主义崇高理想也就是我们的最终理想，它的实现需要许多代人的接续奋斗，在这个接续奋斗的过程中，会有一些阶段性的理想。只有通过实现一个一个的阶段性理想，才能最终实现共产主义崇高理想。如果说最终理想只有一个，那么阶段性理想则可以有许多个，而究竟会有多少个以及会有怎样的阶段性理想，则取决于理想追求的历史起点的高低、奋斗过程的长短以及社会条件的影响。实现共产主义崇高理想的过程就像万里长征，应该一步一个脚印、踏踏实实地向着未来迈进，因而必然包含着许多不同的历史阶段。中国特色社会主义共同理想，就是我们在追求和实现共产主义崇高理想过程中的一个阶段性理想，是当前正在着力追求的阶段性理想或近期理想。经过几十年来的努力，这个理想正在逐步转化为现实。

其次，从层次上看，崇高理想与共同理想的关系是最高纲领与最低纲领的关系。我们党的最高理想和最终目标是实现共产主义，这也是我们党的最高行动纲领。但追求党的理想和实行党的纲领，必须从中国当下的实际出发，从实现最近的目标开始。我们党早在新民主主义革命时期，就区分了最高纲领与最低纲领，并阐明了二者的关系。尽管随着新中国的成立和发展，特别是随着改革开放以来中国特色社会主义取得的伟大成就，我们当下所处的历史起点不同了，站在了新的历史起点上，但最高纲领与最低纲领的区分仍然是正确的。我们的最高理想和最高纲领没有变，而且也不会变，但在当前，坚定中国特色社会主义共同理想，

---

① 《习近平谈治国理政》第 2 卷，外文出版社 2017 年版，第 143 页。

进一步推进中国特色社会主义事业，就是我们党的最低纲领在当前的要求。习近平明确指出："中国特色社会主义是党的最高纲领和基本纲领的统一。中国特色社会主义的基本纲领……这既是从我国正处于并将长期处于社会主义初级阶段的基本国情出发的，也没有脱离党的最高理想。我们既要坚定走中国特色社会主义道路的信念，也要胸怀共产主义的崇高理想。"①

最后，从范围来看，崇高理想与共同理想的关系也是全人类理想与全体中国人民理想的关系。共产主义崇高理想体现的是全人类解放的共性，是面向全人类的。中国人民当然要树立崇高理想，但这个理想不只属于中国人民，而是属于全人类。因此，从这个意义上讲，共产主义理想也是"共同理想"，而且是面向全人类的更大的共同理想。而中国特色社会主义共同理想，主要是面向中国人民和中华民族成员的，是全体中华儿女和中国人民的"共同理想"，无疑具有"共同"性，但与全人类相比，又体现了"中国特色"，体现了中国人民在社会主义和共产主义理想方面的个性特色。当我们讲要坚定中国特色社会主义共同理想的时候，不仅是指中国人民对社会主义理想的向往和追求，而且也包含着对"中国道路"的认同，即我们是通过中国自己的道路来追求社会主义理想和共产主义崇高理想。这种中国特色和民族特色并没有否定理想的共同原则，而是把共同原则与国情民情相结合，使社会主义和共产主义理想展现出更丰富的色彩。

总之，必须以辩证思维把握和处理崇高理想和共同理想的关系，不能用简单化的态度来对待它，而是要用马克思主义的辩证思维和历史思维去把握它。任何时候都要坚持崇高理想和共同理想的统一，不能把它们割裂开来、对立起来。没有崇高理想的指引，就不会有共同理想的确立和坚持；没有共同理想的实现，崇高理想就没有现实的基础。忘记崇高理想而只顾眼前，就会失去前进的方向；离开现实工作而空谈崇高理想，就会脱离实际。这是我们党在长期实践中得出的基本结论。

四、树立共产主义崇高理想的路径

理想是指引人们奋斗方向的航标，也是推动人们前进的强大精神动力。一个

---

① 《十八大以来重要文献选编》上，中央文献出版社 2014 年版，第 116 页。

社会不能没有理想，一个人也不能没有理想。树立共产主义的崇高理想，对于成就有意义、有价值的人生，无疑是非常重要的。但是，在复杂的社会现实生活中，尤其是在多元文化和价值观交汇中，树立共产主义的崇高理想面临诸多挑战。当然，挑战与机遇并存，在多元文化和价值观交汇中树立起来的共产主义崇高理想，其态度将更坚定、其信仰将更自觉、其行动将更彻底。这里简要分析树立共产主义崇高理想的路径。

（一）认真学习马克思主义理论

青年大学生欲自觉牢固地树立共产主义崇高理想，就必须认真学习马克思主义理论，因为马克思主义为我们坚定共产主义理想提供了严谨的理论逻辑。我们知道，共产主义崇高理想不仅来自人类良好的主观愿望，更是来自对建立共产主义制度的必然性的认识。对此，恩格斯指出："现代资本主义生产方式所造成的生产力和由它创立的财富分配制度，已经和这种生产方式本身发生激烈的矛盾，而且矛盾达到了这种程度，以至于如果要避免整个现代社会毁灭，就必须使生产方式和分配方式发生一个会消除一切阶级差别的变革。现代社会主义必获胜利的信心，正是基于这个以或多或少清晰的形象和不可抗拒的必然性印入被剥削的无产者的头脑中的、可以感触到的物质事实，而不是基于某一个蛰居书斋的学者的关于正义和非正义的观念。"[①]

新时代的中国青年只有用马克思主义理论武装头脑，才能通晓社会主义代替资本主义的必然性，真正有效地抵制各种错误思潮，从而在思想上牢固树立起共产主义理想和社会主义信念。毛泽东曾经说过，他最初就是在学习《共产党宣言》等经典著作之后，才树立了共产主义信仰，并且，自接受了马克思主义社会历史观以后，马克思主义信仰就没有动摇过。邓小平说："我的入门老师是《共产党宣言》和《共产主义 ABC》。最近，有的外国人议论，马克思主义是打不倒的。打不倒，并不是因为大本子多，而是因为马克思主义的真理颠扑不破。"[②]

（二）积极投身新时代中国特色社会主义的伟大实践

理论来源于实践，实践推动理论的发展。在中国特色社会主义的伟大实践

---

① 《马克思恩格斯文集》第 9 卷，人民出版社 2009 年版，第 165 页。
② 《邓小平文选》第 3 卷，人民出版社 1993 年版，第 382 页。

中，应坚持和发展马克思主义理论。理想源于现实，又高于现实。树立共产主义崇高理想，应当立足于中国特色社会主义伟大实践这一现实。青年大学生应当积极投身新时代中国特色社会主义的伟大实践，投身于共产主义运动当中。只有克服艰难困苦，勇于担当，才能玉汝于成，不断接近共产主义。

习近平指出："青年是标志时代的最灵敏的晴雨表，时代的责任赋予青年，时代的光荣属于青年。"①青年是祖国的未来、民族的希望。青年兴则国家兴，青年强则国家强。实现中华民族伟大复兴的中国梦，夺取新时代中国特色社会主义的伟大胜利，将全国各族人民的共同理想变为现实，需要一代又一代有志青年接续奋斗。青年一代的理想信念、精神状态、综合素质，是一个国家发展活力的重要体现，也是一个国家核心竞争力的重要因素。青年一代有理想、有本领、有担当，国家就有前途，民族就有希望。

一代青年有一代青年的历史际遇。当前，中国特色社会主义进入新时代。这个新时代，是承前启后、继往开来、在新的历史条件下继续夺取中国特色社会主义伟大胜利的时代，是决胜全面建成小康社会、进而全面建设社会主义现代化强国的时代，是全国各族人民团结奋斗、不断创造美好生活、逐步实现全体人民共同富裕的时代，是全体中华儿女勠力同心、奋力实现中华民族伟大复兴中国梦的时代，是我国日益走近世界舞台中央、不断为人类做出更大贡献的时代。这一崭新的时代，为当代青年特别是当代大学生提供了实施人生才华的极为有利的历史机遇。

新时代的青年，必须坚定理想信念。习近平指出："青年时代树立正确的理想、坚定的信念十分紧要，不仅要树立，而且要在心中扎根，一辈子都能坚持为之奋斗。"②理想信念是精神上的"钙"，是人的精神支柱和精神脊梁，是鼓舞人们前进和奋斗的强大精神动力。理想信念动摇是最危险的动摇，理想信念滑坡是最危险的滑坡。心中有信仰，脚下才会有力量。当代大学生要坚定理想信念，自觉做中国特色社会主义共同理想的坚定信仰者、忠诚实践者。为此，就要深入学习马克思主义基本原理及马克思主义中国化的理论成果，特别是学习习近平新时代中国特色社会主义思想，让真理武装我们的头脑，让真理指引我们的理想，让真

---

① 《习近平关于青少年和共青团工作论述摘编》，中央文献出版社 2017 年版，第 4 页。
② 《习近平关于青少年和共青团工作论述摘编》，中央文献出版社 2017 年版，第 23 页。

理坚定我们的信仰。要坚持学而信、学而用、学而行，把学习成果转化为不可撼动的理想信念，转化为正确的世界观、人生观、价值观，用理想之光照亮奋斗之路，用信仰之力开创美好未来。

当代青年要积极投身新时代中国特色社会主义事业，勇做担当中华民族伟大复兴大任的时代新人。我们的国家正在走向繁荣富强，我们的民族正在走向伟大复兴，我们的人民正在走向更加幸福美好的生活。展望未来，我国青年一代肩负历史重任，必将大有可为，也必将大有作为。当代中国青年要投身新时代中国特色社会主义事业，投身党和人民在中国特色社会主义新时代的伟大奋斗。要以勇于担当的精神，做走在新时代前列的奋进者、开拓者、奉献者，以执着的信念、优良的品德、丰富的知识、过硬的本领，同人民群众一道，担负起历史赋予的重任，在实现中华民族伟大复兴中国梦的生动实践中放飞青春梦想。

跋

多年从事本科生与硕士生的"马克思主义基本原理"教学，尽管期间有过短暂动摇，但坚持下来了。坚持反映一份执着，执着说明从业不只为稻粱谋，而是对"马克思主义基本原理"教学与科研有丝丝兴趣。

兴趣是好的老师，但好老师的学生不一定都优秀。学识增长需要时间，但时间的拉长并不必然学识增长。因此，呈现在读者面前的拙作，与其说是作者聊以自慰的成果，不如说是作者多年对"马克思主义基本原理"教学与科研的梳理。

才力不逮，多年耕耘，疏于建树。尽管"马克思主义基本原理专题教学的理论与实践研究"曾获教学成果二等奖，但教学改革论文的影响力有限；尽管"'马克思主义基本原理'名师空间课堂"已在一公共网络平台运行多年，但荒于维护；尽管围绕"马克思主义基本原理"已获批多项教改课题，但没有打算一一列举，以免落下自我吹捧的口实。不过，扉页标注者属于破例，因为需要履行课题申报承诺。

写作之初，笔者计划遵循王国维"可靠""可爱"的标准；写作中，笔者忠实于"马克思主义经典文献"，力图获得解读马克思主义基本原理的"可靠"，并且结合中国具体实际与中华优秀传统文化，试图获得解读马克思主义基本原理的意义。

认真的读者，或许会觉得拙著可爱之处不多。虽力图改进，但实在勉为其难。究其原因，一是习惯使然，二是内容需要。所谓习惯使然，是指我们一般将理论著作理解为讲理的作品，以致满足于逻辑严谨即可。所谓内容需要，是指"马克思主义基本原理"是我们指导思想的内核，表述风格不能像现在写"跋"这样的风格。当然，无论怎样开脱，都掩盖不了自己平凡的事实。理论著作既要可靠，也能可爱，但笔者行文深感力不从心。所幸，笔者着力解读的理论，其发展史有一座座可靠且可爱的丰碑。尤其是，其缔造者是一位"千年伟人"。拜读马克思的著作，不仅折服于马克思深邃的思想，而且叹服于马克思如花的妙笔。"就语言的气势和生动来说，马克思可以和德国文学史上最优秀的大师媲美。他也很重视自己作品的美学上的谐调性，而不像那些浅陋的学者那样，把枯燥无味的叙述看成是学术著作的基本条件。"①

这是一个值得专门探究的领域。这里，我只能点到为止，简单例证一下。例如，"批判的武器当然不能代替武器的批判，物质力量只能用物质力量来摧毁；但是理论一经掌握群众，也会变成物质力量。理论只要说服人[ad hominem]，就能掌握群众；而理论只要彻底，就能说服人[ad hominem]。所谓彻底，就是抓住事物的根本"。② 马克思年轻时这一观点，从思想与文采上深深地激励着我。

当然，"马克思主义基本原理专题研究"有没有马克思的文采，其实是次要的。笔者最担心的是，解读马克思主义基本原理，未必真正把握了马克思主义基本原理。若如此，更难奢望发展马克思主义基本原理。不过，绝对真理与相对真理辩证统一的原理教导我们，应当自信地对待认识对象。由此可以说，是"认识对象"本身燃起了笔者对"马克思主义基本原理专题研究"的信心。

写作的不足是笔者自身的不足，但它丝毫掩盖不了学界的智慧。拙作主要参考文献为"马克思主义理论研究和建设工程重点教材"中"马克思主义基本原理概论"（2021年版）。这部教材乃"盛世"之"典"，从业者之圭臬。当然，这部教材也有值得商榷之处。得益于集体智慧，或许也受制于集体智慧。同时，这部教材属于本科生公共课教材，许多内容不宜展开，只能点到为止。拙作力图"站在巨人的肩膀上"，也试图避免"巨人"的不便。

梳理多年"马克思主义基本原理"教学与科研历程，许多令人感动的场景与人物浮现于眼前。有幸完成拙作，应当感谢湖南省"马克思主义基本原理"教学同行。2014年始，忝列"湖南省马克思主义基本原理教学研究会"秘书长。多年来，服务同行贡献少，交友同行受益多。

感谢湘潭大学教务处、研究生院与马克思主义学院的领导和老师，您的支持

---

① ［德］梅林：《马克思传》，樊集译、持平校，生活·读书·新知三联书店1965年版，第19页。

② 《马克思恩格斯文集》第1卷，人民出版社2009年版，第11页。

触多的人，其眼中没有权威人物。但我耳提面命地追随导师 20 多年，我越来越坚定'导师'是权威人物的信念。"

修订《马克思主义基本原理专题研究》，我仍然秉承在 2020 年"初版"的"跋"中提及的"可靠""可爱"标准。除文字表达与出版规范作了相应的调整外，"修订版"更加忠实于"马克思主义经典文献"。

壬寅年正月初七深夜于湘潭中天公寓

修订后记

　　《马克思主义基本原理专题研究》于 2020 年初版。书稿交付后，我就着手完成当初的心愿。直到再版，我一直执着地坚守初愿。表露"心愿"前，我先交代一下心迹。萨缪尔森是一位"臻于至善"的西方经济学家，其《经济学》彻底打破了"经济学是一门沉闷的科学"咒语，不仅如此，萨缪尔森《经济学》有作者多次修改的版本。惊叹于其社会影响之大的同时，感叹萨缪尔森在出版著作中的"臻于至善"精神。我虽然清楚地意识到：难以将《马克思主义基本原理专题研究》打造成广受读者认可的作品，但希望拙著体现萨缪尔森在出版中的"臻于至善"精神。

　　在深入贯彻这一精神中，获得了诸多帮助。除了要继续感谢同行学术成果对我的启迪外，还要特别感谢湘潭大学 2020 级与 2021 级马克思主义理论硕士研究生的帮助。尽管他（她）们的帮助来自教学相长的激励，但我之所以能够成功获批"'马克思主义基本原理专题研究'优质研究生课程"，说明他（她）们激励的重要性。这种珍贵的师生互动，让我今年在自己硕士研究生导师的七十岁生日宴会上感慨万千。作为理论工作者的导师，导师曾担任两所高校校长与书记，也曾多年履职湖南省社会科学院院长与党组书记。尤其值得一提的是，导师退休后谢绝民办高校等单位的高薪邀约，深入实践"加强农村集体经济建设"的理念。导师担任村委书记的农村，原来比较落后，但现在获得了'湖南省省级乡村振兴示范创建村'等一系列荣誉。之所以不厌其烦地介绍导师，是想说明我当时"感慨"的真实。这里，特别分享我当时的部分致辞，作为我由衷地感谢湘潭大学 2020 级与 2021 级马克思主义理论硕士研究生的印证，也可作为激励自己更好地培养学生的存记。"亚里士多德说：'吾爱吾师，吾更爱真理。'我说：'吾爱真理，吾更爱吾师，因为吾师不仅坚持真理，而且善于发现真理。'丘吉尔说：与权威人物接与关心促成拙作付梓。感谢湘潭大学"马克思主义基本原理"教学同行，多年勉为其难地担任"马克思主义基本原理"课程负责人，长久以来，立足岗位业绩少，团队耕耘获益多。

我深知，成就我的，均归因于一个伟大的组织——中国共产党。没有中国共产党，我或许只是昔日贫困乡村一老汉；没有中国共产党，我或许成为今日新冠肺炎病毒一冤魂。在全面建成小康社会的征程中，中国人民尽管遭遇到新冠肺炎疫情的冲击，但我们有充分的理由相信，在中国共产党的坚强领导下，中国人民一定能取得脱贫攻坚与常态化疫情防控的全面胜利。

显然，感谢不能仅仅停留于言语，而应落实到行动。我想我的首要行动应当是，弥补仓促成文的不足。恳请读者诸君，您的批评是我改进的良机。

庚子年暮春于长沙韬奋轩